Zu diesem Buch

In der Schule lernt man nicht für die Schule, sondern fürs Leben. Schule, so stellt Johannes Beck heraus, übt in die Kardinaltugenden der Disziplin, Leistungsbereitschaft und politischen Apathie ein. Sie bildet zukünftige Lohnabhängige aus und qualifiziert sie dazu, gesellschaftlichen Reichtum zu produzieren.

Wer «schulreife» Kinder hat, sollte die offenen und versteckten Lernziele der Schule kennen. Wer in ihr Erziehungsarbeit im Interesse der Mehrheit der arbeitenden Menschen leisten will, muß wissen, was in der Schule vorgeht und wie sie ihr «Klassenziel» erreicht, damit er bei seiner Arbeit nicht von falschen Einschätzungen ausgeht und wider Willen zum Verteidiger des gesellschaftlichen Status quo wird.

Dieses Buch zeigt Bedingungen und Möglichkeiten fortschrittlichen Unterrichts in der Schule auf.

Johannes Beck, geboren 1938, arbeitet als Hochschullehrer im Bereich Lehrerausbildung an der Universität Bremen. Zuvor: Lehre und Tätigkeit als Bau- und Möbelschreiner, «Zweiter Bildungsweg», fünf Jahre Lehrer an Grund- und Hauptschulen, Zusatzstudium der Pädagogik und Soziologie, seit 1968 in der Lehrerausbildung.

Veröffentlichungen:

Schulreform oder Der sogenannte Fortschritt. Frankfurt am Main 1970, Fischer Taschenbuch 1121 (gemeinsam mit Lothar Schmid);

Erziehung in der Klassengesellschaft. München 1970, List Taschenbücher der Wissenschaft 1661 (gemeinsam mit M. Clemenz, F. Heinisch, E. Jouhy, W. Markert, H. Müller, A. Pressel);

mehrere Aufsätze in Büchern und Zeitschriften, Rundfunk- und Fernsehmanuskripte, Redakteur der Zeitschrift «Ästhetik und Kommunikation – Beiträge zur politischen Erziehung».

sachbuch rororo

Politische Erziehung

Bisher veröffentlicht:

Elin-Birgit Berndt u. a.
Erziehung der Erzieher:
Das Bremer Reformmodell
Ein Lehrstück zur Bildungspolitik
[6782]

Wendula Dahle
Deutschunterricht und
Arbeitswelt:
Modelle kritischen Lernens
Materialien für Lehrer
und Schüler [6785]

Michael Masuch
Politische Ökonomie der
Ausbildung
Lernarbeit und Lohnarbeit
im Kapitalismus [6813]

Dieter Richter /
Jochen Vogt (Hg.)
Die heimlichen Erzieher
Kinderbücher und politisches
Lernen [6843]

Herbert Nagel
Wer will die
klügsten Kinder?
Vorschulerziehung und
Chancenungleichheit [6837]

Heiner Boehncke (Hg.)
«Vorwärts und nicht vergessen».
Ein Lesebuch
Klassenkämpfe in der
Weimarer Republik [6805]

Göttinger Kollektiv
Lehrerausbildung durch
Projektstudium
Erfahrungen von Lehrenden
und Lernenden [6799]

Heiner Boehncke /
Jürgen Humburg (Hg.)
Wer verändert die Schule?
Schulkämpfe in Italien [6823]

Gerhard Vinnai
Sozialpsychologie der
Arbeiterklasse
Identitätszerstörung im
Erziehungsprozeß [6812]

In Vorbereitung:

Barbara Busch
Bildungsalternativen
für die Arbeiterjugend
Materialien und Vorschläge

Götz Dahlmüller,
Wulf D. Hund, Helmut Kommer
Politische Fernsehfibel
Materialien zur
Klassenkommunikation

**Analysen, Modelle, Materialien
für Schüler, Lehrlinge, Studenten, Lehrer**

rororo sachbuch Erziehung und Schule

Bisher veröffentlicht:

Ivan Illich
Schulen helfen nicht.
Über das mythenbildende Ritual der Industriegesellschaft
Einleitung von Erich Fromm
[6778]

Ivan Illich
Entschulung der Gesellschaft
Entwurf eines demokratischen Erziehungssystems [6828]

Initiativgruppe Solingen
Schule ohne Klassenschranken
Entwurf einer Schulkooperative
[6724]

Mosse Jørgensen
Schuldemokratie – keine Utopie
Das Versuchsgymnasium Oslo
[6802]

Everett Reimer
Schafft die Schule ab!
Befreiung aus der Lernmaschine
[6795]

George B. Leonard
Erziehung durch Faszination
Anschlag auf die ordentliche Schule [6809]

Selma Fraiberg
Die magischen Jahre in der Persönlichkeitsentwicklung des Vorschulkindes
Psychoanalytische Erziehungsberatung [6794]

Autorengruppe ASP/MV
Abenteuerspielplatz –
Wo verbieten verboten ist
Experiment und Erfahrung, Berlin Märkisches Viertel [6814]

Jakob R. Schmid
Freiheitspädagogik
Schulreform und Schulrevolution in Deutschland 1919–33 [6817]

Paulo Freire
Pädagogik der Unterdrückten
Bildung als Praxis der Freiheit
[6830]

Edgar Faure u. a.
Wie wir leben lernen
Der Unesco-Bericht über Ziele und Zukunft unserer Erziehungsprogramme [6835]

In Vorbereitung:

Lutz Schwäbisch, Martin Siems
Anleitung zum sozialen Lernen für Paare, Gruppen und Erzieher
Kommunikations- und Verhaltenstraining

Hans-G. Rolff u. a.
Strategisches Lernen in der Gesamtschule
Gesellschaftliche Perspektiven der Schulreform

Modelle emanzipierter Erziehungspraxis

Johannes Beck

Lernen in der Klassenschule

Untersuchungen für die Praxis

rororo

Rowohlt

Die mit dem Aufdruck «Politische Erziehung» versehenen Bände veröffentlichen im Rahmen des rororo-Sachbuch-Programms für Schüler, Lehrlinge, Studenten, Sozialarbeiter und Lehrer:

- Projektberichte aus Schul-, Hochschul-, Stadtteil-, Betriebs- und Sozialarbeit,
  Berichte und Analysen wichtiger Erziehungskonzeptionen, auch aus anderen Ländern,
  Erfahrungen und Perspektiven der Organisation aller im Ausbildungsbereich Tätigen;

- Vorschläge, Modelle und Materialien für eine veränderte Praxis in den genannten Bereichen, insbesondere Vorschläge zum Unterricht für Lehrer und Schüler;

- Untersuchungen des Zusammenhangs von Produktion, Ausbildung und Bewußtseinsbildung, die Voraussetzungen sind für eine politische Erziehung.

Herausgeber: Johannes Beck, Heiner Boehncke, Gerhard Vinnai

ERSTAUSGABE

Veröffentlicht im Rowohlt Taschenbuch Verlag GmbH,
Reinbek bei Hamburg, Januar 1974
Umschlagentwurf Jürgen Wulff

Satz Aldus (Linofilm-Super-Quick)
Gesamtherstellung Clausen & Bosse, Leck/Schleswig
Printed in Germany
ISBN 3 499 16820 0

Inhalt

Vorwort

Dem Volk aufs Maul schauen, um es besser handhaben zu können, ist spätestens seit Martin Luther eine beliebte Methode der Machterleichterung für die Herrschenden. Meinungsforscher, Psychologen, Politiker und Pädagogen helfen ihnen heute dabei.

Das Volk, das sich nicht nur gegen die Maulschau wehren muß, kann es sich nicht leisten, den Herrschenden nur aufs Maul zu schauen. Es muß ihnen vor allem *auf die Finger sehen* – und gelegentlich draufklopfen. Das ist auch in der Schule so.

Die kritische und marxistische Pädagogik in der Bundesrepublik ist bisher kaum über die Kritik falscher Theorien hinausgekommen. Sie hat der herrschenden Bildungspolitik und Pädagogik mehr aufs Maul geschaut als auf die Finger. Wer aber die Schulverhältnisse nicht nur interpretieren, sondern verändern will, muß sie kennen.

Diese Untersuchung ist ein Versuch, das Dunkel etwas aufzuhellen, das die etablierte Pädagogik über die Schulwirklichkeit ausgebreitet hat. Der Versuch stützt sich auf Erfahrungen und Studien als Lehrer an Volksschulen und in der Lehrerausbildung. Dabei zwingt die Unterentwicklung der materialistischen Unterrichtsforschung zu einer ausführlichen Darstellung der schulischen Erscheinungsformen und der Beziehungen zwischen Ausbildungs- und Arbeitsprozeß. Die Kenntnis dieses Zusammenhangs ist zugleich eine wichtige Voraussetzung für die Verbindung fortschrittlicher Praxis in Schule und Betrieb, die an die Erfahrungen und Forderungen der Arbeiterbewegung anknüpft.

«Lernen in der Klassenschule» soll Schüler, Lehrer, Eltern und Lehrerstudenten in ihrem demokratischen Kampf um die Schule durch einen Beitrag zur Klärung seiner Bedingungen unterstützen.

Die Kapitel dieses Buches sind so abgefaßt, daß sie auch einzeln einigermaßen sinnvoll gelesen werden können. Wiederholungen im Text sind eine notwendige Folge dieser Vorgehensweise.

Die Schülerzeichnungen hat Peter Steineke zur Verfügung gestellt.

Ich bin das lang-
sam leid!

Nicht für die Schule, sondern für das Leben lernen wir!

Dieser Satz steht so oder so ähnlich über vielen Schuleingängen – manchmal sogar lateinisch, weil man das im Leben offensichtlich besonders braucht. Lehrer sagen den Satz ihren Schülern, wenn diese im 5. Schuljahr der «Hauptschule fürs niedere Volk» noch immer nicht begriffen haben, warum sie zum siebenhundertunddreiundsiebzigsten Mal die Regel fürs Leben anwenden müssen: «manteilteinenBruchdurcheinenBruchindemmanihnmitseinemKehrwertmalnimmt . . .»

«Niemand kommt heute ohne logisches Denken aus – nicht einmal am Fließband und schon gar nicht, wenn man weiterkommen will. Wer zehn Päckchen fertig gerechnet hat, in einer halben Stunde, der kriegt 'ne Eins.»

Das Leben

Das Leben findet hierzulande in einer Klassengesellschaft statt. Es wird durch kapitalistische Produktionsverhältnisse bestimmt. Dieser Tatbestand, von dem bei der ganzen Untersuchung ausgegangen werden muß, kann vereinfacht so zusammengefaßt werden:

«1. Aller gesellschaftlicher Reichtum entsteht aus der Bearbeitung der Natur durch den Menschen. Diese Bearbeitung der Natur erfolgt in unserer Gesellschaft arbeitsteilig.

2. Es sind vornehmlich die Arbeiter, die diesen gesellschaftlichen Reichtum aus der Natur schaffen.

3. Für ihre Arbeit brauchen die Arbeiter immer gewaltigere Produktionsmittel.

4. Obwohl von den Arbeitern selbst geschaffen, gehören die Produktionsmittel nicht den Arbeitern, sondern den Kapitalisten. Weil sie nichts als ihre Arbeitskraft besitzen, können die Arbeiter nur mit Erlaubnis der Kapitalisten arbeiten und leben. Für die Erlaubnis zu arbeiten, müssen die Arbeiter alles, was sie erzeugen, dem Kapitalisten umsonst abgeben. Selbst erhalten sie gerade so viel, daß sie mit ihren Familien davon leben können. Deshalb steht die Klasse der Arbeiter im unversöhnlichen Widerspruch zur Klasse der Kapitalisten, die den größten Teil des von den Arbeitern geschaffenen gesellschaftlichen Reichtums an sich reißt.

5. Zwischen der Arbeiterklasse und der Kapitalistenklasse findet ein ständiger Kampf statt. Dieser Kampf geht um Löhne, Arbeitszeit und Arbeitsbedingungen. Endgültig gelöst werden kann der Widerspruch zwischen Kapitalisten und Arbeitern nur, wenn die Arbeiter den Kapitalisten die Produktionsmittel wegnehmen und sie in den Besitz der werktätigen Bevölkerung überführen» (W. Maier: Sozialwissenschaft und politische Bildung. In: *Ästhetik und Kommunikation* 7/1972, S. 21).

„Also, ich finde, der Bursche hat schon ganz gediegene Bildungsansätze; dem könnte man schon eine Weiterbildungs-Chance geben!"

(Nach: Der Spiegel, © Jupp Wolter, Lohmer)

Übrigens wird in diesem Buch des öfteren von den Interessen des Kapitals, den bürgerlichen Vorstellungen oder der bürgerlichen Jugend auf der einen Seite und den Interessen der Arbeiterklasse, der Arbeiterjugend usw. auf der anderen Seite geredet. Das geschieht ohne die notwendige Differenzierung, die nur das Ergebnis einer umfangreichen Entfaltung der Begriffe sein könnte, die in diesem Zusammenhang nicht durchgeführt werden kann. Nur soviel: Man muß davon ausgehen

- daß sich auch im Erziehungsbereich, wie überall in dieser Gesellschaft, die Interessen der Kapitalisten- und der Arbeiterklasse unvereinbar gegenüberstehen;
- daß alle gesellschaftlichen Erscheinungsformen – also auch im Erziehungsbereich – nur aus der kapitalistischen Ökonomie und den Widersprüchen zu erklären sind, die sie bestimmen;
- daß der kapitalistische Staat – also auch die von ihm organisierte Schule – in erster Linie der Durchsetzung, Koordinierung und Sicherung der Interessen des Kapitals dient, daß er in Gestalt der bürgerlichen Demokratie dazu die Loyalität der Massen braucht und daß sich auch in ihm die politischen und ökonomischen Widersprüche der Gesellschaft zeigen und zuspitzen;
- daß der Kampf um die Schule nur ein Teil der allgemeinen Klassenauseinandersetzungen vor allem im Produktionsbereich ist und deshalb auch nur in ihrem Zusammenhang zu begreifen und zu führen ist;
- daß die herrschenden Gedanken auch im Erziehungsbereich die Gedanken der Herrschenden sind;
- daß die Menschen zwar die Geschichte machen, daß sie das aber nicht

(aus: Sehen–beurteilen–handeln. Auflage 1971, © Jupp Wolter, Lohmer)

aus freien Stücken tun, sondern quasi hinter ihrem eigenen Rücken, und daß das auch auf die Politik des Kapitals zutrifft.

Die Bourgeoisie muß als herrschende Klasse ihrer eigenen Ökonomie folgen. Sie sitzt nicht als Verschwörerbande in einem Befehlsstand und hält alle Fäden in der Hand. Wenn es hier manchmal so klingt, als wäre sie Herr ihrer eigenen Ökonomie, ist das ein Problem der Darstellung und eine Folge meiner Vorgehensweise, die Machtdimension in den Vordergrund der Untersuchung zu stellen.

Die Schule

Im Rahmen der Bestimmung der materiellen Grundlage und Widersprüche der bestehenden Gesellschaft müssen auch die Funktionen der Schule, die in ihr herrschende Praxis und ihre Widersprüche untersucht werden. «Man» soll in ihr fürs Leben im Kapitalismus lernen – also nichts für seine Abschaffung, sondern vor allem für seine Erhaltung.

Die Schule als Instrument in den Händen der herrschenden Klasse hat dementsprechend einen Dauerauftrag auszuführen:

- Sie soll einen Beitrag zur Reproduktion und Stabilisierung der kapitalistischen Produktionsverhältnisse leisten. Vor allem soll sie zur Aufrechterhaltung der Trennung
  von Theorie und Praxis,
  von Kopf- und Handarbeit,
  von Lernen und Arbeiten

beitragen und auch zur Aufrechterhaltung der daraus folgenden Hierarchie des Lohnsystems und der irrationalen Arbeitsorganisation.

- Sie soll zur Erhaltung der Klassenstruktur beitragen, durch die Vorbereitung der obengenannten Trennung von Kopf- und Handarbeitern und durch die Trennung der bürgerlichen von der proletarischen Jugend.
- Die Schule soll zur Qualifizierung der gesellschaftlich notwendigen Arbeitskraft beitragen. Das ist die Voraussetzung
  der materiellen Reproduktion der ganzen Gesellschaft,
  der Sicherung der Profite und damit
  der Erhaltung der Konkurrenzfähigkeit der Wirtschaft auf dem Weltmarkt.
- Sie soll zur Vermittlung der herrschenden Ideologie beitragen, um die bewußtseinsmäßige Bindung der Massen an die Interessen der Bourgeoisie zu gewährleisten. Das ist die Voraussetzung zu ihrer weiteren Ausbeutung und Unterdrückung, aber auch zur Herausbildung einer «mittleren Führungsschicht».

Die Schulreform

Erfüllt die Schule diesen Zweck nicht mehr im Interesse des Kapitals, dann fangen dessen Agenten an, die Schule zu reformieren. Sie sind bereit, alles zu ändern, damit sich nichts ändert.

Sie machen diese «Reformen» aber nicht freiwillig, denn sie werfen unmittelbar keinen Profit ab, sondern können ihn kurzfristig sogar verringern. Aber das Kapital ist zu Reformen gezwungen:

- Die kapitalistischen Produktionsverhältnisse werden immer mehr zur Fessel der sich entwickelnden Produktivkräfte. Dieser Widerspruch drückt sich in zunehmenden Verwertungsschwierigkeiten des Kapitals aus. Ein Faktor ist dabei die Qualifikation der Arbeitskraft der Produzenten des gesellschaftlichen Reichtums und des technischen Fortschritts, zu der die Schule beiträgt. Veränderte Verwertungsbedingungen des Kapitals können eine Veränderung der Qualifikationsprozesse nach sich ziehen – also eine Veränderung (Reform) der Schule erforderlich machen.
- Die Schule muß auch dem «niederen Volk» das zur materiellen Reproduktion der Gesellschaft und zur Schaffung eines abschöpfbaren Mehrprodukts notwendige Mindestmaß an Bildung vermitteln. Sie muß aber gleichzeitig – zur Erhaltung der kapitalistischen Ausbeutung – das Bewußtsein der Massen verkleistern. Sie muß objektiv notwendige Bildung und für den Kapitalismus notwendige Verdummung zugleich leisten. Dieser Widerspruch kann ins Bewußtsein der Massen geraten. Dann muß Schulreform gemacht oder versprochen werden, die den

alten Zustand in gewandelter Form erhalten soll.

- Die Massen lassen sich auf Dauer nicht so bewußtlos integrieren und ausbeuten, wie die Herrschenden sich das wünschen. Die Klassenkämpfe seit der Entstehung des Kapitalismus sind ein Beweis dafür. Sie richten sich auch gegen die Klassenschule, denn die bewußtesten Teile der Arbeiterklasse «erfinden nicht die Einwirkung der Gesellschaft auf die Erziehung; sie verändern nur ihren Charakter, sie entreißen die Erziehung dem Einfluß der herrschenden Klasse».

Restlos beseitigen kann die Arbeiterklasse den Einfluß der Kapitalisten auf die Erziehung aber nur durch die Beseitigung des Kapitalismus selbst. Sie ist die einzige Klasse, die das konsequent durchführen kann und auch ein objektives Interesse daran hat. Schließlich bringt sie den ganzen Kapitalismus mit ihrer Arbeit hervor, leidet am meisten unter ihm, kann ihn folglich auch abschaffen und das Neue aufbauen. In ihrem Kampf hat sie – zum Teil gemeinsam mit fortschrittlichen Teilen des Bürgertums – Veränderungen der Schule gegen die herrschende Klasse durchgesetzt, die eine Verbesserung ihrer Lebens- und Kampfbedingungen bedeuten. Zum Beispiel: einheitliche Grundschule, Eindämmung des kirchlichen Einflusses auf die Schule, Abschaffung der schlimmsten Verdummungsmaßnahmen, etwas kleinere Klassen, etwas besser ausgebildete Lehrer, Einschränkung der Prügelstrafe, Kindergärten. Aber die Herrschenden versuchen immer – besonders wenn die Arbeiterklasse schwach ist – die alten Zustände zu restaurieren oder die erkämpften Reformen für ihre Zwecke umzudrehen, denn alle Reformen sind widersprüchlich (vgl. letztes Kapitel über Schulreform).

Wie war es bisher?

Die genannten Funktionen der herrschenden Erziehungspraxis und der Klassenschule sind nicht neu. Die Ziele und den Zweck von Erziehung und Schule in «seinem Klassenstaat» hat der Schulreformer Friedrich II., der in den Schulen auch «der Große» genannt wird, freimütig offenbart:

Für die jungen Leute, so schrieb er 1779 an den Minister von Zedlitz, «ist es auf dem platten Lande genug, wenn sie ein bißchen Lesen und Schreiben lernen, wissen sie aber zu viel, so laufen sie in die Städte und wollen Secretairs und sowas werden; deshalb muß man auf'n platten Lande den Unterricht der jungen Leute so einrichten, daß sie das Notwendige, was zu ihrem Wissen nötig ist, lernen, aber auch in der Art, daß die Leute nicht aus den Dörfern weglaufen, sondern hübsch dableiben» (zitiert nach J. B. Meyer [Hg.]: Friedrich des Großen pädagogische Schriften. Langensalza 1885, S. 170).

Dieser Reformer hätte – fast 200 Jahre später – sicher auch dem Deutschen Ausschuß für das Erziehungs- und Bildungswesen präsidieren können, der 1964 in seiner Hauptschulempfehlung sagt:

«Die Auswahl (des Stoffes) wird um so fruchtbarer sein, je mehr sie sich nach dem richtet, was der früh in die Arbeitswelt eintretende und später meist in praktischen Berufen tätige Mensch an geschichtlichem Wissen in dieser unserer Gesellschaft und Wirtschaft, im Staat und in den überstaatlichen Ordnungen, in seinem Volk und seiner Kirche braucht» (Deutscher Ausschuß für das Erziehungs- und Bildungswesen: Empfehlungen zum Aufbau der Hauptschule. Stuttgart 1965, S. 36).

«Die Kinder der arbeitsamen Volksklassen sollen weder Vorleser noch Kanzlei-Offizianten, noch Kalkulatoren, noch Religionslehrer werden. Sie sollen ihren Katechismus, Bibel und Gesang lesen, ihren geringen und eingeschränkten Verhältnissen gemäß schreiben und rechnen, Gott fürchten, lieben und danach handeln, die Obrigkeit achten und den Nächsten lieben lernen»,

verordnete im gleichen Stil Friedrich Wilhelm III. im Jahre 1803, und so geschah es dann auch (zitiert nach H. König: Geschichte der Nationalerziehung in Deutschland. Berlin 1960, S. 279).

In dieser und der folgenden Zeit genossen die Junker- und Bürgerkinder ihre privilegierte Standes- oder besser Klassenbildung. Man durfte sie weder schlagen noch zensieren – übrigens eine Forderung der modernen Pädagogik –, schließlich waren es Leute von Stand, «denen man Seelenadel einflößen muß» (J. B. Meyer, a. a. O., S. 199).

Die Schulen der höheren Stände, in denen solches geschah, beriefen sich auf idealistische Philosophen und Pädagogen wie Wilhelm v. Humboldt und Friedrich Schleiermacher, die allen eine allgemeine und humanistische Bildung vermitteln wollten. Ihre Ideen wurden umfunktioniert – was leicht war – und sind zur Rechtfertigung der elitären Oberklassenschulen verwendet worden (vgl. H.-J. Heydorn: Über den Widerspruch von Bildung und Herrschaft. Frankfurt 1970). Von ihrer Entstehung an über 1848/49, die Bismarck-Epoche, 1918, den Faschismus bis in die Restaurationsphase nach 1945 ist es den Herrschenden mit Hilfe der Ideologie von der humanistischen und volkstümlichen Bildung, mit diesen Schulen und den Dressur- und Verdummungsanstalten für die «arbeitsamen Volksklassen» verhältnismäßig gut gelungen, die Mehrheit des Volkes für dumm zu verkaufen, auszubeuten und zu unterdrücken.

Der preußische Abt Felbiger hat das Klassenziel der Erziehung «seiner Majestät» nach der Eroberung Schlesiens im Siebenjährigen Krieg auf den Begriff gebracht:

«Der König verlangt, in Schulen Untertanen zu bilden, die sein sollen 1. treu, 2. gehorsam, 3. vernünftig, 4. brauchbar, 5. arbeitsam» (zit. nach H. König, a. a. O., S. 294).

Aber es gab im Volke – auch in der Lehrerschaft – den mächtigen Willen, Unterdrücker und Ausbeuter zum Teufel zu jagen. Zahlreiche Lehrer kämpften 1848 an vorderster Front auf den Barrikaden gegen die reaktionäre Junkerei. Besonders Karl Friedrich Wander (1803–1879) verdient unsere Aufmerksamkeit. Er hat unermüdlich für die Einheit der Lehrerschaft (Allgemeiner Deutscher Lehrerverein), für die Einheitsschule und die Erneuerung der Volksbildung gekämpft.

Wir zitieren ihn aus einer Flugschrift des Jahres 1848 (ausführlich in: Quellen zur Geschichte der Erziehung. Berlin 1968, S. 259–263):

«Es ist notwendig, an den direkten Versuch zu erinnern, die Volksschullehrerstellen mit ausgedienten Unteroffizieren zu besetzen. Ein Beginnen, das vom Volke mit dem entschiedensten Unwillen zurückgewiesen wurde. Was blieb zuletzt übrig, wenn es an Lehrern fehlte, als in die erledigten Stellen irgend jemand einzuschieben! Vielleicht konnten die Gemeinden noch so weit kommen, um einen Unteroffizier zum Lehrer zu *bitten*; und man erreichte einige Jahre später indirekt, was früher direkt nicht zu erreichen gewesen war.

Dazu war aber alle Aussicht vorhanden. Denn da der Volksschullehrerstand allmählich in das Verhältnis des schmählichsten Druckes gebracht worden und in einem Maße darin schmachtete, daß seine Mitglieder nicht einmal die Freiheit hatten, sich zu freuen ohne Kommando, zu lesen ohne mehrfache Polizei, einen Gedanken zu haben und auszusprechen, der nicht zuvor bei einer Regierung abgestempelt worden war, so hörte die Stellung und der Beruf eines Volksschullehrers auf, eine Ehre zu sein; er hörte um so mehr auf, als die Volksschule nicht mehr als Bildungsanstalt, sondern als ein großes Polizei-Institut betrachtet wurde, durch welches der erwachende Volksgeist schon in der Jugend erstickt, gebrochen, geknebelt werden solle. Das war das Ziel des auf das Metternichsche System gegründeten Volksschulwesens. Wir schaudern zurück vor dem bethlehemitischen Kindermord, den die fromme Sage dem Herodes *zuschreibt*, von dem aber die weltliche Geschichte nichts weiß. Was ist er gegen den von dem fluchwürdigen System Jahrzehnte hindurch ausgeübten großen deutschen *Kindermord!* Dafür zu wirken war bisher die Aufgabe eines Volksschullehrers; und je mehr er für die Erreichung der Absichten dieses Systems tat, ohne sie selbst zu begreifen, je mehr er ein bloßes Werkzeug dieses Systems war, je beliebter war er und um so mehr konnte er auf Beförderung, auf Anerkennung irgendeiner Art rechnen. Je mehr er aber seinem wahren Beruf treu blieb, sein Leben echter Volksbildung zu widmen, je mehr er erkennen ließ, daß ihm die Tendenzen des herrschenden Systems nicht unbekannt seien, daß er sie *durchschaue*, desto unliebsamer war er, desto mehr wurde jedes Mittel angewandt, um ihn ‹*unschädlich*› zu machen . . .

Einer der letzten Erlasse, welchen das Metternichsche System zur Vernichtung der Volksbildung durch sein Ministerium Eichhorn publizieren ließ, verlangte, daß die Jünglinge, welche sich zur Aufnahme ins Seminar melden, 50, schreibe fünfzig, Lieder aus dem Gesangbuch *aus*wendig wissen sollen. Die Prüfung dauert zwei bis drei Tage. Wenn sich die Examinatoren überzeugen sollen, ob jeder der Prüflinge wirklich 50 Lieder und außerdem noch eine Masse Bibelsprüche, biblische Geschichten, Katechismusstücke und anderes kirchliche Material *auswendig* weiß, so kann zur Erforschung der anderweitigen Tüchtigkeit kaum viel Zeit übrigbleiben. So sollte denn die ganze Volksbildung endlich auf ein elendes bißchen *Gedächtniswerk* zurückgeführt, das Denken sollte verdrängt werden und der Glaube an dessen Stelle treten, der blinde Glaube, welcher bereits von unzähligen Kanzeln dem armen Volke als Evangelium verkündigt wurde und noch verkündigt wird. Und aus diesem Grunde sollte das geistige Band, welches zwischen Kirche und Schule besteht, in eine rasselnde Kette verwandelt werden, mit der die gefangene Schule ihrer Herrin, der gläubigen Kirche, Hofdienste für die Volksverdummung leistete . . .

Die wahre Volksbildung wird nicht dadurch erreicht, daß jeder Ort eine Anstalt besitzt, die Schule *heißt*, daß daran ein Mann wirkt, der so viel versteht, wieviel etwa ein Bauer nach dem Zollstock eines Metternichschen Kultusministers wissen muß, um imstande zu sein, die erforderlichen Steuern zu verdienen; und der gerade so viel für diese Wirksamkeit erhält, als notwendig ist, damit er nicht verhungere; nicht darin, daß alljährlich eine Menge beschriebenes Papier zu den Regierungsakten abgeht und in der Staatszeitung berichtet wird: Das Land hat so viel tausend Schulen und so viel tausend Lehrer, daß alle Leute regelmäßig acht Jahre auf der Schulbank sitzen, um dann das Amtsblatt zu lesen und am Ende doch nicht zu verstehen. Unter Volksbildung begreifen wir mehr. Wir können ein Volk nicht gebildet nennen, wenn ihm die einfachsten und wichtigsten Begriffe fremd sind.

Erst diese Tage haben einen Beleg dafür geliefert, wohin es führt, ein Volk in politischer Unmündigkeit und ohne alle politische Bildung zu erhalten. Als hier bekannt wurde, daß *Preßfreiheit* bewilligt sei, verstanden dies die Landleute so, daß die Gutsherren sie nun fürder nicht mehr mit den verschiedensten Abgaben und Diensten ‹pressen› dürften, falls sie es aber dennoch fortsetzen wollten, sei ihnen (den bisher Gepreßten) die Freiheit gewährt, sie wieder zu pressen. Und das haben sie denn auch in gar vielen Orten auf ihre Weise getan . . .

So steht's mit der Volksbildung; aber so kann, so darf es nicht fürder bleiben . . .

Der Volksschulrat sorgt dafür, daß überall eine wahre, durchgreifende Bildung, daß Achtung für gesetzliche Ordnung verbreitet und erhalten, jeder Roheit und Willkür der Boden abgewonnen und ein edles Gemeindeleben ins Dasein gerufen werde. Er sammelt um sich die tüchtigsten Kräfte zu seiner Unterstützung. Nicht die *papiernen Schulräte*, welche, wie es das System verlangt, mit freundlichem Gesicht freisinnig reden und liberal heucheln und, den Teufel im Nacken, durch Reskripte maßregeln, daß sich jeder Mann von ehrenwerter Gesinnung nach Botanybai wünschen muß, nein, die diesen entgegengesetzten lebendigen *Volksschulräte* werden, wenn noch einige andere Bedingungen ebenfalls erfolgt sind, andere Früchte unserer Volksbildung nachweisen, als sie das alte System zu tragen vermocht hat.

Ich sage, es müssen noch andere Bedingungen erfüllt werden. Denn *allein* kann weder der tüchtigste ‹Minister der Volksbildung› noch können die tüchtigsten Volksschulräte das Ziel erreichen. Wenn bis jetzt das Heer, dessen Segnungen sich in den dreißig Friedensjahren auf ein sehr geringes Maß werden zusammendrängen lassen, die Hälfte der Staatseinkünfte verschlungen hat, wenn bisher, während Hunderte von Offizieren und Pensionären in den Konditoreien die Langeweile mit Windbeuteln ausfüllen, die Lehrer des Volkes hungerten und, nachdem sie vierzig bis fünfzig Jahre gewirkt hatten, bettelnd von einem Ort zum anderen ziehen mußten, so werdet Ihr, Vertreter des Volkes, jetzt fordern, daß nicht etwa die wackern Vaterlandsverteidiger hungern, sondern daß die Müßiggänger abgeschafft und nicht ferner auf Kosten der Arbeitenden gepflegt werden, fordern, daß die Volkserziehung ihre gebührende Stellung im Staatsetat erhalte.

Die Volkserziehung ist allgemeine Volkssache. Sie kann nicht gedeihen ohne tüchtige Lehrer, und diese verlangen eine angemessene Stellung.

Fordert demnach, Vertreter des Volks, daß angemessene Summen von den bisher unnütz oder zur Unterstützung und Verdummung des Volks verwandten Millionen für die Volkserziehung bestimmt werden. Jede Gemeinde organisiere ihr Schulwesen nach den für den ganzen Staat angenommenen allgemeinen Grundlinien und erhalte einen tüchtigen Lehrer, der von seinem anstrengenden, in der Folge noch weit umfangreicheren Berufe zu leben imstande ist. Wo die Gemeindemittel aufhören, da trete sofort der Staat ein. Es darf nicht fürder vorkommen, daß die Bildung einer kleinen Gemeinde bloß deshalb vernachlässigt werde, weil sie eine kleine ist; es darf nicht ferner vorkommen, daß unfähigen Lehrern, sie mögen dies nun sein in betreff ihrer sittlichen Haltung oder ihrer geistigen oder körperlichen Schwäche, länger die Bildung des Volkes anvertraut bleibe. Man sorge so rasch als möglich für frische Lehrkräfte und setze dann, ohne die Tausende, die dazu erforderlich sind, zu beklagen und zu verweigern, in Ruhestand, was entweder stets im Ruhestande gewesen ist oder darin zu sein längst verdient hätte. Man höre auf, ferner die Taler höher anzuschlagen als die Seelen. Es hat zwar das bisherige System jetzt auch auf eine Ausmerzung im Lehrstande hingearbeitet; aber es galt nur den Männern, welche dies System bekämpfen oder ihm nicht in die Hände arbeiten. Es wurde die politische Gesinnung verfolgt, während man die Gesinnungslosigkeit *dekorierte*. Jetzt gelte es, den Boden der Volksbildung von dem Unkraut des *alten* Systems zu reinigen. Aber wie nicht das *Lehramt* von Untüchtigen ausgeübt werden darf, so kann auch die *Schulverwaltung* nicht länger *den* Männern anvertraut bleiben, die sich als die treuesten Anhänger des Metternichschen Systems, das unsere Volksbildung daniedergehalten, auf unser Schulwesen wie vergiftender Mehltau gelagert haben. Ebenso muß die spezielle Aufsicht über die Schulen eine Umgestaltung im Sinne des Fortschritts, entsprechend den großen Anforderungen der neueren Zeit, erfahren. Männer, denen die Volksbildung auf der breitesten Basis am Herzen liegt, nicht bloß am Herzen liegt, sondern *ins* Herz gewachsen ist, müssen sich des Schulwesens annehmen; es darf die Aufsicht nicht ferner ein Privilegium der Kirche sein, welche die Schule als ihre Dienstmagd betrachtet und für ihre zuweilen von dem Wohle des Volkes sehr unterschiedenen Zwecke ausbeutet ...

Wir erklären uns entschieden gegen das Pfaffentum, wie wir uns ebenso entschieden gegen das alte engherzige *Schulmeistertum* erklären.

Aber uns steckt der Pfaffe nicht im Talar, sondern in der Gesinnung. Das Pfaffentum hat es mit der Knechtung des Geistes zu tun, und das ganze Metternichsche System, in dessen Händen das bisherige Schulwesen lag, war nichts als Pfaffentum. Geistliche aber, welche sich zu der Theorie bekennen, daß der Mensch von Grund aus verderbt sei, sind von vornherein unfähig, auf dem Boden der neuen Volksschule zu wirken. Hier gilt es, *Menschen* zu bilden. Wer aber Menschen bilden will und soll, der muß an die Güte der Menschennatur glauben; er muß auf der Erde leben und nicht mit den Engeln des Himmels verkehren; er muß für diese Welt erziehen; er muß nicht den Himmel in ein unbekanntes Jenseits verlegen, er muß denselben hienieden auf der Erde bauen lehren! ...

Vertreter des Volks, während der Herrschaft des alten Systems kam auf den Landtagen die Schule mit ihren Wünschen stets zuletzt, und es war dies ganz angemessen; denn während der Herrschaft eines Verdummungs- und Knechtungssystems konnte es nichts Überflüssigeres als ein Volksbildungsinstitut geben. Ihm fehlte es für die bescheidensten Ansprüche an Mitteln zur Gewährung; es war alles schon verausgabt für Pensionen zum Teil sehr überflüssiger Beamter, für Zensur, geheime Polizei, künstlich gemachte und künstlich mit vielen Kosten durchgeführte Verschwörungen, für Spione, rechtlichen Menschen aufzulauern, und dergleichen volkswohltätige Zwecke.»

Die revolutionäre demokratische Bewegung von 1848 wurde brutal niedergeschlagen.

Fortschrittliche Lehrer wurden bespitzelt. Wir zitieren aus einem Behördenbericht über Lehrer (Quellen zur Geschichte der Erziehung, S. 251–252):

«Lehrer Beyer aus Berlin: ‹Derselbe hat einen schlechten Ruf; er soll nach der Angabe des Bezirksvorstehers selbst in der Schule den Kindern seine republikanische Gesinnung predigen ...›

Lehrer Hibeau aus Berlin: ‹Sehr schlecht, hatte den Kindern rote Kokarden angemacht ...›

Einige im Handwerker-Verein tätige Berliner Lehrer: ‹Kollaborator Bollmann ist Lehrer beim Handwerker-Verein, Republikaner.›

Oberlehrer Köppen (Freund von Karl Marx): ‹Höchst gefährliches Subjekt. Vereinslehrer des Handwerkervereins.›

Gesangslehrer Hintze: ‹Von Anfang der vorjährigen Unruhen an durch und durch Republikaner. Er ist einer der Hauptlehrer und Agitatoren im Handwerkerverein.›»

Die fortschrittlichen Lehrer erhielten nicht nur Berufsverbote, sie wurden auch zu langen Freiheitsstrafen verurteilt, so beispielsweise einige Lehrerkollegen aus dem Kreisdirektionsbezirk Zwickau, die am Maiaufstand 1849 teilgenommen haben (ebd., S. 254):

Böttcher aus Jugelsburg	6 Wochen Gefängnis + 8 Tage
Götz aus Annaberg	8 Jahre Gefängnis
Stöbe aus Schneeberg	3 Jahre Zuchthaus
Finke aus Plauen	5 Jahre Zuchthaus
Glass aus Pausa	6 Jahre Zuchthaus
Hänzschel aus Geltengrün	6 Jahre Zuchthaus
Herold aus Obersachsenberg	6 Jahre Zuchthaus
Bernstein aus Oberreichenbach	6 Jahre Zuchthaus
Lindemann aus Plauen	6 Jahre Zuchthaus
Schönherr aus Lengefeld	8 Jahre Zuchthaus
Stützner aus Annaberg	8 Jahre Zuchthaus

Hoffmann aus Hundshübel	10 Jahre Zuchthaus
Geißler aus Zschopau	10 Jahre Zuchthaus
Böhme aus Treuen	10 Jahre Zuchthaus
Hösler aus Reichenbach	20 Jahre Zuchthaus

(Sächsisches Hauptstaatsarchiv Dresden, Ministerium für Volksbildung, Nr. 11945 und 11946)

Im gleichen Jahr (1849) sagte die Charaktermaske der siegreichen preußischen Reaktion, Friedrich Wilhelm IV., auf einer Konferenz der Lehrerseminare:

«All das Elend, das im verflossenen Jahre über Preußen hereingebrochen, ist Ihre, einzig Ihre Schuld. Die Schuld der Afterbildung, der irreligiösen Massenweisheit, die Sie als echte Weisheit verbreiten, mit der Sie den Glauben an die Treue in dem Gemüt meiner Untertanen ausgerottet und deren Herzen von uns abgewandt haben. Diese pfauenhaft aufgestutzte Scheinbildung habe ich schon als Kronprinz aus innerster Seele gehaßt und als Regent alles aufgeboten, um sie zu unterdrükken. Ich werde auf dem betretenen Wege fortgehen, ohne mich irren zu lassen, keine Macht der Erde soll mich davon abwendig machen. Zunächst müssen die Seminare sämtlich aus den großen Städten nach kleineren Orten verlegt werden, um den unheilvollen Einflüssen eines vergifteten Zeitgeistes entzogen zu werden. Sodann muß das ganze Treiben in diesen Anstalten unter die strengste Aufsicht kommen; nicht den Pöbel fürchte ich, aber die unheiligen Lehren einer modernen frivolen Weltweisheit vergiften und untergraben mir eine Bürokratie, auf die ich bisher stolz zu sein glauben konnte. Doch solange ich noch das Heft in den Händen führe, werde ich solchem Unwesen zu steuern wissen» (zitiert nach Wenzel: 100 Jahre Deutscher Lehrerverein).

«Er» wußte ihm zu steuern – mit Hilfe seiner Agenten, mit Bajonetten, Verboten, Klassenjustiz, Folter und Gefängnis.

Erst die mit der Entwicklung des Kapitalismus erstarkende Arbeiterbewegung konnte im letzten Drittel des 19. Jahrhunderts dem Terror der herrschenden Klasse wirksam entgegentreten – trotz Sozialistenverfolgung, trotz nationalistischer und imperialistischer Kriegstreiberei.

«Die Bourgeoisie hat nicht nur die Waffen geschmiedet, die ihr den Tod bringen; sie hat auch die Männer gezeugt, die diese Waffen führen werden – die modernen Arbeiter, die Proletarier» (Marx/Engels, 1848).

Auf der Seite der Arbeiterklasse hat 1872 einer der Begründer der Sozialdemokratischen Partei, Wilhelm Liebknecht, die Funktion der Schule in der Klassengesellschaft untersucht:

«Es hat noch nie eine herrschende Kaste, einen herrschenden Stand, eine herrschende Klasse gegeben, die ihr Wissen und ihre Macht zur Aufklärung, Bildung, Erziehung der Beherrschten benutzt und, nicht im Gegenteil, systematisch ihnen die echte Bildung, welche frei macht, abgeschnitten hätte.

Es liegt im innersten Wesen der Herrschaft – wer herrscht, will *sich* stark und den Beherrschten schwach machen. Und wer allgemeine Bildung will, muß deshalb gegen jede Herrschaft ankämpfen (. . .) Die Schule, wie sie ist, und die Schule, wie sie sein soll, verhalten sich zueinander genau gleich dem Staat, wie er ist, und dem Staat, wie er sein soll. Der Staat, wie er ist, d. h. der Klassenstaat, macht die Schule zu einem Mittel der Klassenherrschaft. Er kann freie Männer nicht brauchen, nur gehorsame Untertanen; nicht Charaktere, nur Bedienten- und Sklavenseelen. Da ein ‹intelligenter› Bedienter und Sklave brauchbarer ist als ein unintelligenter – schon die Römer legten auf Sklaven, die etwas gelernt hatten, einen besonderen Wert und zahlten entsprechende Preise für sie –, sorgt der moderne Staat für eine gewisse Intelligenz, nämlich für Bedienten-Intelligenz, die das menschliche Werkzeug verfeinert und vervollkommnet, so daß sich besser mit ihm ‹arbeiten› läßt. So wird die Schule zur Dressuranstalt statt zur Bildungsanstalt . . .» (W. Liebknecht: Wissen ist Macht – Macht ist Wissen. Berlin 1891).

Diese bekannte Festrede wurde vor über 100 Jahren gehalten. Sie ist heute noch aktuell, auch wenn Liebknecht die Rolle des Staates falsch einschätzt. Nicht der Staat macht die Schule zum Unterdrückungsinstrument, er ist selber eins. Die herrschende Klasse «bedient» sich seiner, wie der Schule, so gut sie kann, um ihre Interessen durchzusetzen.

Der Arbeiterklasse ist es zu verdanken, daß die zunehmende Verschlechterung der Lebensbedingungen der Massen, also auch die Verschlechterung des Schulwesens, wirksam bekämpft wird. Was die Herrschenden als Fortschritt, als mehr Demokratie, als ihre Leistung preisen (einheitliche Grundschule, Milderung der Prügelstrafe, Hochschulausbildung für Lehrer, Abbau der kirchlichen Schulaufsicht etc.), mußte mühsam, gegen ihren Widerstand durchgesetzt werden – wie jede Besserung der Lebensbedingungen der Mehrheit des Volkes.

Und so wird es auch weiterhin sein!

Diesen Kampf – der zwischen 1917 und 1923 seine bisher wichtigste Etappe erreicht hatte – konnte die Arbeiterbewegung nur unter Sammlung aller fortschrittlichen Kräfte und im Zusammenhang mit dem allgemeinen Kampf für die revolutionäre Umgestaltung der ganzen Gesellschaft führen.

Edwin Hoernle – einer der Leiter der proletarischen Erziehungsarbeit in der Weimarer Republik – hat den Charakter der kapitalistischen Erziehung herausgearbeitet und auch den Widerspruch, an dem der Kampf gegen diese Erziehung in der Klassenschule ansetzen muß:

«Grundsätzlich unterscheidet sich die Erziehung im Kapitalismis in keiner Weise von der Erziehung in irgendeiner früheren Klassengesellschaft. Auch im Kapitalismus besteht faktisch das Bildungsmonopol der besitzenden Klassen.

Vom kleinbürgerlichen Ständestaat hat der Kapitalismus die getrennten Schulstufen übernommen, die dem Durchschnittsschüler einen Übergang von der Volksschule in die höheren Schulen so gut wie unmöglich machen. Zwar hat für Deutschland die Weimarer Verfassung das Gegenteil dekretiert (Artikel 146,

Absatz 1 erklärt: das öffentliche Schulwesen ist organisch auszugestalten), aber niemand kümmert sich darum, am wenigsten die Väter der Verfassung selbst. Man ist im Gegenteil eifrig bemüht, die ständische Gliederung zu verschärfen und zu verewigen, z. B. durch die Durchlöcherung der Grundschule, durch Einrichtung von besonderen Begabtenklassen, durch Gründung besonderer Lehrerakademien usw. Einzelne ‹Aufbauschulen› bedeuten natürlich keine reale Durchbrechung der überkommenen ständischen Gliederung.

Aber auch dort, wo kein ständischer Schulaufbau den Übergang aus der Grundschule in die höheren Schulen hindert, sind dennoch im Kapitalismus die Massen der Arbeiter und Bauern von jeder höheren Schulbildung ausgeschlossen, und zwar automatisch auf Grund ihrer ökonomischen Lage. *Bildung ist im Kapitalismus Ware*, deren Preis einkassiert wird in Form von Schul- und Lehrgeldern an Universitäten und Hochschulen, von Prüfungsgebühren und vor allem durch die Notwendigkeit, die Lehr- und Lernmittel, alle wissenschaftlichen Bücher und Apparate mit teurem Geld zu bezahlen. Hierzu kommt der Zwang, den der Kapitalismus auf Proletarier und Bauern ausübt, die Arbeitskraft ihrer Kinder so früh wie möglich auf dem Markte zu verkaufen oder selbst auszubeuten. *Der Kapitalismus bedarf keiner besonderen Gesetze und Verordnungen, um die arbeitenden Massen von der Bildung auszuschließen, das besorgen die ökonomischen Gesetze ganz von selber.* Und an dieser ökonomischen Zwangslage scheitern alle noch so gut gemeinten Volksbildungspläne reformistischer Schwärmer.

Natürlich kann der Kapitalismus nicht wie die antike Sklavenwirtschaft oder die feudale Hörigenwirtschaft den arbeitenden Massen jede Bildung überhaupt vorenthalten. Der moderne Lohnarbeiter muß *gewisse Elementarkenntnisse* erhalten, wenn er zur Zufriedenheit des Unternehmers an den hoch komplizierten und kostspieligen Maschinen arbeiten soll. Auch der moderne Staat mit seinem komplizierten Verwaltungs-, Gerichts- und Verkehrsapparat könnte gar nicht reibungslos funktionieren, wenn die Massen nicht wenigstens lesen und schreiben könnten. Die bürgerliche ‹Ruhe und Ordnung› ist ferner viel gesicherter, wenn die Massen der Ausgebeuteten ein wenig ‹aufgeklärt› sind und für ihre Handlungen um so gründlicher verantwortlich gemacht werden können.

Die Volksschule

Der Kapitalismus kann deshalb nirgends dauernd auf die allgemeine Volksschulpflicht verzichten. Der Bourgeoisie kommt es jedoch gar nicht darauf an, in den Volksschulen wirkliches Wissen oder gar selbständiges wissenschaftliches Denken zu vermitteln. Die Volksschule soll nur *das Mindestmaß* dessen verabreichen, was das ‹Volk› an Kenntnissen und Fähigkeiten unbedingt notwendig hat, um den ihm zugedachten Funktionen als Lohnarbeiter, staatlicher Untertan oder als Soldat nachkommen zu können. Darüber hinaus wird die Volksschulbildung des bürgerlichen Staates freiwillig nie gehen. Die Bourgeoisie gibt keinen Pfennig für die Volksschulbildung, der ihr nicht Zinsen trägt. Wenn sie trotzdem mitunter gewisse Summen für ihr Volksschulwesen verausgabt, so im wesentlichen deshalb, weil die Volksschule die Aufgabe hat, neben der Vermittlung einiger Elementarkenntnisse und Fertigkeiten den Kindern der werktätigen Massen auch eine bestimmte *vorschriftsmäßige Gesinnung* beizubringen, die durch die Art der Lehrerbildung, durch den Inhalt der Schulbücher, durch die autoritativen Methoden des Unterrichts, durch militärisches Turnen und durch die ‹Schulzucht› garantiert wird.

Aus dieser doppelten Aufgabe der Volksschule, gleichzeitig *Lehrinstitut und Verdummungsanstalt*, ein Werkzeug der ‹Bildung› und ein Werkzeug der Barbarei zu sein, entsteht eine Reihe von Widersprüchen in dem bürgerlichen Schulwesen, die sich darin äußern, daß die Bourgeoisie zwar entsprechend der Entwicklung der Technik und der Naturwissenschaften an gewissen Reformen des Unterrichts und des Lehrplanes interessiert ist, dennoch aber diese vom technischen Fortschritt dringend geforderten Reformen (z. B. Arbeitsunterricht, naturwissenschaftlicher Unterricht an Stelle von Religion) im Interesse ihrer Machterhaltung wieder einschränkt und vernachlässigt, wodurch bei allen bürgerlichen Schulreformen stets etwas Halbes, Verkrüppeltes und Verlogenes zustande kommt. In diesem inneren Widerspruch des bürgerlichen Schulwesens liegen die Grenzen für jede bürgerliche Reformpolitik. Erst die Diktatur des Proletariats hebt diesen Widerspruch auf und schafft Bahn für eine geradlinige, dem Fortschritt der Wissenschaft und Technik entsprechende Schulentwicklung.

Nicht so sehr *was* in der Schule gelehrt wird, sondern vor allem *wie* es gelehrt wird, ist für die Bourgeoisie entscheidend. Der Unterricht in der Massenschule muß deshalb *autoritativ*, mit *Metaphysik* (Religion) *durchsetzt*, in *der Methode verbalistisch* (Gedächtnisdrill), im Inhalt ‹staatserhaltend› sein. Dieser Unterricht muß ergänzt werden durch ein System von Belohnungen und Strafen, die das Lehrerkollegium souverän verhängt. Die *Trennung der Knabenerziehung von der Mädchenerziehung* ist ferner ein wesentliches Moment in jeder Gesellschaft, in der die Geschlechtssklaverei des Weibes und ihre ökonomische Abhängigkeit vom Manne nicht restlos beseitigt ist. Diese Trennung der Geschlechter wird mitunter im bürgerlichen Schulwesen gemildert und durchbrochen, aber nie wirklich abgeschafft.

Die politische Beeinflussung ist in der Schule immer vorhanden, sie geschieht jedoch meist indirekt und versteckt. Alle Schulfächer und Übungen werden politisch ausgenützt. Es gehört ferner zum Wesen der kapitalistischen Schule, daß sie vom Leben der Gesellschaftsklasse, aus der die Masse der Kinder stammt, *scharf getrennt* ist, sei es in der Form der Schulkaserne, wie sie in Europa vorherrscht, oder dadurch, daß die Schule zwar mit dem öffentlichen Leben in Verbindung steht, aber nur an den Festen, Aufmärschen und Feiern der herrschenden Klassen, teilnimmt, wie in Amerika. (Vergl. I. Finkel: ‹Die Projektionsmethode und der Schulkampf der KJV›, ‹Das proletarische Kind› Heft 9/10 1926.)

Züchtigungsrecht und Religion sind zwei durchaus unentbehrliche Requisiten der kapitalistischen Schule, wobei es nicht viel verschlägt, ob die Züchtigung barbarisch mit dem Stock oder zivilisiert als Strafarbeit verhängt, ob die religiöse Beeinflussung kirchlich-dogmatisch oder unter dem Deckmantel einer allgemeinen religiös-sittlichen Unterweisung oder gar einer weltlichen ‹Lebenskunde› erteilt wird. Die École laïque in Frankreich unterscheidet sich prinzipiell durchaus nicht von der bayerischen Konkordatsschule, wir haben hier nur verschiedene Stufen der Verfeinerung ein und desselben Systems, das die Erniedrigung, Entmannung und geistige Verseuchung der Proletarierkinder zum Ziele hat.

Jede kommunistische Schulpolitik, die nicht von dieser grundsätzlichen Erkenntnis des Wesens der kapitalistischen Elementarschule ausgeht, muß entweder in revolutionaristisches Geschwätz oder in reformistische Kleinbürgerlichkeiten ausarten. Diese Erkenntnis zeigt uns aber auch, wo der proletarische Schulkampf einsetzen muß, nicht bei allerhand kleinen Verbesserungsvorschlägen für Schulplan, Lehrmittel, Unterrichtsmethoden, sondern mit dem Angriff auf die zentralen Stellungen des Gegners, *auf den bürgerlichen Klasseninhalt* des Unterrichts, auf den Despotismus der Schulbürokratie, auf die Trennung der Volksschulen von den höheren Schulen, auf den Klerikalismus in der Schule, auf die Absperrung der Schule vom Leben der Arbeiterklasse, womit natürlich verbunden sein müssen, die materiellen Forderungen, die sich aus der Klassenlage der proletarischen Kinder ergeben: Speisung und Kleidung der Schulkinder, Lehr- und Lernmittelfreiheit, hygienische Einrichtungen und schulärztliche Pflege, Tag- und Nachtheime für die Kinder, Ferienkolonien und dergleichen. Auch das Koalitionsrecht und Streikrecht der Lehrer, die Beseitigung besonderer Lehrerseminare, die Aufhebung des Heiratsverbots für Lehrerinnen sind Forderungen der proletarischen Schulpolitik.

In der gegenwärtigen Periode der beschleunigten kapitalistischen Rationalisierung und Kriegsrüstungen, in diesem Zeitalter der Elektrifizierung und Motorisierung auch der Armeen, der alles durchdringenden Herrschaft der chemischen Industrie und des fließenden Bandes, der wachsenden Widersprüche auf dem Weltmarkt und zwischen den Klassen, der Aussonderung einer Arbeiteraristokratie und Verelendung großer Massen, des Verwachsens der reformistischen Gewerkschafter und Parteiführer mit dem imperialistischen Staat, der Verschmelzung von bürgerlicher Demokratie und faschistischer Diktatur – in dieser Periode gewinnen natürlich auch die Widersprüche des bürgerlichen Volksschulwesens gewaltig an Breite und Tiefe. Die Bourgeoisie hat ein starkes Interesse daran, alles was an Intelligenz, Tatkraft, schöpferischen Kräften im Nachwuchs des Proletariats nach oben drängt, rechtzeitig abzufangen und für ihre Zwecke dienstbar zu machen. Daher die wachsende Differenzierung des Schulwesens, ja der Volksschule selber. Auf der einen Seite einzelne großstädtische Vollanstalten mit Werkunterricht, Montessorimethoden, Schulkino, Laboratorien, Anschauungs- und Übungsmaterial, mit vorzüglich geschultem Lehrpersonal, mit Hilfsklassen und Begabtenklassen, da und dort mit ein- oder mehrklassigem ‹Aufbau› versehen; am anderen Pol armselige Dorf- und Vorstadtschulen, in schmutzigen und baufälligen Gebäuden, ohne Lehr- und Lernmaterial, mit vorsintflutlichen Methoden, einem halbwissenden und gedrückten Lehrerstand und stärkstem konfessionellen, pfäffischen Charakter. Diese Polarisierung der Volksschule ist geradezu ein Merkmal der bürgerlichen ‹Schulreform› im imperialistischen Zeitalter, ganz abgesehen von der an die Volksschule anschließenden Spezialisierung und Differenzierung der Fortbildungs-, Berufs- und Fachschulen, in denen der Nachwuchs der qualifizierten Arbeiterminderheit über das allgemeine Niveau emporgehoben wird. Wo das Proletariat zahlreich, klassenbewußt und stark organisiert ist, wird durch kommunale Freistellen, Schulgeldnachlaß oder Staffelung für den ‹Aufstieg der Begabten› gesorgt, alles Maßnahmen, durch die die Bourgeoisie für die Verjüngung ihres technischen und verwaltenden Apparats sorgt und gleichzeitig die Illusion demokratisch-liberaler Reformfreundlichkeit hervorruft» (E. Hoernle: Grundfragen proletarischer Erziehung. Berlin 1931, zitiert nach dem Nachdruck des März-Verlags, Frankfurt 1970, S. 66–70.)

Was «man» im Kapitalismus lernen soll

> «Der Schüler lernt alles, was nötig ist, um im Leben vorwärts zu kommen. Es ist dasselbe, was nötig ist, um in der Schule vorwärts zu kommen. Es handelt sich um Unterschleif, Vortäuschung von Kenntnissen, Fähigkeit, sich ungestraft zu rächen, schnelle Aneignung von Gemeinplätzen, Schmeichelei, Unterwürfigkeit, Bereitschaft, seinesgleichen an die Höherstehenden zu verraten usw. usw.» (Bertolt Brecht: Flüchtlingsgespräche).

Nachdem klar ist, wozu die Klassenschule da ist, müssen wir uns klarmachen, auf welches Leben sie vorbereiten soll:

- auf das der Ausbeuter oder das der Ausgebeuteten?
- auf das der Bourgeoisie oder das des Proletariats?

Beide «Leben» sind so gegensätzlich wie die Interessen der beiden Klassen selbst. Auch wenn es in der sogenannten neuen Mittelklasse Übergänge gibt, so ist doch jeweils deren tendenzielle Nähe zu einer der antagonistischen Klassen zu bestimmen. Für die Erziehung läßt sich der Klassenwiderspruch schon am Verhältnis der Erwachsenen zu ihren Kindern ausmachen. Walter Benjamin hat ihn (1929) formuliert:

> «Dem Bürgertum steht sein Nachwuchs gegenüber als Erbe; den Enterbten als Helfer, Rächer, Befreier. Das ist der hinreichend drastische Unterschied. Seine pädagogischen Folgen sind unabsehbar.»

Wer ist «man»?

Für unsere Frage – was «man» fürs Leben lernen soll – ist einiges absehbar, vor allem, daß es dieses «man» nicht gibt. «Man» ist Bourgeois oder Prolet. «Man» steht auf einer Seite des Widerspruchs. Man ist zwar Schüler – oder Mensch, oder ein Berliner –, aber immer einer mit einer bestimmten Klassenherkunft und einer bestimmten Lebensperspektive. Folglich gibt es auch keine allgemeinen Lernziele, die «man» erreichen muß, wie die bürgerlichen Reformpädagogen und modernen Curriculumrevisoren behaupten. Es gibt vor allem «Klassenlernziele», die bestimmte Schüler im Interesse einer bestimmten Klasse erreichen sollen. Selbst Lesen, Schreiben und Rechnen sind nicht neutral – schließlich bedeuten Buchstaben etwas, wenn sie zu Worten und Sätzen werden; sie haben einen Zweck, und der ist niemals neutral. «Neutralität» steht auf der Seite der Macht.

Ein Beispiel: In einem allgemeinen «Lernzielkatalog» heißt es: Die Schüler sollen lernen, ihre Kreativität zu entfalten und sie anzuwenden.

Die Frage ist: Wer soll seine Kreativität zu welchem Zweck entfalten?

Die Kreativität des Managers in der Fabrik steht mit ihm auf der Seite des Kapitals. Sie richtet sich notwendig auf die Maximierung des Profits – also auf die Verschärfung des Ausbeutung.

Die Kreativität der organisierten Arbeiter steht der des Managers entgegen. Sie richtet sich auf die Abschaffung von Profit, Ausbeutung und solchen Managern samt ihrer Grundlage. Manager und Arbeiter brauchen ganz verschiedene Qualifikationen, wenn sie im Interesse ihrer Klasse handeln.

Aber – um im Beispiel zu bleiben – die Kreativitätserziehung in der kapitalistischen Schule soll die genannte Managerkreativität bei den Gymnasiasten fördern (auch wenn sie das heute noch nicht kann), die der organisierten Arbeiter aber bei den Haupt- und Berufsschülern verhindern und in andere integrierbare, verwertbare, ausbeutbare Bahnen lenken; zum Beispiel indem so getan wird, als ob die Arbeiterkinder auch die Managerkreativität lernen.

«Kreativität entfalten und anwenden lernen» kann also kein allgemeines Lernziel sein. Zwischen den verschiedenen Arten der Kreativität bestehen objektive Klassengegensätze. Wir können das an allen Lernzielen und ihren «Operationalisierungen» nachweisen.

Was «man» in der Klassenschule lernen soll, kann also nur beantwortet werden, wenn dazu gesagt wird, wer mit «man» jeweils gemeint ist, die bürgerliche oder die Arbeiterjugend, und das mit Blick auf ihre zukünftige Klassenzugehörigkeit. Außerdem muß die Frage beantwortet werden, in welchem Interesse und zu welchem Zweck etwas gelernt werden soll.

Im folgenden gehen wir vom Zweck der bestehenden Klassenschule aus, also auch vom vorhandenen Interesse der Bourgeoisie an der Erziehung ihrer Kinder und an der Erziehung, die sie gegen die Arbeiterjugend verüben läßt. Die herrschende Erziehungspraxis muß untersucht werden, weil sie eine der historisch entwickelten Voraussetzungen sozialistischer Erziehung – also auch des Kampfes um die Schule – ist. Ohne deren genaue Kenntnis kann er nicht richtig geführt werden.

Bildungsziele «für» die Arbeiterjugend und die Hauptschule

Was soll die Arbeiterjugend lernen, damit sie den Bestand der Klassengesellschaft auch weiterhin im Interesse des Kapitals reproduziert? Der inzwischen aufgelöste Deutsche Ausschuß für das Erziehungs- und Bildungswesen hat 1965 in seinen «Empfehlungen zum Aufbau der Hauptschule» einige Ziele, Gründe und vor allem seine «tiefe Weltschau» für den Sinn des Lebens und der Bildung deutlich formuliert und der bürgerlichen Öffentlichkeit preisgegeben.

Hier einige Textstellen aus der Hauptschulempfehlung:

Anspruch und Widerspruch: Integration	«Es kommt heute nicht darauf an, lenksame Untertanen heranzuziehen, sondern die jungen Menschen auf eine Einordnung in ein vielverzweigtes Ganzes vorzubereiten, die Kraft zur Mitverantwortung und die Fähigkeit zu demokratischer Aktivität zu wecken.» (S. 22/23)
Menschenbildung und Wirtschaft	Die Hauptschule «soll die bindenden und bergenden Kräfte aufzubringen suchen, die nötig sind, um heute das menschliche Wachstum zu behüten und zu fördern». (S. 2) . . . «Dabei geht es nicht allein um wirtschaftliche Leistungsfähigkeit, sondern um Menschenbildung.» (S. 2)
Ordnung und Sitte und Auslese	«Gerade der Hauptschule, die ihre Schüler nicht durch Auslese gewinnt, ist aufgegeben, durch Ordnung und Sitte zur Gesittung zu führen.» (S. 32)
Anpassung affirmative Erziehung zur Gesinnung	Die Kinder sind in der Familie «auch nicht mehr immer durch Sitte und Brauch in geistig-sittlichen Umgangsformen gehalten. Sie bedürfen daher der Schule als einer geformten Lebenswelt, in der solche Lebensgehalte und -normen in ihrer Möglichkeit erfahren und über Gewohnheiten zum Bedürfnis werden können. . . . Die Normen, die das soziale Verhalten regeln, werden nicht nur in der Schulordnung, sondern auch in den Schulsitten, in dem, ‹was sich gehört›, schrittweise in frei bejahte soziale Gesinnung überführt.» (S. 31)
Kultur- und Bildungsideologie um ihrer selbst willen	«Jeder Mensch, . . ., braucht heute einen unmittelbaren Zugang zu den Gehalten unserer Kultur. . . . Er ist erst möglich durch eine Bildung, die nicht zu praktischen Zwecken, sondern auch um ihrer selbst willen gesucht wird.» (S. 21)
Elite und einfache Menschen	«An solcher Entfaltung auch der einfachen Menschen ist im technischen Zeitalter ebensoviel gelegen wie an der Herausbildung einer Führungsschicht.» (S. 20)
Profit	«Die unvermeidlichen erheblichen Mehrkosten (für Ausbau der Hauptschule, J. B.) werden sich später auszahlen: der Ausbildungsstand der Hauptschulabsolventen wird die Produktivität der Wirtschaft steigern.» (S. 47)
Die ‹Vorsehung› für die Arbeitswelt	«In Wahrheit aber fallen die Jugendlichen, für welche die frühzeitige Bewährung im Arbeitsleben der richtige Weg ist, keineswegs zusammen mit der Gruppe der Unfähigen und Gleichgültigen. Sie brauchen eine Schule, in der sie ihrem Wesen gemäß dazu erzogen und gebildet werden, . . .» (S. 11)

Lernziele	«Vierzehnjährige Lehrlinge –. .– sind noch ‹halbe Kinder›; es fehlt ihnen an Verantwortungsgefühl, Gemeinschaftsbewußtsein, an Willen zur Leistung, zur Ein- und Unterordnung, an Konzentrationsfähigkeit. Sie versagen, wo sie im Betrieb vor monotone Arbeit und vor die Aufgabe beharrlicher Übung gestellt werden.» (S. 13)
Beruf	«Der Beruf (Fließbandarbeit? J. B.) . . . strahlt dann als die zum Bewußtsein gekommene Lebensaufgabe in Familie, Staat und Gesellschaft aus.» (S. 21)
Arbeitslehre	Der Hinführung zur Arbeitswelt «dient in der Hauptschule vor allem die Arbeitslehre.» (S. 21) «Das Ziel der Arbeitslehre ist nicht etwa die ‹Berufsreife›, –. .–, sondern eine Bildung von ‹Kopf, Herz und Hand›, . . .» (S. 41)
Deutsch	Zur «Pflege der Muttersprache» (S. 21) gehören unter anderem: «Wahrhaftigkeit im sprachlichen Ausdruck und die Fähigkeit zu klarer sachlicher und persönlicher Aussage, . . .» – «Umgang mit Dichtung, die dem Horizont der Jugendlichen entspricht.» «. . . dabei wird auch ein Wertgefühl für die Unterhaltungsliteratur erwachen. Für einen kleineren Teil der Schüler (im höheren Deutschkurs) Teilnahme am sprachgeformten Besitz der Kulturgemeinschaft bis zur Schärfung des kritischen Blicks.» (S. 34)
Polit. Bildung	«. . . dem Schüler der Hauptschule darf keine eigentliche Systematik zugemutet werden.» «. . . Institutionen von den Bedürfnissen her verständlich zu machen, . . .» – «Sozialkunde ist die Lehre vom ‹Gemeinwesen›.» – «Die Hauptschüler müssen sehen lernen, daß . . . es die eine vollkommene Ordnung in der Menschenwelt nicht gibt.» – «. . . die Einsicht, daß in einem großen Volk die Mitbeteiligung nur selten unmittelbar sein kann . . .» – «– niemand kann überall mitreden –» (S. 38) «Die Auswahl (des Stoffes, J. B.) wird um so fruchtbarer sein, je mehr sie sich nach dem richtet, was der früh in die Arbeitswelt eintretende und später meist in praktischen Berufen tätige Mensch an geschichtlichem Wissen in dieser unserer Gesellschaft und Wirtschaft, im Staat und in den überstaatlichen Ordnungen, in seinem Volk und seiner Kirche braucht; . . .» (S. 36)
Die Jugendlichen	«. . . dennoch durchläuft der Werdeprozeß des Jugendlichen dieses Lebensalters seine von der Natur vorgezeichneten Bahnen.» (S. 16) «Der Jugendliche dieses Alters (14–16, J. B.) fordert den Erzieher auf neue Weise an und heraus. Seine nach innen

blickenden Augen, mißtrauisch oder gar verschlagen, möchten niemandem gestatten, ihrem Blick zu folgen; aber sie hellen sich auf, wenn ihnen ein Blick begegnet, der jene Verschlossenheit in ihren Gründen versteht oder doch erahnt.» (S. 17)

«Das Erwachen des Eros verlangt vom Lehrer, die nun aufsteigenden Fragen und Probleme aufzunehmen. Im sozialen Übungsfeld der Schule wird er sich um Gesittung bemühen, ...» (S. 18)

‹Jargon der Eigentlichkeit›: «Menschensehnsucht aus eigener Wahl» (18); «... als junger Mensch sich selbst zu wagen.» (18); «... einen persönlich bestimmten Bedeutungsgehalt» (18); «... gestalt- und formsuchende Innerlichkeit» (19); «personale Verbundenheit» (19); «vertieftes Kulturerleben und Kulturverhalten» (19); «Formlosigkeit unseres modernen Daseins» (22); «Leibeszucht und Körperbildung» (29); «Einschmelzung des Aufgenommenen ...» (30); «die Gefährdetheit unserer ‹künstlichen› Existenz» (44); «einen volkspädagogischen Gewinn» (45); «entbildende Einflüsse der Massenmedien» (45); «die religiös-kirchliche Abständigkeit vieler Jugendlicher» (45); «der tiefere Gehalt» der arbeitsfreien Zeit (23);

Lebensbedeutsamkeit – Lebensbemeisterung – Lebensverständnis – Weltbemächtigung – Daseinsziele – Daseinsweise – personale Existenz – usw. usw.»

Der hermeneutisch geschulte Leser wird gegen die Textauswahl eventuell einwenden, die Texte seien aus dem Zusammenhang gerissen und höchst einseitig. Er hat recht; und wenn er eine Nacherzählung in Zitaten oder eine textimmanente Interpretation erwartet hat, sei er auf das Original verwiesen, dessen Studium als Lehrstück empfohlen werden kann.

Die Zusammenstellung ergibt einen Zusammenhang, der in der Tat höchst einseitig ist. Sie legt den ideologischen Kontext frei und läßt den Ausschuß selber sagen, was sein dominierendes Interesse ist. Er faßt sich erfreulich kurz. Aufschlußreich sind auch Diktion und Vokabular, hinter denen das herrschende Interesse fast rührend versteckt wird. Es geht wieder einmal um den «ganzen Menschen».

Sogar an der «Entfaltung auch der einfachen Menschen ist im technischen Zeitalter ebensoviel gelegen wie an der Herausbildung einer Führungsschicht».

Wem ist daran gelegen? Dem Deutschen Ausschuß. Und wer ist das? Seinem Zustandekommen, seiner Zusammensetzung, seiner Arbeitsweise, seinen Produkten und seinem Nachfolger (Bildungsrat) nach zu urteilen, war er der konzertierte Aktionsausschuß von Kapital, Staat, Pädagogik, Klerus und leider auch der Gewerkschaftsführung.

Dieser Ausschuß startete gegen Ende der fünfziger Jahre – nachdem die Bildungskrise schon zur Katastrophe avanciert war – einen letzten Versuch, das dreigliedrige Klassenschulsystem ideologisch zu rechtfertigen, um es zu retten. In seinem «Rahmenplan zur Umgestaltung und Vereinheitlichung des allgemeinbildenden öffentlichen Schulwesens» (1959) verbreitete der Ausschuß die Meinung, die Dreigliedrigkeit des Schulwesens «habe sich bewährt», sie entspreche den Haupttypen der Begabung und der Berufe. Verschiedene Sozialwissenschaftler, von Schelsky bis Habermas, haben diese Auffassung aus unterschiedlichen Gründen bestritten. Aber das «Wahre» am Falschen dieser Ausschußweisheit liegt auf der Hand: Für die Bourgeoisie – und den Ausschuß muß man dazurechnen – hat sich das System bisher tatsächlich bewährt; sie lebt davon.

Die weitgehende Folgenlosigkeit der Ausschußpläne ist sicher zu den wenigen Erfolgen der Schulreform nach 1945 zu rechnen. Nennenswerte Auswirkungen auf die Schule hatten eigentlich nur die «Empfehlungen zum Aufbau der Förderstufe» als einem Element der Gesamtschule – die jetzt als sogenannte Orientierungsstufe ein Baustein zur Verhinderung der Einheitsschule werden soll – und die zitierten «Empfehlungen zum Aufbau der Hauptschule». Dieses gleich als Greis geborene Kind des Ausschusses gab der Volksschuloberstufe ihren neuen Namen Hauptschule und beförderte sie zur «weiterführenden Schule» neben Real- und höherer Schule.

Der Etikettenschwindel der alles überrollenden «Reform» zur Verhinderung der Einheitsschule wurde zwar nicht von allen Pädagogen, aber von den «Haupt»schülern erkannt. – Es gab nichts zu erkennen, außer den Buchstaben eines neuen Wortes: Hauptschule. Während eines Schulpraktikums (1970) ergab die Befragung von ca. 200 Schülern aus 14 hessischen Hauptschulklassen, «was sich für sie geändert hat, seit ‹ihre› Volksschule zur Hauptschule reformiert wurde», die fast einhellige Antwort: «Nichts.»

Und es sollte sich nichts ändern. Hart und deutlich sagt der Ausschuß, was er unter «Entfaltung der einfachen Menschen», also der Hauptschüler versteht, wozu sie da sind, was sie können müssen, damit die Maschinen nicht heißlaufen, und was nichts für sie ist. Vorgebracht wird das Ganze im tiefsinnigen Jargon der bourgeoisen geisteswissenschaftlichen Pädagogik des laufenden Jahrhunderts, mit Spranger vor allem.

Die Ausschußempfehlung ist deshalb wichtig, weil sie die Schule für die Mehrheit des Volkes betrifft (86 % aller Schulabgänger im Jahr 1970 waren Volksschüler). Vorläufig wohl zum letzten Mal hat ein offizielles Bildungsgremium so naiv und unverhohlen (oder zynisch) gesagt, was Schulreform soll. Die vom Ausschuß genannten Prinzipien sind in den Empfehlungen des Bildungsrates (bes. Gesamtschulempfehlung und Strukturplan) unvermindert wirksam. Sprachlich wurden sie dort allerdings auf die Höhe der Zeit gebracht und in die objektivistische Sozialtechnikersprache übersetzt. Das klingt nicht mehr so ideologisch; und der «Sachzwang» regiert:

«Bildung, die ein realitätsgerechtes Verhalten des Individuums in der modernen Welt gewähren soll, kann nicht mehr durch vorwissenschaftliche Tradition, seien sie volkstümlicher oder literarischer Art, vermittelt werden. In einer hochdifferenzierten Gesellschaft vermag die unmittelbare und überlieferte Erfahrung keine sichere Orientierung des Handelns zu gewährleisten. Sie muß vielmehr immer stärker durch die wissenschaftliche Erkenntnis der Welt erweitert werden. Dies gilt keineswegs nur für die sog. Führungspositionen der Gesellschaft, sondern für jedermann, wenn man an dem Anspruch festhält, daß jeder die gesellschaftlichen Verhältnisse, die sein Leben mitbestimmen, rational verstehen soll» (Bildungsrat: Gesamtschulempfehlung, S. 21).

«Wenn es ferner das Ziel der Schule ist, den jungen Menschen auf das Leben in einer offenen Gesellschaft und in einem demokratischen Staat vorzubereiten, müssen die Grundmuster des mündigen Verhaltens in der Schule eingeübt und erprobt werden» (Bildungsrat: Strukturplan, Kap. I, 4.7).

Da ist die Trennung von «Führungspositionen» und «jedermann», der seine Lebensbedingungen «rational» verstehen soll, damit er besser funktioniert und lernt, daß es gut so ist, wie es ist. Da wird nicht einmal mehr zum Kampf für eine «offene Gesellschaft» und für einen «demokratischen Staat» erzogen, wir haben sie schon. Es muß nur noch «mündiges Verhalten» eingeübt und erprobt werden. Folgerichtig gibt es nur noch die Einübung «realitätsgerechten Verhaltens» und den Erwerb der notwendigen wissenschaftlichen Qualifikation.

An Schülern und Lehrern allerdings, die ihr mündiges Verhalten in der Schule nicht nur einüben, sondern praktizieren – nach dem didaktischen Konzept «learning by doing» –, verübt und erprobt die «offene Gesellschaft» das Berufsverbot, das Disziplinieren, Relegieren und Kriminalisieren.

Die Übung heißt: Teile!
Der Zweck der Übung: Herrsche!
In keiner Schule übt man das nur als Sprichwort.

Konkurrenz durch «Teile und herrsche!»

«Teile und herrsche» ist das Lenkungsprinzip der Schule fürs Leben. Es trainiert und sichert die Konkurrenz der Menschen untereinander und macht sie als Schüler und später als Lohnabhängige spalt- und steuerbar, schwach und ausbeutbar. «Die Lohnarbeit beruht ausschließlich auf der Konkurrenz der Arbeiter unter sich» (Marx/Engels: Kommunistisches Manifest). Diese Tatsache wird uns während der ganzen Untersuchung nicht mehr aus dem Gedächtnis zu vertreiben sein.

Kapitalistische Lernziele

Auf der Basis des bisher Dargestellten können wir die wichtigsten kapitalistischen Lernziele der Klassenschule gegen *die Arbeiterjugend* unsystematisch zusammenfassen:

- Die Grund-, Haupt- und Berufsschüler sollen lernen, daß dieses Leben gut ist, wie es ist.
- Sie sollen lernen, daß alle mithelfen müssen, damit es noch besser wird. (Sie sollen arbeiten, Verbesserungen vorschlagen, kritisch sein, sich austoben, erholen, kaufen, gehorchen, über ihre optimale Ausbeutung mitbestimmen, sich auf eigene Kosten für ihre bessere Verwertung weiterbilden, für den Lohn dankbar sein und dafür, daß man überhaupt arbeiten darf, beten, daß alles so bleibt, wie es ist, und nett sein zueinander.)
- Sie sollen lernen, daß nur der Tüchtige weiterkommt (wohin?),
  daß man deshalb strebsamer, besser sein muß als der Mann von nebenan.
  Ohne Fleiß kein Preis (von wem?).
  Jeder hat eine Chance (wozu?).
  «Soll das Werk den Meister loben, doch der Segen kommt von *oben*!»
- Sie sollen lernen, die Kollegen als Konkurrenten zu bekämpfen: «Die schnappen einem die besten Stellen (Arbeitsplätze) weg.»
- Sie sollen lernen, daß jeder seinen gerechten Lohn bekommt;
  daß dem Tüchtigen keine Stunde schlägt;
  daß das Lohnsystem und die Berufshierarchie gottgewollt, also göttlich sind (menschlich sind sie jedenfalls nicht!).
- Sie sollen lernen, daß jeder den Marschallstab in seinem Tornister trägt und daß er selbst schuld ist, wenn er ihn nicht findet. Er soll weitersuchen, auch wenn er weiß, daß keiner drinnen ist.
  «Wer immer strebend sich bemüht, den können wir erlösen!» (Goethe).
- Sie sollen lernen, daß Beruf von Berufung kommt, aber nur wenige berufen sind:
  «Einer muß ja auch den Dreck wegräumen.»
  «Es kann ja nicht jeder Dichter oder Direktor werden.» – Aber jeder hat eine Chance.
  «Einer muß ja sagen, was gemacht wird.»
- Sie sollen lernen, daß die Oberen schon wissen, was richtig ist – sie sind ja nicht umsonst oben, haben es zu was gebracht. Schon in der Schule hatten sie die besseren Noten – was die alles wissen.
- Sie sollen lernen, daß der «freie Unternehmer» unersetzlich und die «freie» Marktwirtschaft sozial ist
  und daß der «Schutz des Privateigentums» – besonders von Produktionsmitteln – der beste Garant der Freiheit der «freien Welt» ist.
- Sie sollen lernen, daß die Oberen es ja wirklich schwer haben, mit dem

Risiko und der Verantwortung, die sie tragen, und daß sie dafür ruhig etwas besser leben sollen.

- Sie sollen lernen, daß sie selbst die schwierigen Sachen (Planen, Konferenzen, Börse, Spekulieren, Kalkulieren, Leiten, Latein, Goethe und Differentialrechnung) nicht verstehen und auch nicht brauchen, daß sie aber als dumme Versager wenigstens anständige Menschen sein können.
- Sie sollen lernen, daß Ordnung, Sauberkeit, Gehorsam, Fleiß und Übung die Pflastersteine zum Erfolg und zu anständigem Leben sind. «Wo kämen wir denn da hin, wenn jeder – wie er will . . .»
- Sie sollen lernen, daß sie sich kurz zu fassen haben – wenn sie ihre Wünsche vortragen.
- Sie sollen lernen, Angst zu ertragen, durchzuhalten, und nicht fragen, wofür.
- Sie sollen lernen, daß alles Unglück von den Radikalen, den Linken, ja sogar von den Gewerkschaften kommt, daß Streiks uns allen schaden und verantwortungslos sind.
- Sie sollen lernen, daß Krisen unvermeidbar sind und von den Spekulanten kommen (wer ist das?).
- Sie sollen lernen, daß man sich an Vorschriften und Regeln halten muß.
  «Die sind schließlich nicht umsonst da.»
- Sie sollen lernen, daß alles richtig geregelt ist, vom Straßen- bis zum Geschlechtsverkehr. Arbeitszeit, Pausen, Stundenpläne, Erholung, Löhne, die Luftverschmutzung, der Lebenslauf, alles ist geregelt, sogar die Waschmittel sind schaumreguliert.
- Sie sollen lernen, daß einer für alle, aber vor allem alle für einen arbeiten müssen, und daß man dazu «Gemeinwohl» sagt; denn: «Wir sitzen alle in einem Boot».

Nebenbei, das stimmt sogar.

Die banale Geschichte von allen, die in einem Boot sitzen

Die Massen – die auch das Boot gebaut haben – sitzen unten auf den Bänken und rudern – damit es weitergeht. Die Oberklasse liegt auf dem Oberdeck in der Sonne und trägt das Risiko.

Welches Risiko? Daß das Schiff versinkt, weil der Oberklassenkapitän eine Flasche ist und ein anderes Schiff nicht richtig gerammt hat? Nein, die Rettungsboote sind oben, und ihre «Schafe (Geld) hat die Oberklasse sowieso auf dem Trocknen». Dieses Risiko tragen die Massen allein. – Ohne Rettungsboot und ohne Schafe.

Also welches Risiko trägt die Oberklasse?

Daß die Ruderer ihre Lage erkennen; daß die Massen nicht mehr für sie rudern; daß sie sich organisieren; daß sie dahin rudern, wo sie selbst hin wollen – gemeinsam mit den Ruderern der anderen Schiffe; daß sie sich das Schiff nehmen, das sie in harter Fron bauen mußten, das ihnen deshalb sowieso gehört mitsamt den Rettungsbooten; daß sie die Oberklasse samt ihren Schafen baden gehen lassen.

Das ist das Risiko der Bourgeoisie, und das weiß sie. Sie hat deshalb ein Gesetz, eine Schiffsordnung, gemacht und alle im Boot darauf vereidigt. «Wenn Sie nicht wollen, können Sie ja gehen.» Aber auf den anderen Schiffen ist es genauso. Sie hat die Macht, also auch das Recht. Mit einem Heer von Spitzeln, Schiffspolizisten «zum Schutze der Ruderer», einem Richter, den sie besser bezahlt als die Ruderer, und der Festlegung einer verzweigten, einigermaßen willkürlichen Hackordnung unter der Schiffsbesatzung sorgt sie dafür, daß alle voreinander Angst haben müssen und daß sie die Macht behält. Um ganz sicherzugehen, lassen die Schiffsführer einige auserwählte Ruderer sogar über die Art der Ausbeutung der anderen Ruderer mitbestimmen. Aber nicht alle in einem Boot lassen sich für so dumm verkaufen. Sie sagen ihren Kollegen, was los ist auf dem Kahn, wofür sie rudern, wohin die Reise geht, daß man das Ruder rumwerfen müßte, und sie überlegen, wie man das machen könnte.

Sie organisieren sich gegen die Teiler und Herrscher.

Sie fordern:

«Gleicher Lohn für gleiche Arbeit!»

«An die Ruder mit den Bossen!»

«Alle Ruder stehen still . . .»

Die Oberdecker werden «Teile und herrsche!» anwenden, einige herausgreifen, sie bestrafen, degradieren und notfalls über Bord werfen.

Die anderen sollen lernen, daß es ihnen genauso geht, wenn sie aufmucken.

Wenn die Ruderer gut organisiert sind und wissen, was sie wollen, wird «Teile und herrsche!» nicht klappen. In jedem Fall aber muß die Oberklasse die Gönnermaske herunterlassen – und da ist ihre Fratze zu sehen.

Die Arbeiterjugend soll also noch lernen,

- daß es gefährlich ist, gegen die «göttliche Ordnung» ihrer Ausbeuter aufzumucken, kurz,
- daß Arbeit und Ruhe ihre erste Pflicht und der Dank des Vaterlandes ihr Lohn ist.

Ob sie das alles mit Hilfe von Bruchrechnen, Rechtschreibedrill, Sport, Prüfungen, Noten, der Fächerteilung, dem Rohrstock, dem Klerus, den reaktionären Unterrichtsinhalten oder dem Sitzenbleiben mit sozialintegrativem, autoritärem oder antiautoritärem «Erziehungsstil» lernt, ist den Herrschenden egal. Entscheidend für die Herren ist auch hier nur der Erfolg.

Der zur Durchsetzung dieser Ziele veranstaltete Lernprozeß gegen die Massen als Dressur-, Verdummungs-, Indoktrinations- und notwendiger Ausbildungsprozeß verläuft so widersprüchlich, daß die Schüler ihm nur teilweise zum Opfer fallen. Mangels Perspektive und materieller Grundlage – durch die Trennung des Lernens von der Produktion – reagieren sie zur Zeit vorwiegend apathisch auf die Zumutungen der Hauptschule. Immerhin fallen sie nicht so einfach auf die Verführungskünste und Motivationstricks der bürgerlichen Didaktiker herein.

Die kapitalistischen Lernziele für (oder auch gegen?) *die Bürgerkinder* – und die Aufsteiger – können so zusammengefaßt werden:

- Sie sollen ahnen, daß sie die Überlegenen sind, und daß ihnen der Marschallstab schon aus dem Tornister (Kollegmappe) raushängt,
  daß sie deshalb zu Recht oben sitzen an den Schalthebeln und Hebelchen der Macht,
  daß sie befehlen und gehorchen lassen dürfen – schließlich hat man ja mit dem Abitur eine «Reife» bescheinigt bekommen.
- Sie sollen lernen, daß man sich (sein Image und seine Fähigkeiten als Arbeitskraft) so teuer wie möglich verkaufen muß.
- Sie sollen lernen, daß Konkurrenz die Mutter des Fortschritts ist und das Geschäft belebt: «Die Menschen sind nun mal so!», und daß «Teile und herrsche!» das Geschäftsprinzip ist.
- Sie lernen, daß die Masse dumm ist und daß man schon deshalb nicht zu ihr gehört – also: «Spiel nicht mit den Schmuddelkindern!»,
  daß es ohne eine geistige Elite nun mal nicht geht, und daß man zur Elite gehört. «Die Menschen wollen doch geführt werden.»
- Sie sollen lernen, daß man einen Überblick haben muß, um die anderen (unter sich) richtig dirigieren zu können (Menschenführung), und daß man so schlau daherreden können muß, daß die anderen schon deshalb Hochachtung verspüren; auch wenn sie nichts verstehen, weil es nichts zu verstehen gibt: «Die rechte Phrase am rechten Platz.»

(Wer das für übertrieben hält, sehe sich einmal das *ZDF-Magazin* an oder lese *Die Zeit.*)

- Sie sollen lernen, daß man seinen Tausch- und Kurswert (Image) hochhalten muß, und daß man deshalb einige gehobene Fertigkeiten lernen muß,
  zum Beispiel keinen Nagel gerade in die Wand schlagen können, Steuer«recht», flüssig reden, selbstbewußt auftreten, gute Manieren, organisieren, schöner wohnen (als wer?), die Hände und die Kragen sauberhalten, schwierig geschriebene Zeitungen lesen, einige nützliche Kenntnisse und Fertigkeiten, die alle Menschen gut gebrauchen können (Fremdsprachen z. B.).
- Sie sollen glauben, daß Eigentum frei macht und der Schutz des Eigentums, vor allem das der freien Unternehmer, deshalb der Garant der Freiheit ist, daß die Feinde der Unternehmer deshalb die Feinde der Freiheit sind und daß es deshalb «keine Freiheit für die Feinde der Freiheit» geben kann (Berufsverbot gegen Linke).
- usw.

In vielen Bereichen lernen die Bürgerkinder also ähnliche Dinge wie die Arbeiterkinder, aber der Zweck ist ein anderer, und der heiligt die Mittel der Klassenerziehung.

Ob die Bürgerkinder die Mittel der Herrschaftssicherung mit Latein, Differential, Linguistik, Antike, Goethe, Kreativitätstraining, Zuckerbrot und Peitsche, Besinnungsaufsätzen (zum einen, zum anderen, und die Wahrheit liegt in der Mitte, und die ist rechts), Tanzstunde oder Gemeinschaftskunde lernen, ist egal. Die Hauptsache, sie bleiben unter sich dabei (Gymnasium), korrumpieren die paar auserwählten Arbeitergymnasiasten, und die Massen verharren in Apathie, Ehrfurcht und Angst.

Daß einige von ihnen trotz dieser bürgerlichen Indoktrination auch den Klassencharakter der Kultur, deren Nutznießer und Erben sie werden sollen, erkennen, ist ein Risiko, das aus dem Widerspruch zwischen Bildung und Herrschaft resultiert. Zahlreiche bürgerliche Jugendliche schlagen sich auf die Seite der Opfer ihrer Klasse. Das Risiko ist für die Herrschenden zu groß, das heißt nicht mehr kalkulierbar geworden, und Relegationen dieser Schüler und Lehrer verschärfen den Widerspruch noch. Deshalb soll Bildungsreform die subversiven Elemente der bürgerlichen Bildungsinhalte vollends vernichten, damit der eigene Nachwuchs seine Erbschaft als Mitglied der herrschenden Klasse auch antritt. Die offizielle Curriculumreform betreibt in diesem Sinne konsequent die Abschaffung der Literatur (besonders der aufklärerischen und der fortschrittlich bürgerlichen), der Kunst, der Geschichte und all des «unnützen Krams» sowie die Verhinderung einer inhaltlichen, fortschrittlichen historischen Bestimmung des Lernens durch deren Denunzierung als Ideologie. Die Curriculumreform bringt dagegen die Einführung formaler Disziplinen, Methoden und Curricula (Linguistik, Lernen lernen, Kreativitätstraining, moderne Mathematik, programmierte Kurse, Tests) und vermittelt Fertigkeiten, Verhaltensweisen und Ideologien, die man braucht im Leben – so wie es halt ist.

Was machen die Pädagogen?

Auch die Bestimmung von obersten Lernzielen, wie «Emanzipation» (gemeint sind Chancengleichheit, Autonomie usw.) durch die Curriculumentwickler, die ihre Absichten mit der Wirklichkeit verwechseln, und die Aufnahme solcher Lernziele in den Lehrplan ändern an der Funktion der Klassenerziehung und an den kapitalistischen Lernzielen nichts.

Die pädagogische Unterstellung, daß Emanzipation über die schulische Erziehung zu erreichen sei, ist ein für die Bourgeoisie nützlicher Irrtum (vgl. letztes Kapitel).

Mit ihren Mitteln können die Pädagogen an ihrer eigenen Funktion und der der Schule nichts ändern. Sie verwechseln Politik mit Pädagogik. Wer die zur Stabilisierung der Klassengesellschaft notwendigen Maßnahmen im Ausbildungsbereich mit demokratisch klingenden Begriffshülsen wie «Emanzipation als oberstes Lernziel» und «Herstellung von Chancengleichheit» allen Ernstes anpreist, als seien das die Ziele der herrschenden Politik und als seien sie unter kapitalistischen Bedingungen zu verwirklichen, dem läuft die Dialektik von Ausbildung und ihrer Verwertung unter der Hand weg. Er merkt nicht, daß sein Reformziel «Chancengleichheit» schon die Ungleichheit voraussetzt und nicht in Frage stellt. Worin sollen denn die Chancen gleich sein? *Chancengleichheit zur Ungleichheit!*

Die Pädagogen, die solches mißachten, wissen meist nicht, was sie tun. Sie kennen oft nicht einmal ihre eigenen Voraussetzungen, die sozialen Bedingungen, unter denen sie arbeiten. Sie halten die Schule in ihrer jetzigen – mehr noch in ihrer zukünftigen Gestalt – eher für ein Ergebnis pädagogischen Denkens als für ein Ergebnis der kapitalistischen Produktionsverhältnisse. So ist es auch nicht verwunderlich, daß sie selbst, wie die Richter, Offiziere und Staatsanwälte in der Vergangenheit, in ihrer Mehrzahl stets auf der Seite der Macht standen, die sie bezahlte – mit den Steuergroschen ihrer Opfer. Die wenigen Ausnahmen von 1848 und in der Geschichte der Erziehung der Arbeiterbewegung bestätigen diese traurige Bilanz einer Legitimationswissenschaft der Klassenherrschaft, die nichts von sich weiß.

Ob mit den versprochenen und durchgeführten Stromlinienreformen von oben im Interesse der Arbeiterklasse etwas anzufangen ist und auf welche Widersprüche mit diesen Reformen und Versprechungen reagiert wird oder welche sie verschärfen, muß noch untersucht werden (vgl. das letzte

Kapitel).

Zunächst fehlen dazu – und zur Bestimmung einer richtigen Praxis im Schulbereich – noch einige sehr einfache Voraussetzungen. Es fehlen die Kenntnisse darüber, wie die Schule ihre Funktion konkret – in der Institution, im Unterricht – erfüllt, wie in ihr kapitalistische Lernziele erreicht werden.

Die bürgerlichen Pädagogen haben bisher vor allem uneingelöste Versprechungen als ihre Wissenschaft verkauft. Als Didaktiker haben sie einige Rezepte entwickelt, die oft – wider Willen – zur Funktionserfüllung der Klassenschule beitrugen. Oder sie haben als Fliegenbeinzähler Schüler- und Lehrerfragen gezählt, Soziogramme gemacht, Statistiken publiziert, Literatur von anderen Fliegenbeinzählern zusammengefaßt und so die schlechte Praxis noch einmal abgebildet und aus sich heraus erklärt – immerhin können einige dieser Ergebnisse verwendet werden.

Die Kritiker der bürgerlichen Pädagogik und der Bildungsökonomie sind bisher leider nicht auf dem langen Marsch durch die blauen Bände bis in die Niederungen der tatsächlichen Praxis in der Schule vorgedrungen. Ihre Analysen beschäftigen sich auf abstrakter Ebene mit den Ursachen der Bildungsreform, ihren Funktionen und Folgen (dabei vergessen sie übrigens fast völlig die Bedeutung der Klassenkämpfe). Sie versuchen, den Bewegungsgesetzen des Kapitals und seinen Verwertungsschwierigkeiten auf die Spur zu kommen. Aber für die Realanalyse der Ausbildungsprozesse zur Bestimmung einer richtigen Strategie und Praxis in der Schule bringen sie nicht viel mehr, als man schon wußte. Die Berichte von den Schulkämpfen der Weimarer Zeit und heute aus Italien und anderen Ländern, die die Erfahrungen mit der Klassenschule vermitteln, helfen zur Zeit in der Praxis weiter.

Auch einige Berichte und Reportagen aus der Schule, wie die von Konrad Wünsche (Die Wirklichkeit des Hauptschülers, Köln 1972), nützen trotz ihrer theoretischen Schwächen für unsere Untersuchungen mehr als die – notwendige, aber nicht ausreichende – Kritik falscher Theorien über die Schule.

Es kommt nämlich nicht nur darauf an, die Theorien über die Schulen zu kritisieren, sondern auch die Praxis zu verändern. Dazu ist eine umfassende Untersuchung der konkreten Praxis in der Klassenschule und ihrer Reparaturversuche zu beginnen, die von der Kenntnis ihrer hier angedeuteten Funktion im Verwertungszusammenhang des Kapitals und von der Notwendigkeit ihrer Veränderung im Interesse der Arbeiterklasse ausgeht.

Wir können dabei die Untersuchungen der Pädagogik und Schulpolitik der Arbeiterbewegung – besonders in den frühen zwanziger Jahren dieses Jahrhunderts – voraussetzen und von ihren Erfahrungen ausgehen.

Einer ihrer Vertreter, Siegfried Bernfeld, hat 1925 im Kollegen Sisyphos den Typ des idealistischen Erziehers entdeckt (Sisyphos oder die Grenzen der Erziehung. Frankfurt 1967). Seine «Berufspraxis» besteht darin, den Stein immer wieder auf den Berg der Emanzipation zu wuchten, von dem er mit aller Sicherheit jedesmal wieder runterrollt. – Aber das darf nicht wahr sein, sagt Sisyphos und erfindet eine neue Methode. Das bringt ihm zwar Ruhm und Ehre, aber den Stein nicht zum Halten.

Er kennt die Grenzen der Erziehung nicht, die diejenigen ihm setzen, die die Macht haben, den Stein immer wieder herunterzurollen.

Einen der intelligentesten Vertreter der herrschenden Klasse hat Bernfeld in seinem Buch zum Unterrichtsminister ernannt. Dieser Herr Machiavell hat in einer großen Rede Funktion, Mittel und Grenzen der Erziehung zusammengefaßt, mit deren Praxis wir uns herumschlagen. Aber lassen wir Bernfeld etwas länger zu Worte kommen:

«Die bedrohte Klassenherrschaft erst ist es, die in die Erziehung, welche ihre Funktion still und selbstverständlich erfüllte, eine Tendenz einführt. Und zwar um die Machtausübung zu erleichtern, die neuen Gegenmachtkonzentrationen, die dem Bürgertum in der organisierten Arbeiterschaft erwachsen, zu paralysieren. Die Erziehung wird ein Gegenstand öffentlichen Interesses.

Die Tendenz ließe sich von einem unvorsichtigen, aber sehr klugen und klassenbewußten Bürger Machiavell etwa so formulieren: die Kinder müssen die bürgerliche Klasse lieben lernen. Und dieser Unterricht muß so nachdrücklich, so sicheren Erfolgs sein, daß ein ganzes Leben, in Not und Sklaverei verbracht, nicht hinreicht, diese Liebe zu verlöschen. Was in Wahrheit gewaltsam erzwungene Ausbeutung ist, wir wissen es, soll ihnen als freiwillig dargebrachtes Opfer der Liebe erscheinen. Sie sollen Mehrwert leisten, aber sie sollen es gern tun, aus innerem Liebeszwang, so wie der Liebhaber seiner Geliebten, der Gläubige seinem Gott opfert.

Bei Gott, Bürger Machiavell ist ein kluger Mann. Wir ernennen ihn zur Exzellenz Unterrichtsminister und beauftragen ihn, dies teuflische Kunststück durchzuführen. Er – schlau wie er ist – studiert keineswegs als Vorbereitung experimentelle Didaktik, belegt kein einziges Kolleg von Spranger, hat eine diabolische Art, Sterns Kinderpsychologie und F. W. Förster zu loben, ohne sie zu lesen, aber er hat die Psychoanalyse profund kapiert und hält den Hofräten und vortragenden Räten seines Ministeriums ungefähr die folgende Programmrede (gekürztes Stenogramm):

‹. . . Dieses, unser Ziel, zu erreichen, schlage ich Ihnen folgende organisatorische Maßnahmen vor. Sie müssen nämlich verstehen, daß die Organisation des Erziehungswesens das entscheidende Problem ist, das wir konsequent und unerbittlich unserem Einfluß restlos vorbehalten müssen, während wir die Lehrplan- und Unterrichts-, selbst Erziehungsfragen beruhigt den Pädagogen, Ideologen, ja selbst den Sozialdemokraten überlassen können. Doch werde ich auch in dieser Zulassung taktisch vorgehen. Sie wird gefordert werden, wir lassen lange um sie kämpfen und gewähren sie in Form von Konzessionen immer dann, wenn wir eine Ablenkung der Aufmerksamkeit in der Öffentlichkeit für nötig halten. Also die erste organisatorische Forderung ist: Trennung der bürgerlichen Jugend von der proletarischen. Ich hoffe, Sie vergessen keinen Augenblick, daß wir uns in geheimer Amtssitzung befinden, und werden sich hüten, der Presse diese Formulierung mitzuteilen. Es ist dies auch nicht nötig, denn die bürgerliche Jugend sind die Kinder jener Familien, die vor jeder Proletarisierung in dieser Generation völlig gesichert sind. Es sind nicht sehr viele. Aber es sind die, auf die es ankommt. Wir haben sie keineswegs in getrennten Schulen zu erziehen. Dies würde unnötiges Aufsehen erregen. Und das Vermögen und soziale Ansehen ihrer Väter sichert ihnen ohnedies eine ungestörte Schullaufbahn. Sie sind die erblichen Herrscher unserer Gesellschaft und Wirtschaft, bestimmt, ihre Macht ungekrönt und unbekannt sogar auszuüben. Es wird ihnen nützlich sein, den Zauber solcher Inkognitoexistenz und die Befähigung hiezu an Schule und Universität frühzeitig zu erfahren und zu üben, scheinbar völlig gleich allen anderen, in Wahrheit schon die Herrscher mit der Schiefertafel – die wir übrigens abschaffen sollten, da wir nicht genug Revolutiönchen machen können, und Sie sollen sehen, wie unser Staat ein Jahrzehnt lang von der wichtigen Frage: Schiefer oder Papier für Schulanfänger widerhallt! Wenn ich sage, wir wollen die bürgerliche Jugend von der übrigen trennen, so meine ich die Kinder jener Familien, deren künftige Klassenzugehörigkeit unsicher ist, die wir mit den Thronfolgern zusammen erziehen, aufwachsen lassen wollen. Sie werden sich, infolge der libidinösen Identifikation, wie Bernfeld sagt, für ihr Leben unseren Kapitalfürsten anschließen und ihnen treue Lehensritter sein. Natürlich bloß mit der Treue, die Lehensrittern seit alters her spezifisch war. Die provisorische Treue. Sie werden sich redlich bemühen, an die Stelle des Fürsten zu gelangen, sein Land – ich meine das bildlich, wie Sie wohl verstehen – zu erobern, den Fürsten zu töten. Aber, und wenn ihr Gehalt kaum zum Leben hinreichen sollte, sie werden zwar die persönlichen Feinde aller Besitzer, aber nimmermehr des Besitztums sein, mit dem sie identifiziert sind. Eine tüchtige Identifikation zeugt Hoffnungen, denen lebenslängliche Enttäuschungen nichts anhaben. Ich empfehle also einen Intellektuellenstand zu schaffen, indem Sie die quasi bürgerliche Jugend durch eine Bildungskluft von der proletarischen trennen und sie durch Identifikation für ewig im Wünschen und Denken mit der besitzenden Klasse verknüpfen. Diese psychologische Basis erst wird sie gegen die Einsicht ihrer ökonomischen Situation sichern und ihre individuellen Chancen für den ökonomischen Aufstieg, die, wenn auch klein, im Prinzip vorhanden sind, im Sinne ihres Ideals erkämpfen lassen. Nur so erreichen wir die paradoxen Existenzen, die ohne Besitz für ihn kämpfen, denn der integre Bestand unserer Klassenherrschaft gibt ihnen die Chance, ihr Ideal zu erreichen, ja es ist mit ihr eigentlich schon erfüllt. Unter zwanzig Jahren werden wir keinen dieser Jünglinge, womöglich keinen unter fünfundzwanzig Jahren, in die wirtschaftliche Realität eintreten lassen. Jeder soll ad libitum die Glücksmöglichkeiten des Besitzes kosten, sie sollen sich ihm mit der Lust der jungen Erotik, mit Freiheit und Trubel unlöslich verknüpfen, er soll in diesen gefährlichen Jahren, wo Querköpfe, und in der Pubertät wird man sehr leicht querköpfig, bereit sind, die Gesellschaft auf Gerechtigkeit und Recht zu prüfen, sie nicht kennen lernen in ihrem wirklichen Bestand. Und wenn er sie mal kennen lernt, soll er sie und ihre Vorteile, für sich und den Besitzenden überhaupt, nicht mehr entbehren können; sie sollen sehen, wie er sie gründlich auf Grund seiner erlernten Philosophie bejahen wird. Ich werde verbieten, daß man Studenten auf den Universitäten duldet, deren Väter sich nicht zu einem largen Taschengeld entschließen wollen und können. Solche

Kerle sind in höchstem Maße staatsgefährlich ... Diese Jugend bleibt also bis in die zwanziger Jahre in der Schule. Das heißt, meine Herren, ich warne Sie aufs ernsteste, sich hier in die pädagogischen Fragen einzumengen. Hierin haben Sie keinerlei Meinung und Überzeugung zu haben. Vergessen Sie nicht, Sie sind Beamte eines Unterrichtsministeriums. Als solche haben Sie in Unterrichtsfragen strengste Neutralität zu wahren; es kann allerdings opportun sein, gelegentlich einen anderen Anschein zu erwecken. Was in diesen bürgerlichen Schulen mit der Jugend geschieht, ist völlig gleichgültig. Denken Sie diesen Gedanken durch! Wichtig ist bloß, wer in sie aufgenommen wird, und ob die Anstalten der quasi bürgerlichen Jugend die Möglichkeit geben, die Annehmlichkeiten eines kultivierten Lebens schätzen zu lernen, verbunden mit der Erkenntnis, daß diese nur durch den Bestand unserer vortrefflichen Ordnung gesichert, für sie selbst gesichert sind. Wir müssen durchaus das Vorbild der englischen Colleges erreichen. Doch empfehle ich Ihnen den Namen Landeserziehungsheim oder zur Verwirrung der revolutionären Jugend den der Schulgemeinde. Schütteln Sie nicht die Köpfe! Wir dürfen nicht kleinlich sein. Ich werde versuchen, jeden Unterricht in diesen Schulen abzuschaffen, doch sehe ich, daß wir eine Übergangszeit nötig haben. Für sie gilt: Unter Berücksichtigung des Prinzips der Jugendgemäßheit aller Erziehung ist die Pubertät, die idealistische Lebenszeit kat exochen, mit großen Worten zu füllen. Als solche werde ich vorschreiben: Vaterland – Kultur – Nation – Kultur – Wissenschaft – Kunst – Kultur – Volk – Rasse – Kultur. Die Lehrer werden beauftragt sein, zu glauben, daß dies die Maßstäbe und Merkmale des Fortschritts sind, und werden zu zeigen haben, daß die letzten Jahrhunderte eine Kette von glücklichen Entwicklungen sind, unterbrochen von kulturfeindlichen Revolutionen, die ja Kulturwerte zerstört haben, während die Volksrestaurationen sie vermehrt haben. Da doch unsere Klasse die kultiviertere, wohlhabendere und glücklichere ist, repräsentiert sie das Volk, und dieses soll allgemach zu ihr erhoben werden. Bis dahin wird statt ‹unsere Klasse› natürlich Volk gesagt. Ich wette, keiner der Lehrer wird hier eine Schwierigkeit finden. Sie werden bei den klassischen Autoren und bei den Dichtern des vorigen Jahrhunderts sehr brauchbaren diesbezüglichen Lesestoff finden. Aber nur keine Pedanterie; glauben Sie ja nicht, daß wir irgendein Interesse daran haben, daß diese Jugend etwas lerne. *Sie* dürfen nicht altmodisch sein; es ist hingegen sehr nützlich, wenn es die sozialistischen Parteien sind. Wir haben die Aufgabe, unserer Jugend eine feste Ideologie zu geben. Die lernt man nicht. Sie bildet sich von selbst an den Annehmlichkeiten eines parasitären Lebens. Wir brauchen nur ein paar Stichworte zu geben, um den von selbst keimenden Gedanken die Autorität eines Kulturgutes zu verleihen. Im übrigen muß die Jugend zu Selbstbewußtsein erzogen werden. Sie muß von ihrem Adel, ihrer Schönheit, ihrer Kulturmission überzeugt sein. Scheuen Sie sich nicht, hier Wyneken zu verwenden. Es ist ganz ungefährlich. Denn alle Gefahrenkeime heben Sie auf, wenn Sie dieses Selbstbewußtsein der Jugend auf ihre Klasse übergehen lassen. Wir sagen natürlich Volk, Deutschtum und nicht Bürgertum. Gewiß, das deutsche Volk neigt sehr dazu, diesen Begriff Volk nicht zu akzeptieren. Es ist dies eine ungeheuer gefährliche Tatsache. Sie kann aber paralysiert werden durch eine verhältnismäßig leichte Reform. Sie verlangt nur den Mut zu einer völligen Dummheit. Man müßte die unbewußte Angst des Deutschen, die einem tiefen Minderwertigkeitsgefühl entspringt, in Aggression wenden. Man müßte die Deutschen glauben machen, sie hätten einen ungeheuer mächtigen, gemeinsamen Feind, der unsere, ich meine des Volkes, heiligsten Kulturgüter gefährdet, den man durch gemeinsame, ungeheure Tat zu vernichten hätte. Nur freilich darf das kein wirklich gefährlicher Feind sein, etwa Franzosen, sonst entsteht ja Realangst, und wenn wir ihn etwa besiegen, so stehen wir, wo wir vorher standen. Es müßte eine Fliege, ein Nichts sein. Das hätte auch den Vorteil, daß wir romantische Elemente, die dem Deutschen und seiner Jugend liegen, mit verwenden könnten. Was meinen Sie zu einem Geheimbund von Fremdländischen, der die Deutschheit verfolgt? Man kann große Menschenmengen zu tiefen Identifikationen untereinander und mit irgendeinem Menschen bringen, wenn sie vor einer gemeinsamen unheimlichen Gefahr stehen und irgendeiner springt vor und rettet sie. Verstehen Sie allmählich, was ich vorhabe? Wir versetzen die Jugend – und mit ihr die Gesamtheit – und zwar vorerst die quasi bürgerliche Jugend in panischen Schrecken vor einer unheimlichen Macht, die sie bedroht, und dann springen *Wir* als ihre Retter vor und Führer. Lesen Sie von Professor Freud: Massenpsychologie – ein sehr brauchbarer Autor, sage ich Ihnen, wenn das nur die Sozialisten nicht auch merken, aber zum Glück scheinen sie ihn für einen Bourgeois zu halten –, also bei Freud holen Sie sich die Überzeugung, daß mein Vorschlag gelingen muß. Der bürgerliche Typus, die bürgerlichsten Individuen würden zu den Idealen der Jugend werden, und sie würde in diesem Ideal sich zu einer selbstbewußten, stolzen, exklusiven Gemeinschaft bilden, die zugleich restlos führbar wäre. Wenn wir nur den Feind hätten. Es ist schwer, ihn zu finden, denn er darf nicht da sein, und muß doch glaubhaft sein. Ich empfehle, die Juden zu diesem Feinde zu ernennen. Sie sind wirklich ungefährlich. In Deutschland stehen dieser 600 000 (mit Weib, Kind, Tuberkulose und Krebs) gegen 60 000 000. Das ist ein gutes Verhältnis. Und sie sind wirklich ein in jeder Hinsicht brauchbares Volk; sie werden uns selbst helfen, in dieser oder in jener Weise. Sollten sie aber je einmal geprügelt oder totgeschlagen werden, so sind deren in anderen Städten und Ländern genug übrig, um den Schrecken vor ihnen permanent zu erhalten. Mit Hilfe des sorgfältig gepflegten und angewandten Antisemitismus erhalten wir jene stolze und selbstbewußte, nämlich von sich, ihrer Wertigkeit, ihrem Volks- und Rassenadel durchdrungene bürgerliche Jugend, die identifikatorische Bestrebungen bis in weite Schichten des Proletariats erwecken wird. Und auf diese Haltung und Einstellung des Proletariats kommt es uns an. Damit kommen wir an jene Organisationen der Erziehung, die sich an die proletarische Kindheit und Jugend wenden. Wir sind in völliger Übereinstimmung mit den Interessen der Industrie, wenn wir den Grundsatz strenge durchführen werden: die proletarische Jugend gehört in die reale Wirtschaft, in die Fabrik. Es dient auch dem wohlverstandenen Interesse des Kapitals, wenn auch nicht immer dem Wunsche jedes einzelnen Unternehmers, die Kinder bis zu einem gewissen Grad der Arbeit zu entziehen und sie in den Schulen zu sammeln. Als den für unsere Zwecke günstigsten Termin für den Schulbeginn habe ich das sechste Lebensjahr erkannt. Das Kind hat eben eine überaus wichtige Katastrophe, psychologisch, ja psychoanalytisch gesehen, hinter sich, oder befindet sich in ihr. Es hat vor der väterlichen Besitzmacht, unter starker Angstentwicklung, kapituliert und auf den Besitz der geliebten Mutter verzichtet. Es sucht nun für seine ungebundene Liebe neue Objekte. Sie sollen ihm in Gestalt seiner Lehrer, noch besser wären prinzipiell unverheiratete Lehrerinnen, unserer Agenten, entgegentreten. Es hat sich aber zugleich eine sehr tiefe Einsicht in seine eigene Unzulänglichkeit geholt, damit die Bereitschaft, sich Autoritäten zu unterwerfen, die noch unterstützt wird durch die in diesen frühkindlichen Kämpfen und Ablösungen entstandene Instanz im eigenen Ich, das Schuldgefühl, die Strafbereitschaft. Erwacht nun irgendeine Regung der Auflehnung, so wird sie sich in der Autorität der Schule die empfindlichste Niederlage holen. Dabei sorgen wir dafür, daß die Schule eine Staats- und Volkseinrichtung wird, und erreichen so, daß das Kind den Staat und das Volk als eine erweiterte Familie auffassen lernt; was zwar grundsätzlich falsch ist und selbst für unseren Staat nur sehr teilweise gilt, aber die günstigste psychologische Atmosphäre für seinen Bestand, das sicherste Schutzmittel – soweit eben psychische Angelegenheiten hier mitwirken – gegen jede entschiedene Gesellschaftsrevolution ist. Wie die Familie, sage ich: da ist der Vater, der befiehlt und straft, der aber auch freundlich ist, wenn eins sehr brav war, aber auf alle Fälle fern und übermächtig. Er trägt den schönen Titel: Direktor. Da ist die Mutter: die Lehrerin, die freundlich, nah, liebevoll, aber launisch ist, die man gleichfalls, aber deutlicher noch durch Bravheit gewinnt; die ihrerseits vor dem Direktor zu zittern hat. Da sind schließlich die Geschwister Schulkameraden, nach Sitte und Recht alle einander völlig gleichgestellt, aber freie Bahn ist dem Tüchtigen offen; der volle Betrieb der freien Konkurrenz ist durchgeführt; man kann nach oben gelangen auf den ersten Platz in der Klasse und in der Liebe der Lehrerin, wenn man tüchtig ist, tüchtig im Wissen oder im Schwindeln, im Schmeicheln oder in der Energie. Die inhaltliche Erfüllung dieses Betriebes geht dahin: Schul- und Bücherwissen über alles hoch und jenseits jedes Zweifels zu stellen. Und in diesem Rahmen werden die Geschichten, die die Lehrer den Kindern von der bürgerlichen Gesellschaft erzählen, ihren Zweck nicht verfehlen . . . Die Krönung dieses Schulwesens ist aber in der Organisation der Pubertätserziehung gegeben, die ich besonders sorgfältig durchdacht habe. In dieser Zeit entsteht eine neue Welle von Autoritätsablehnung und die Neigung, das eigene Leben und das der Gesamtheit einer Art sittlicher Revision zu unterziehen. Wir müssen bemüht sein, die Früchte der Kindererziehung diesen Gefahren zu entziehen. Daher werden die jungen Proletarier ihrer ökonomischen Situation völlig überlassen. Ihre Eltern werden sie zu wirtschaftlicher Selbständigkeit treiben, und sie werden in Fabrik und Lehre, wenn wir nicht eingreifen, ein ihren erwachsenen Klassengenossen völlig gleichartiges Leben führen, da ja zu erwarten ist, daß ihre Gewerkschaften schwächer sein und die Organisationen der Erwachsenen für sie weniger stark eintreten werden, müssen sie unter einem härteren Druck der Ausbeutung stehen. Sie werden, da ja die Schule sie dahin vorbereitet hat, auch die Fabrik und das ganze Wirtschaftsleben unter der affektiven Einstellung der Familie – unbewußt, versteht sich – auffassen. Das heißt, sie werden ihre Aggressionen und Liebeswerbungen auf den persönlichen Vorgesetzten oder den Einzelunternehmer richten. Die sozialistischen Parteien werden es sehr schwer haben, ihnen dahinter die bürgerliche Klasse zu erweisen. Wenigstens wird die Aufklärung nicht in tiefere seelische Schichten dringen. Die Pubertät, eine Zeit intensiver sexueller Anwandlungen, wird zu Sexualisierungen ihrer wirtschaftlichen Tätigkeit drängen, da in dieser Fabriks- und Familienenge zu höheren Sublimierungen kein Platz ist. Der wirtschaftliche Bezirk wird sich ihrem unbewußten Denken mit dem sexuellen vermengen, der ausschließend Besitzende, der Unternehmer, oder auch sein Direktor oder Werkführer, wird ihnen Vater sein. Und hiermit wird die überwiegende Menge in ihrer Aggression und Auflehnung, so lärmend sie auftreten mag, innerlichst gebrochen sein, denn sie ist paralysiert durch die Erinnerung an die infantile Katastrophe, die derselben Situation entsprang, und wird gebunden sein durch die ebenso unbewußte Liebe zum und Identifikationstendenz mit dem Vaterunternehmer.

Die wirtschaftliche Selbständigkeit der Jugendlichen wird diese Identifikation stärken. Und sollten etwelche trotzdem einen Ausweg aus ihrer Situation suchen, sollten sie erkennen, was sie in ökonomischer Sklaverei hält, so werden sie wahrscheinlich, durch die Schule und durch die öffentliche Meinung, durch die klug vorbereitete Verwirrung der Begriffe Kultur und Bildung, die auch die Arbeiterparteien nur schwer durchschauen werden, das Leben der von ihnen getrennten bürgerlichen Jugend anstreben und Bildung suchen, und zwar natürlich jene, die, wie sie meinen, den Wert und die Macht der bürgerlichen Jugend und Gesellschaft ausmachen. Sie werden sie nicht finden . . .›

Unterrichtsminister Machiavell hat in dieser Weise noch lange und sehr ins Detail gehend gesprochen, als ihn die Verwunderung und Befremdung, ja die Wut der Hofräte belehrte, daß er wörtlich das Bestehende vorgeschlagen habe, nur in einer völlig staatsfeindlichen, zynischen, unwahren, unidealen Weise. Man zweifelt nicht, daß dieser sein erster Regierungsakt auch sein letzter war. Wir haben ihn aber so lange beim Wort gelassen, weil, so meine ich, gerade seine Rede für all das sehr lehrreich ist, was ich die Tendenz in der Erziehung nenne, obgleich er meistens nur von der Erziehung im engeren Sinne sprach. Und obgleich er den psychologischen Standpunkt entschieden zu sehr in den Vordergrund rückte.»

Das letzte ist auch richtig und vielleicht eine Chance gegen die Machiavellis. Aber man muß bedenken, daß diese Rede vor der Flucht der Bourgeoisie in den Faschismus gehalten wurde. Wenn wir trotzdem so lange zitiert haben, so deshalb, weil in der Rede des Herrn Machiavell so ungefähr alle Prinzipien und Möglichkeiten der bourgeoisen Klassenerziehung drastisch genug dargestellt worden sind.

Außerdem ist diese Rede ein Meisterstück marxistischer Pädagogik, und das kann man schon einmal studieren.

«Teilen und herrschen!» Wie die Klassenschule ihre Aufgabe erfüllt

Erinnern wir uns an die ersten Sätze Seiner Exzellenz des Unterrichtsministers Machiavell:

> «Dieses, unser Ziel, zu erreichen, schlage ich Ihnen folgende organisatorische Maßnahmen vor. Sie müssen nämlich verstehen, daß die Organisation des Erziehungswesens das entscheidende Problem ist, das wir konsequent und unerbittlich unserem Einfluß restlos vorbehalten müssen, während wir die Lehrplan- und Unterrichts-, selbst Erziehungsfragen beruhigt den Pädagogen, Ideologen, ja selbst den Sozialdemokraten überlassen können. Doch werde ich auch in dieser Zulassung taktisch vorgehen. Sie wird gefordert werden, wir lassen lange um sie kämpfen und gewähren sie in Form von Konzessionen immer dann, wenn wir eine Ablenkung der Öffentlichkeit für nötig halten.»

Die Organisation der Schule ist entscheidend

Exzellenz hat gut beobachtet. Sein Zynismus ist fast schon wieder intelligent. Er hat die Geschichte der wirklichen Erziehung genau kapiert, ohne sie studiert zu haben – also gerade umgekehrt wie seine Pädagogen. Er hat einen Überblick. Er sagt nicht mehr und nicht weniger, als daß die wichtigsten der Erziehungsziele der Bourgeoisie über die Organisation des Erziehungswesens – als auch des Unterrichts – erreicht werden und nicht über die Lehrinhalte, Curricula, Erziehungsstile oder irgendeinen «pädagogischen Bezug». Das ist in dieser Frage der wirkliche Standpunkt, der hinter der bürgerlichen Praxis sichtbar wird, und zwar unabhängig davon, ob die kritischen Kritiker der bürgerlichen Wissenschaft das auch schon entdeckt haben oder nicht. Wir hoffen, daß es die Erzieher und auch deren Erzieher schnell begreifen. Denn für den Kampf gegen die kapitalistische Schule ergeben sich daraus wichtige Folgerungen.

Machiavell vernachlässigt allerdings die Dialektik von Inhalten und ihrer Organisation, von Ausbildung und Herrschaft. Er hat die materialistische Wissenschaft eben doch nur halb kapiert. Seinem Überblick fehlt der «Durchblick». Der bleibt dem Bourgeois versagt. Und das wird ein Vorteil sein im Kampf gegen die Machiavellis, ihre Machenschaften und die Herrschaft ihrer Klasse.

Was aber fordert der Minister in der Geheimsitzung? «Also die erste organisatorische Forderung ist: Trennung der bürgerlichen Jugend von der proletarischen.» Und dann natürlich getrennten Unterricht mit allen Konsequenzen.

Wie wird es gemacht?

- Durch die institutionelle Organisation der Schule und ihre völlige Trennung vom Bereich der materiellen Produktion;
- durch die Organisation des Unterrichts (innere Differenzierung, Fächertrennung, Methoden etc.) und die Trennung von Lernen und produktiver Arbeit;
- durch die Inhalte – also die stoffliche Seite des Unterrichts (Lehrplan, falsche Inhalte);
- durch die Lehrerausbildung und Lehrerbesoldung;
- durch Schulreformen (Gesamtschule, Curriculumreform, sog. Objektivierungsverfahren, Lehrerausbildung).

Die materielle «Ausstattung» der Schulen ist eine Kampfmaßnahme gegen die allseitige Erziehung der Arbeiterjugend

86 Prozent aller Schulabgänger im Jahre 1970 sind Volksschüler (nach: Statistisches Jahrbuch 1972, S. 76). Das ist die «absolute Mehrheit» der Schulabgänger unter den Kindern des Volkes.

Wenn es stimmen würde, daß hierzulande alle Staatsgewalt vom Volke ausgeht (Demokratie = Volksherrschaft, Art. 20 Abs. 2 GG) und daß die Mehrheit entscheidet, dann bestünde diese Mehrheit aus Masochisten. Daraus besteht sie aber nicht.

Das Grundrecht auf «freie Entfaltung der Persönlichkeit» (Art. 2 Abs. 1 GG) gilt – wenn überhaupt – nur für eine privilegierte Minderheit. Ihre Kinder finden immer «gute Schulen». Die Arbeiter können sich die Schulen und Ausbildungsplätze für ihre Kinder nicht aussuchen wie die Bürger. Sie müssen nehmen, was ihnen der Staat in ihrem Wohnbezirk aufzwingt, und das ist fast überall das Schlechteste.

Man schaue sich zum Beispiel die Schulen in den Arbeitervierteln der Städte an und vergleiche sie mit denen in den Villenvierteln. Der Vergleich fällt genauso aus wie der Vergleich der Wohnungen und der Arbeitsplätze. Man vergleiche die Schulausstattung, die Klassengrößen, die Lehrmittelversorgung. Man braucht nur seine Augen zu dieser deprimierenden Untersuchung, die jeder in wenigen Stunden machen kann. Hier trügt nicht einmal der Schein.

Man vergleiche die Steuermittel, die für Hauptschüler, mit denen, die für Gymnasiasten aufgewendet werden. Man vergleiche die Zahl der Studenten aus Arbeiterfamilien mit der aus bürgerlichen Familien. Man vergleiche die Ausbildung, Arbeitsbelastung und Bezahlung der Volksschullehrer mit der der Gymnasiallehrer. Man vergleiche den Numerus clausus gegen Gymnasiasten mit dem Numerus clausus gegen Haupt-

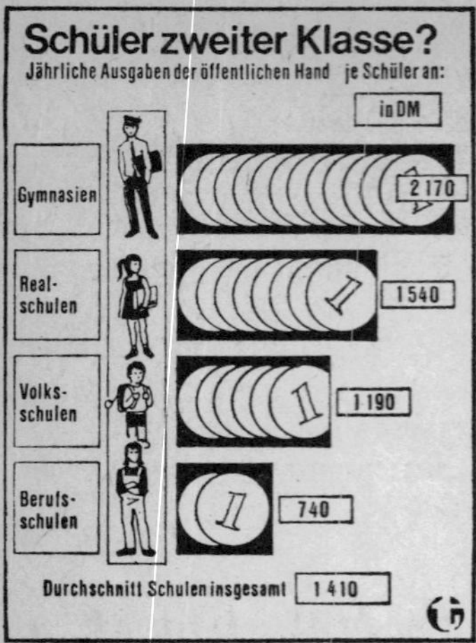

(aus: Erziehung und Wissenschaft 9/1972, © Karin Junker / Manfred Weinreich, Düsseldorf)

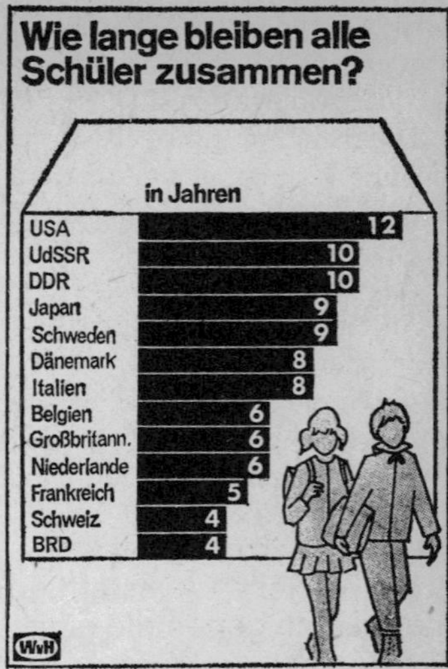

(aus: Erziehung und Wissenschaft 7/1973, © Redaktionsbüro Bernik, Mündersbach)

schüler bei der Vergabe von geeigneten Lehrstellen und Ausbildungsplätzen an Fachschulen.

Für diese Untersuchungen braucht man nur einige statistische Angaben und die vier Grundrechnungsarten.

Die folgenden Fakten und Horrorzahlen stammen aus dem Statistischen Jahrbuch der BRD, dem Bildungsgesamtplan vom Juni 1973, dem OECD-Report und empirischen Untersuchungen (vgl. Literaturangabe). Diese Zahlen sind also nicht die Erfindung linker «Extremisten», denen es nur darauf ankommt, «unsere freiheitlich demokratische Grundordnung» zu unterhöhlen. Diese Fakten sind das Ergebnis einer radikalen Politik gegen die Interessen der Mehrheit des Volkes:

- Gymnasiasten (eine Minderheit sowieso privilegierter Jugendlicher) werden nach der Grundschule neun Jahre lang allgemeinbildend auf Kosten aller gefördert. Hauptschüler (eine Mehrheit sowieso benachteiligter Jugendlicher aus Bauern- und Arbeiterfamilien) werden mit fünf Jahren abgespeist.
- Während dieser Schulzeit werden für einen Gymnasiasten mehr als dreimal soviel Steuermittel ausgegeben (9 × DM 2170 = DM 19530) wie für einen Hauptschüler (5 × DM 1190 = DM 5950).
- Zählt man die nachfolgende berufliche Bildung dazu, vergrößert sich die Differenz noch mehr: Für einen Berufsschüler werden jährlich rund

DM 750 ausgegeben, für einen Universitätsstudenten jährlich rund DM 13 000.
Bei drei Berufsschuljahren und vier Hochschuljahren heißt das: Für einen Universitätsstudenten werden 23mal mehr Mittel aufgewendet als für einen Berufsschüler (52 000 gegen 2250).

- Selbst im Vergleich mit anderen kapitalistischen Ländern sind die Ausbildungsverhältnisse in der BRD extrem schlecht.
  Die finanzielle Benachteiligung der Arbeiterjugend wird durch eine extrem frühe institutionelle bzw. organisatorische Klassentrennung der Jugend verschärft (nach dem 4. Schuljahr).
- Extrem ist die Situation an den *Grundschulen*. Der Zwischenbericht zum Bildungsgesamtplan weist 1970 für einen Grundschüler DM 650 und für einen Gymnasiasten DM 2200 als jährliche Ausgabe aus. Das soll so weitergehen. (Bis 1985 sind für einen Grundschüler ca. DM 2000 und für einen Gymnasiasten DM 4000 im Jahr vorgesehen.)
- Im obengenannten Zwischenbericht der Bund-Länder-Kommission

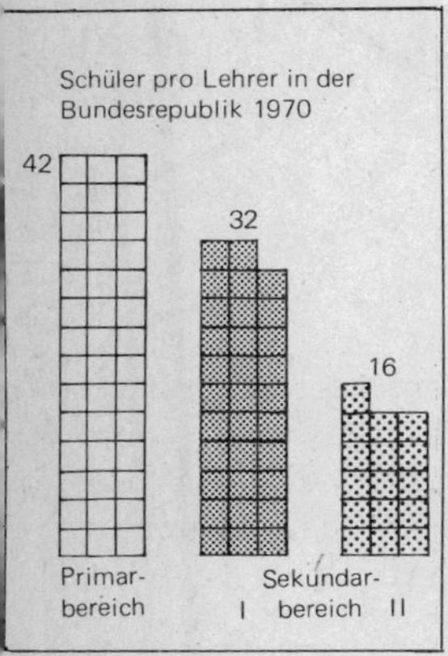

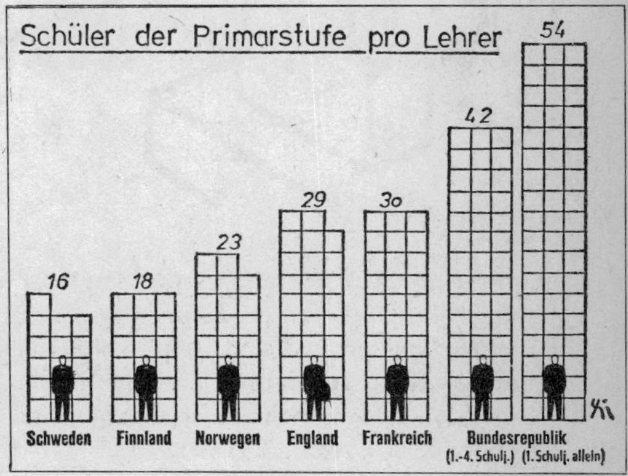

(nach: Erziehung und Wissenschaft 10/1972)

werden für 1970 pro Lehrer 42 Grundschüler festgestellt. Nach dem Bildungsgesamtplan sind es «nur» 37.

- Im ersten Schuljahr kommen auf einen Lehrer mehr als dreimal so viele Schüler wie in der gymnasialen Oberstufe.
- Drei Viertel aller Grund- und Hauptschulklassen in der BRD haben über 30 Schüler.
  Grundschulklassen mit über 40 Schülern gelten als «normal».
  In vielen Bundesländern muß eine Schulklasse erst geteilt werden, wenn sie 50 Opfer groß ist.
- Ein normaler Klassenraum ist ca. 55 qm groß. Wenn 40 Kinder plus eine

Lehrkraft darin eingesperrt werden, hat jeder Mensch 1,3 qm «zur Verfügung». Ein Toter hat ca. 3 qm zum Liegen.
Für einen Schäferhund sind 10 qm vorgeschrieben. «Gäbe es ein Tierschutzgesetz für Schulanfänger, dann müßten manche Kultusminister Geldstrafen zahlen und manche sogar einsitzen» (Erich Frister, 1. Vorsitzender der GEW, am 29. 1. 1973 in Frankfurt am Main).

«Es gibt keine konkretere Radikalität als die einer Grundschullehrerin, die 50 Kinder in der Klasse hat» (Erich Frister «warnt» die Regierung, *Erziehung und Wissenschaft* 9/1973).

Und was folgt daraus?

- Nach alldem ist es nur noch konsequent, daß Grund- und Hauptschüler von weniger gut ausgebildeten Lehrern unterrichtet werden als Gymnasiasten. Weil die Volksschullehrer das «Privileg» haben, etwas kürzer zu studieren als die Gymnasiallehrer (6 statt 8 Semester), dürfen sie lebenslänglich etwas länger unterrichten als diese (27 statt 23 Wochenstunden) und etwas weniger verdienen. Das ist die «Logik» des Kapitals.

Alle Lehrer sind zwar schlecht ausgebildet, die Volksschullehrer besonders. Sie studieren in der Mehrzahl drei Jahre lang an Pädagogischen Hochschulen. 1968 wurden für jeden PH-Studenten ca. DM 3850 ausgegeben, also insgesamt 11550 DM für das ganze Studium. Die Gymnasiallehrer studieren vier Jahre an der Universität. 1968 wurden für einen Uni-Studenten ca. 13000 DM ausgegeben, also insgesamt 52000 DM für das ganze Studium. Das ist rund 4½mal soviel wie für einen Volksschullehrer (nach H. Lührig, S. 108, s. Literaturangaben).

Die Lehrer des Volkes gelten als die «mindere Rasse» – genauso wie ihre Schüler.

Die einheitliche Universitätsausbildung aller Lehrer ist eine wissenschaftlich begründete Forderung der Arbeiterbewegung und aller fortschrittlichen Lehrer.

Die ungleiche Ausbildung, Bezahlung und Arbeitsplatzsituation der Lehrer bedeutet nicht nur eine «pädagogische» Benachteiligung der Arbeiterjugend, sondern zugleich die Spaltung der Lehrerschaft. Nach dem Prinzip «Teile und herrsche!» wird die Lehrerschaft politisch machtlos in Konkurrenz gehalten. Die neuen Lehrerausbildungsgesetze zementieren diese Spaltung. Die Einführung höher und niedriger bezahlter Spezialisten (pädagogische Assistenten, Sozialpädagogen, Testspezialisten, Schullaufbahnberater etc.) begünstigen diese Spaltung. Die Durchsetzung der Einheitsschule wird so erschwert.

Hier wird gegen die materielle Bevorzugung der Gymnasien und Universitäten und gegen den materiellen Notstand, gegen die Diskriminierung der Grund-, Haupt- und Berufsschulen argumentiert.

Keiner soll auf die Idee kommen, die Mittel für Gymnasien und Universitäten sollten denen der Volks- und Berufsschulen angeglichen werden – damit keiner mehr was lernt.

Zu fordern ist die materiell gleiche Förderung aller Schüler, Studenten und Lehrlinge und die Erhöhung der Bildungsausgaben auf 10 Prozent des Bruttosozialproduktes. Dabei müssen Ausbildung und Arbeit miteinander verbunden werden entsprechend den Interessen der Arbeiterklasse.

Das Ergebnis der materiellen Misere der dreigliedrigen Klassenschule mit ihrem ganzen Brimborium der Selektion, Diskriminierung und Weiheriten wird nach der Schulentlassung sichtbar:

- *Chancengleichheit* als Märchen:
  Rund 30 Prozent aller «Erwerbspersonen» müssen ihre Arbeitskraft als «ungelernte Arbeitnehmer» hergeben. Aus ihren Familien kommen nur 0,6 Prozent der Studenten. Aber: Weit über 60 Prozent aller Studenten haben «leitende Angestellte, Beamte und Selbständige» als Väter (G. Kath: Das soziale Bild der Studentenschaft. Bonn 1969).
- Der *Numerus clausus* gegen die Studenten löst zu Recht großen Protest aus. Da er die Zulassung zum Studium nur von der Abiturnote abhängig macht, richtet er sich gegen die Arbeiterjugend. Ein von der KMK

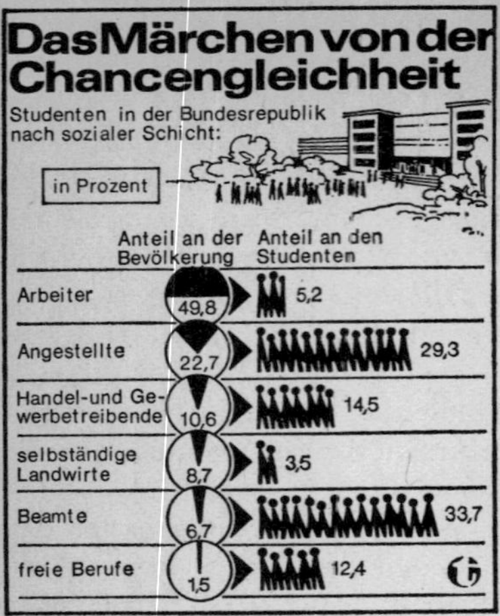

(aus: Erziehung und Wissenschaft 2/1973, © Karin Junker/Manfred Weinreich, Düsseldorf)

geplantes «Normenbuch» zur «gerechten Notengebung» wird diese Situation der Arbeiterjugend noch verschlechtern.

Aber der Numerus clausus gegen die Studenten ist harmlos gegenüber dem Numerus clausus, der gegen die Arbeiterjugend bei «guten» Lehrstellen und Fachschulen schon seit 150 Jahren hart praktiziert wird. Von 200 Bewerbern werden in Betrieben mit Lehrwerkstätten oft nur 10–20 genommen. Die anderen müssen «frei wählen», was übrigbleibt.

Die meisten Jugendlichen zwischen 15 und 20 Jahren befinden sich in einem Lehr- oder Anlernverhältnis (1,3 Millionen im Jahr 1969). Nur 20 000 besuchen im gleichen Jahr eine Berufsfachschule.

Vor dem Hintergrund, der mit diesen wenigen Fakten abgesteckt ist, müssen alle Vorgänge in der Schule gesehen werden. Wir wissen, wovon wir reden, wenn wir von der Klassenschule reden.

Daß Lehrer und Schüler in dieser Situation durchdrehen oder apathisch wegtreten oder den entschiedenen Kampf gegen die Ursachen dieser Misere aufnehmen, ist verständlich und konsequent. Pädagogische Wissenschaftler, die unter diesen Bedingungen von demokratischem Unterricht, von Chancengleichheit und Emanzipation daherfaseln, sind Zyniker – vielleicht wider Willen –, vor denen man warnen muß.

Diejenigen, die an den Zuständen schuld sind, müssen als die wirklichen Extremisten im öffentlichen Dienst bekämpft werden, und nicht diejenigen, die diese Zustände ändern wollen.

Literatur:

Statistisches Jahrbuch für die Bundesrepublik Deutschland.
Kultusministerkonferenz (Hg.): Kulturpolitik der Länder, 1971 und 1972. Bonn 1973.
Erziehung und Wissenschaft (erscheint monatlich, hg. von der GEW).
päd. extra (erscheint vierzehntäglich).
betrifft: erziehung (monatlich).
H. H. Lührig (Hg.): Wirtschaftsriese – Bildungszwerg!» Reinbek bei Hamburg 1973 (Taschenbuch).
Bildungswesen mangelhaft. Frankfurt 1973 (OECD-Report).
Bildungsgesamtplan 1973.

Schule und Fabrik/Betrieb

Die Ausbildungsprozesse sind von den Arbeitsprozessen getrennt.
Die Ausbildungsprozesse entsprechen den Arbeitsprozessen.
Die Ausbildungsorganisation entspricht der Arbeitsorganisation.

Die «Schule soll die Menschen auf die Arbeitswelt vorbereiten», «zur Berufsreife führen» durch eine allgemeine und «wissenschaftlich fundierte Ausbildung» (Bildungsrat). Arbeit und Beruf finden in der Fabrik bzw. ganz allgemein im Betrieb statt. Für die Arbeiter ist das im allgemeinen die Fabrik. Schule und Fabrik müssen also etwas miteinander zu tun haben, ohne direkt miteinander zu tun zu haben. Dieser Widersinn ist für den Kapitalismus notwendig: Einerseits müssen Lernen und Arbeit in der Schule als Konsequenz und Bedingung der Trennung von Kopf- und Handarbeit getrennt bleiben, andererseits muß die Schule auf die Produktionstätigkeit und jede andere Lohnarbeit vorbereiten.

Dieses Ausbildungskunststück der Klassenherrschaft setzt Parallelen zwischen Schule und Fabrik/Betrieb auf verschiedenen Ebenen voraus:
- im Zweck der Institution,
- im Charakter der Tätigkeit, die von den Menschen in Schule und Betrieb vollzogen werden muß,
- in der organisatorischen Struktur von Schule und Fabrik/Betrieb, also auch in den institutionellen Mechanismen, Hierarchien und in den dieser Struktur entsprechenden Ideologien.

Diese Parallelen sind tatsächlich vorhanden und auf der Erscheinungsebene zu beschreiben:

Einige Beziehungen zwischen Schule und Fabrik

Fabrik/Betrieb		*Schule*
Warenproduktion Profit Ausbeutung	*Zweck* Profitmaximierung Stabilisierung *Reproduktion der Gesellschaft*	Produktion der Ware Arbeitskraft (Qualifikation) Reproduktion der Klassenstruktur Ideologievermittlung/Verhaltenssteuerung Parkplatz für Arbeitslose (Reservearmee) Freistellung der Eltern für die Produktion, bzw. andere Berufstätigkeit.
Arbeit für Lohn (Geld); Wertbildung der Waren als Ziel der Arbeitsprozesse. Konkrete Arbeit nur Mittel zum o. g. Zweck. abstrakte Arbeit Das Produkt gehört dem Kapitalisten. Entfremdete Arbeit Produktionsmittel gehören dem Kapitalisten und nicht den Arbeitern.	«Produktion» von *Tauschwerten* Gebrauchswert nur Mittel zur Realisierung des Tauschwerts Verhältnis der «Produzenten» zum Produkt ihrer Arbeit, zum Arbeitsprozeß, zu den «Produktionsmitteln». *Entfremdung*	Lernarbeit für Pseudolohn (Noten); Wertbildung der Arbeitskraft als Ziel des Lernens. Konkretes Lernen nur Mittel zum o. g. Zweck. abstrakte Lernarbeit Das Produkt (Arbeitskraft) muß er verkaufen. Entfremdetes Lernen «Produktionsmittel» gehören dem Staat und nicht den Schülern, Eltern und Lehrern.
Trennung von Kopf- und Handarbeit Gegensatz von Lohnarbeit und Kapital	*Arbeitsteilung* «Klassenteilung»	Trennung von Lernen und produktiver Arbeit; Trennung von bürgerlicher und proletarischer Jugend; von «Bildung» und «Ausbildung»; von humanistischer und volkstümlicher Bildung
Lehrling → Gastarbeiter → Arbeiterin → Arbeiter → Facharbeiter → Meister/Angestellte || → Abteilungsleiter → Direktor → Generaldirektor → Aufsichtsrat (→ Kapitalist) befehlen/profitieren Direktoren → selektieren Abteilungsleiter → funktionieren/gehorchen Angestellte → produzieren Arbeiter →	*Hierarchie* der Arbeitsbewertung, der Lohnstufen, der Ausbildung *Organisation* *Kooperation* *Konkurrenz* Macht – Recht – Geld ↓ *Herrschaft* Ausbeutung – Abhängigkeit	Schüler (Altershierarchie, Leistungshierarchie, Schultypen → Lehrer (Schultypen, Dienst- stellung) || → Schulleiter → Schulrat → Regierungsdirektor → Staatssekretär → Minister (→ Parlament (incl. Lobby etc.)) ← Hochschule Privilegierung ← Gymnasium ← Realschule ← Volksschule gehorchen/funktionieren
Spezialistenhierarchie Konzernbildung/Monopolisierung	Tendenz zur *Spezialisierung*, Verwissenschaftlichung, Spaltung der Abhängigen Tendenz zur *Konzentration* Vergesellschaftung Konkurrenzverschärfung	Leistungsdifferenzierung, Individualisierung Spezialausbildung, Speziallehrer Gesamtschulreform/Vorschule/zentrale Curricula, zentrale Kontrollen

Mitbestimmung Projektarbeit, gleitende Arbeitszeit, Reduzierung repetitiver Teilarbeit, Gruppenarbeit/Gruppenleistungsmessung, Arbeiter dürfen Gruppenleiter «wählen»	dynamische Organisationsmodelle (Tendenz zur «innovativen Integration», zu Demokratisierungsversuchen durch Verlagerung von Entscheidungen, die nichts am Organisationszweck ändern, an die Basis.) Reformversprechen/Reformillusionen/ Integration der Kritiker.	Schülermitverwaltung Projektarbeit, Wahlfächer, Gruppenarbeit, Gruppenleistungsmessung, Lehrer dürfen Schulleiter «wählen», Schüler sollen sich selbst kontrollieren (bewerten, bestrafen, belohnen, benoten)
Betriebsverfassungsgesetz/Lehrlingsausbildungsgesetz/Betriebsordnung. Akkord, Arbeitsplatzbewertung, Leistungsmessung etc. (Refa, MTM . . .). Entlassung bei «abweichendem Verhalten». Beförderung bei guter Führung. Lohnstufen (blauer-weißer Kittel). Zeugnisse, betriebliche Prüfungen Entlassung	Besonderes Gewaltverhältnis Gesetze – Rituale – Verbote *Disziplinierung → Ausbeutung* *«Teile und herrsche!»* Konkurrenz – Angstproduktion	Schulgesetze, Schulverwaltungsgesetze, Beamtenrecht, Dienstanweisungen, Lehrpläne, Schulordnung, Klassenbuch, Zensuren. Zensuren, Leistungskontrollen, Stundenplan, Relegation bei «abweichendem Verhalten» (Versetzung–Schulerfolg bei guter Führung, Rangordnung der Schüler: nach Noten, Schulart, Prüfungen) Durchfallen
Kompensation Regeneration Krank«feiern»	*Freizeit* – *Pause* Urlaub Ferien Wegbleiben	Kompensation Regeneration / Erholung für neue Arbeit Schulschwänzen
Betriebsfamilie Sozialpartnerschaft «WIR»» Chef: «Ich meine es wirklich gut mit Ihnen, aber Sie müssen . . .» Betriebspsychologen und -soziologen, Reklameleute, Politiker, BDI	*Gemeinschaftsideologien* «Alle sitzen in einem Boot» «Alle für einen» *die Ideologen*	Schulgemeinschaft / Pädagogischer Bezug Klassengeist «WIR» Schulleiter, Schulrat, Lehrer: «Wir meinen es ja gut mit euch – aber ihr müßt schon . . .» Pädagogen, Bildungspolitiker und Klerikale
  Arbeiter sprechen vom Betrieb Abteilungsleiter sprechen vom Betrieb Man freut sich auf Arbeitsschluß Der Betrieb gehört den Arbeitern nicht. Sie bestimmen nicht, was produziert wird. Der Betrieb frustriert und belohnt zugleich. Die Arbeiter reagieren darauf mit Apathie bis Arbeitskampf.	*Verhältnis der Mitglieder zu «ihrer»* Institution (s. o.)	 wie Schüler von der Schule. wie Lehrer und Schulleiter von der Schule. Man freut sich auf Schulschluß. Die Schule gehört den Schülern und Lehrern nicht. Sie bestimmen nicht, was gelernt wird. Die Schule frustriert und belohnt zugleich. Die Schüler reagieren darauf mit Apathie bis Schulkampf.

Die in der Übersicht S. 54/55 in Stichworten versuchte Beschreibung kann eine gründliche ökonomische Untersuchung des Zusammenhangs von Schule und Fabrik/Betrieb nicht ersetzen. Der ökonomische Charakter von schulischer Lernarbeit kann nur in der Analyse ihrer objektiven Aufgabe als Teil des Produktionsprozesses der Arbeitskraft ermittelt werden. Die Folgen einer solchen Analyse für die Pädagogik und für die Lehrertätigkeit sind weitreichend.

Bisher liegen dazu nur wenig Ansätze vor, die alle auf einem so hohen Abstraktionsniveau bleiben, daß sie zur notwendigen Realanalyse der Ausbildungsprozesse noch wenig taugen (vgl. Literaturangabe am Ende des Kapitels).

Im folgenden soll nur auf einige Voraussetzungen des Zusammenhangs von Schule und Betrieb, Lernarbeit und Lohnarbeit hingewiesen werden.

Das Prinzip der kapitalistischen Erziehung, das der Schulorganisation zugrunde liegt und den Charakter der Lernarbeit bestimmt, ist die Trennung des Lernens von der materiellen Produktion als Ausdruck der Teilung von Kopf- und Handarbeit, von Theorie und Praxis, von Kapital und Arbeit. Die Funktion der Trennung des Lernens von der Produktion wird deutlich im Ausbildungsprozeß als Produktion der Ware Arbeitskraft, die bestimmte Eigenschaften haben muß. (Diese Eigenschaften der Arbeitskraft sind je nach ihrer Stellung im Arbeitsprozeß unter den Lernzielen genannt.) Die Arbeit muß nicht nur den gesellschaftlichen Reichtum und Herrschaft hervorbringen, sondern zugleich mit einem bestimmten Wert ins Lohnsystem einzuordnen sein. Allseitig ausgebildete Persönlichkeiten sind da nicht zu gebrauchen, sondern, überspitzt formuliert, nur deformierte Kopfarbeiter mit zwei linken Händen mit lauter Daumen dran und Handarbeiter möglichst ohne Gehirn, bzw. nur so viel, daß sie arbeiten können, auszubeuten und konsumwillig sind.

Die allgemeine Schulbildung wirkt sich vermittelt auf die Produktivkraft der Arbeit aus und damit zugleich auf die Wertgröße der durch die Arbeit hervorgebrachten Ware und auf die Wertgröße der Ware Arbeitskraft selbst. Im gleichen Maße, wie sich die Produktivität der Arbeit erhöht, verringert sich die zur Herstellung einer Ware notwendige Arbeitszeit und damit der Wert der Ware, der sich ja ausschließlich aus der in ihre Herstellung investierten gesellschaftlich notwendigen Arbeitszeit ergibt. Dieses Gesetz gilt auch für die Ware Arbeitskraft und die zur ihrer Produktion notwendigen Arbeits-(Ausbildungs-)prozesse.

«Um die allgemein menschliche Natur so zu modifizieren, daß sie Geschick und Fertigkeit in einem bestimmten Arbeitszweig erlangt, entwickelte und spezifische Arbeitskraft wird, bedarf es einer bestimmten Bildung oder Erziehung, welche ihrerseits eine größere oder geringere Summe von Warenäquivalenten kostet. Je nach dem mehr oder minder vermittelten Charakter der Arbeitskraft, sind ihre Bildungskosten verschieden. Diese Erlernungskosten, verschwindend klein für die gewöhnliche Arbeitskraft, gehn also ein in den Umkreis der zu ihrer Produktion verausgabten Werte» (K. Marx: Das Kapital Bd. I, S. 179f).

Für den der Warenproduktion unterworfenen, lohnabhängig arbeitenden Menschen werden seine Qualifikationen (seine konkreten Fähigkeiten) zu puren Mitteln, abstrakte Arbeit zu leisten.

«Der letzte Punkt, worauf noch aufmerksam zu machen ist, in der Arbeit, wie sie dem Kapital gegenübersteht, ist der, daß sie als der dem als Kapital gesetzten Geld gegenüberstehende Gebrauchswert, nicht diese oder jene Arbeit, sondern *Arbeit schlechthin*, abstrakte Arbeit ist; absolut gleichgültig gegen ihre besondre *Bestimmtheit*, aber jeder Bestimmtheit fähig. Der besondren Substanz, worin ein bestimmtes Kapital besteht, muß natürlich die Arbeit als besondre entsprechen; aber da das Kapital *als solches* gleichgültig gegen jede Besonderheit seiner Substanz, und sowohl als die Totalität derselben, wie als Abstraktion von allen ihren Besonderheiten ist, so die ihm gegenüberstehende Arbeit hat subjektiv dieselbe Totalität und Abstraktion an sich. In der zunftmäßigen, handwerksmäßigen Arbeit z. B., wo das Kapital selbst noch eine bornierte Form hat, noch ganz in bestimmte Substanz versenkt ist, also noch nicht *Kapital als solches* ist, erscheint auch die Arbeit noch als versenkt in ihre besondre Bestimmtheit: nicht in der Totalität und Abstraktion, als die Arbeit, wie sie dem Kapital gegenübersteht. Das heißt, die Arbeit ist zwar in jedem einzelnen Fall eine bestimmte; aber das Kapital kann sich jeder *bestimmten* Arbeit gegenüberstellen; die *Totalität* aller Arbeiten steht ihm **δυναμει** gegenüber, und es ist zufällig, welche ihm gerade gegenübersteht. Andrerseits ist der Arbeiter selbst absolut gleichgültig gegen die Bestimmtheit seiner Arbeit; sie hat als solche nicht Interesse für ihn, sondern nur soweit sie überhaupt *Arbeit* und als solche Gebrauchswert für das Kapital ist. Träger der Arbeit als solcher – d. h. der Arbeit als *Gebrauchswert* für das Kapital – zu sein, macht daher seinen ökonomischen Charakter aus; er ist *Arbeiter* im Gegensatz zum Kapitalisten. Dies ist nicht der Charakter der Handwerker, Zunftgenossen etc., deren ökonomischer Charakter grade in der *Bestimmtheit* ihrer Arbeit und dem Verhältnis zu einem *bestimmten Meister* liegt etc. Dies ökonomische Verhältnis – der Charakter, den Kapitalist und Arbeiter als die Extreme eines Produktionsverhältnisses tragen – wird daher desto reiner und adäquater entwickelt, je mehr die Arbeit allen Kunstcharakter verliert; ihre besondre Fertigkeit immer mehr etwas Abstraktes, Gleichgültiges wird, und sie mehr und mehr *rein abstrakte Tätigkeit*, rein mechanische, daher gleichgültige, gegen ihre besondre Form indifferente Tätigkeit wird; bloß *formelle* Tätigkeit oder, was dasselbe ist, bloß *stoffliche*, Tätigkeit überhaupt, gleichgültig gegen die Form. Hier zeigt es sich denn wieder, wie die besondre Bestimmtheit des Produktionsverhältnisses, der Kategorie – Kapital und Arbeit hier –, erst wahr wird mit der Entwicklung einer besondren *materiellen Weise der Produktion* und einer besondren Stufe der Entwicklung der industriellen *Produktivkräfte*» (K. Marx: Grundrisse der Kritik der politischen Ökonomie, S. 204f).

Die Lernarbeit der Schüler in der kapitalistischen Schule muß auf diese besondere Weise der Produktion vorbereiten. Wie die Arbeit im kapitalistischen Betrieb ist sie nicht nur konkrete, sondern immer auch abstrakte

(aus: Sehen – beurteilen – handeln. Auflage 1971)

Arbeit, die, gleichgültig gegenüber ihrer konkreten Gestalt, von der Individualität des Arbeiters abstrahiert, ihr einziges Maß in der verausgabten Arbeitszeit findet. Isolierte Lernarbeit ist auch verausgabte Zeit, macht müde, erfolgt arbeitsteilig (Fächer), ist entfremdete Arbeit, ihrer konkreten Gestalt gegenüber weitgehend gleichgültig, erfordert ein bestimmtes Können, wie produktive Arbeit, ohne daß ein reales, konkretes, unmittelbar verwertbares Produkt entsteht wie bei der produktiven Arbeit.

Die konkrete Lernarbeit des Schülers setzt sich um in die «Selbstproduktion» der konkreten Eigenschaften der eigenen Arbeitskraft, die in Jahren zur eigenen Reproduktion verkauft werden muß. Durch die Trennung von der wirklichen Produktion stellt die Lernarbeit eine Art unproduktive Zwangsarbeit objektiv arbeitsloser Schüler dar. Sie bringt auch keinen realen Lohn für den Lernenden, sondern nur abstrakten, symbolischen Lohn, als Note, Zeugnis, Bewertung. Ihre Folge ist die Einstufung des geprüften und bewerteten «Lernarbeiters» in eine dem Wert seiner Arbeitskraft entsprechende Lohngruppe als Lohnarbeiter.

Die schulische Lernarbeit dient also vermittelt der Warenproduktion und ist damit ihrer Rationalität unterworfen. Erst die Aufhebung der Trennung des Lernens von der produktiven Arbeit, die nur möglich wäre mit dem Aufhören der Warenproduktion überhaupt, kann diesen Charakter der Lernarbeit restlos beseitigen. Unter kapitalistischen Bedingungen bedeutet das, den Kampf gegen diese Trennung und für ein einheitliches mit dem Bereich der produktiven Arbeit verbundenes Schulwesen zu führen. Ein Ziel, das nur im Kampf um den Sozialismus erreicht werden kann. Denn es ist von entscheidender Bedeutung, wer die mit der Produktion verbundene Schule kontrolliert und leitet – die Kapitalisten oder die Arbeiter mit ihren Organisationen.

Aber noch ist die Schule das Trainingslager für eine Produktion, über die die Produzenten nicht verfügen, insofern bleibt sie von der Produktion getrennt. In gewisser Weise ist sie eine Verdoppelung, ein Abbild des Industriebetriebs. Dadurch bringt sie ihre Insassen zu einem vergleichbaren Verhalten, wie es im wirklichen Betrieb erforderlich ist. Allerdings können die Schüler dieses Verhalten (Lernarbeit) nicht unmittelbar gegen tatsächlichen Lohn tauschen.

Nur weil die Schule vom übrigen Leben – besonders aber von den Arbeitsprozessen – getrennt ist, als Anstalt, deren Insassen dem «besonderen Gewaltverhältnis» unterworfen sind, wie die Betriebsmitglieder auch, kann die Trennung von Theorie und Praxis realisiert werden. Sie führt die Schüler zur fachidiotischen Verkümmerung, Verwirrung, Isolierung und zur politischen Apathie; sie soll ihr reibungsloses Funktionieren in der Praxis außerhalb der Isolieranstalt Schule gewährleisten.

Die *Aufgabe der Lehrer* ist es, durch ihre «Lehrarbeit» zur Produktion der Arbeitskraft beizutragen, indem sie die Lernarbeit der Schüler zur «Selbstproduktion» ihrer Arbeitskraft anleiten. Dafür werden sie bezahlt. Die Arbeitskraft der Lehrer – die für sie primär Tauschwert ist, indem sie gegen Geld (Lohn) getauscht wird – ist für das Kapital (über den Staat vermittelt) Gebrauchswert, indem sie die Arbeitskraft der zukünftigen Lohnarbeiter formt und durch ihren Gebrauchswert (konkrete Qualifikationen) konsumierbar macht. Indem das Kapital über die Bildungspolitik Einfluß auf die Produktion der Arbeitskraft nimmt (die ja noch dem zukünftigen Arbeiter gehört), «gehört» dem Kapital diese Arbeitskraft in gewisser Weise schon in einem Zustand ihrer Produktion, in welchem es die Arbeitskraft noch gar nicht gekauft hat.

Die ausgebildete Arbeitskraft ist Gebrauchswert für das Kapital, indem sie zum Beispiel im Prozeß produktiver Arbeit Mehrwert schafft, das Kapital vermehrt. Es ist die gleiche Arbeitskraft, die für ihre Besitzer – die Arbeiter – nur als Tauschwert Bedeutung hat, der sich über den «Arbeitsmarkt» realisiert.

Derart vermittelt, richtet sich das gegensätzliche Interesse der Arbeiter und der Kapitalisten auf die Tätigkeit der Lehrer als «Produzenten» von Tausch- bzw. Gebrauchswert der Arbeitskraft.

«Als *Gebrauchswert* ist die Arbeit nur *für das Kapital*, und ist *der* Gebrauchswert des Kapitals selbst, d. h. die vermittelnde Tätigkeit, wodurch es sich *verwertet*. Das Kapital als seinen Wert reproduzierend und vermehrend ist der selbständige Tauschwert (das Geld) als Prozeß, als *Prozeß der Verwertung*. Die Arbeit ist daher nicht als Gebrauchswert für den Arbeiter; sie ist daher nicht *für* ihn als *Produktivkraft* des Reichtums, als Mittel oder als Tätigkeit der Bereicherung. Er bringt sie als Gebrauchswert in den Austausch mit dem Kapital, das ihm so nicht als Kapital, sondern als *Geld* gegenübersteht. Kapital als Kapital ist es erst in bezug auf den

Arbeiter durch die Konsumtion der Arbeit, die zunächst außerhalb dieses Austauschs fällt und unabhängig von ihm ist. *Gebrauchswert* für das Kapital, ist die Arbeit *bloßer Tauschwert* für den Arbeiter; vorhandner *Tauschwert*. Als solcher wird sie gesetzt im Akt des Austauschs mit dem Kapital, durch ihren Verkauf für Geld. Der Gebrauchswert einer Sache geht ihren Verkäufer als solchen nichts an, sondern nur ihren Käufer. Die Eigenschaft des Salpeter zum Pulver verbraucht werden zu können, bestimmt nicht den Preis des Salpeters, sondern dieser Preis ist bestimmt durch die Produktionskosten des Salpeters selbst, das Quantum der in ihm vergegenständlichten Arbeit. In der Zirkulation, worein die Gebrauchswerte als Preise eingehn, resultiert ihr Wert nicht von der Zirkulation, obgleich er sich nur in ihr realisiert; er ist ihr *vorausgesetzt* und wird nur verwirklicht durch den Austausch gegen Geld. So die Arbeit, die vom Arbeiter als *Gebrauchswert* dem Kapital verkauft wird, ist für den Arbeiter sein *Tauschwert*, den er realisieren will, der aber schon *bestimmt* ist vor dem Akt dieses Austauschs, als Bedingung ihm vorausgesetzt ist, bestimmt wie der Wert jeder andren Ware durch Nachfrage und Zufuhr oder im Allgemeinen, womit wir es hier allein zu tun haben, [durch] die Produktionskosten, das Quantum vergegenständlichter Arbeit, wodurch die Arbeitsfähigkeit des Arbeiters produziert worden ist und die sie daher als Äquivalent erhält. Der Tauschwert der Arbeit, dessen Realisierung im Prozeß des Austauschs mit dem Kapitalisten vorgeht, ist daher *vorausgesetzt*, vorausbestimmt, und erleidet nur die formelle Modifikation, die jeder nur ideell gesetzte Preis durch seine Realisierung erhält. Er ist nicht bestimmt durch den Gebrauchswert der Arbeit. Für den Arbeiter selbst hat sie nur Gebrauchswert, insofern sie *Tauschwert* ist, nicht Tauschwerte produziert. Für das Kapital hat sie nur Tauschwert, insofern sie Gebrauchswert ist. Gebrauchswert als unterschieden von ihrem Tauschwert ist sie nicht für den Arbeiter selbst, sondern nur für das Kapital. Der Arbeiter tauscht also die Arbeit als einfachen, vorherbestimmten, durch einen vergangnen Prozeß bestimmten Tauschwert aus – er tauscht die Arbeit selbst als *vergegenständlichte Arbeit*; nur soweit sie schon ein bestimmtes Quantum Arbeit vergegenständlicht, also ihr Äquivalent schon ein gemeßnes, gegebnes ist –; das Kapital tauscht sie ein als lebendige Arbeit, als die allgemeine Produktivkraft des Reichtums; den Reichtum vermehrende Tätigkeit. Daß der Arbeiter sich also durch diesen Austausch nicht *bereichern* kann, indem er, wie Esau für ein Gericht Linsen seine Erstgeburt, so er für die Arbeitsfähigkeit als eine vorhandne Größe ihre *schöpferische Kraft* hingibt, ist klar. Er muß sich vielmehr verarmen, wie wir weiter sehn werden, indem die schöpferische Kraft seiner Arbeit als die Kraft des Kapitals, als *fremde Macht* sich ihm gegenüber etabliert. Er *entäußert* sich der Arbeit als Produktivkraft des Reichtums; das Kapital eignet sie sich als solche an. Die Trennung von Arbeit und Eigentum am Produkt der Arbeit, von Arbeit und Reichtum ist daher in diesem Akt des Austauschs selbst gesetzt. Was als *Resultat* paradox scheint, liegt schon in der Voraussetzung selbst. Die Ökonomen haben mehr oder minder empirisch dies ausgedrückt. Dem Arbeiter gegenüber *wird* also die Produktivität seiner Arbeit eine *fremde Macht*, überhaut seine Arbeit, soweit sie nicht *Vermögen*, sondern Bewegung, *wirkliche* Arbeit ist; das Kapital umgekehrt verwertet sich selbst durch *Aneignung fremder Arbeit* ... oder in andren Worten alle Vermehrung der *gesellschaftlichen Produktivkräfte*, if you want der *Produktivkräfte der Arbeit selbst*, – wie sie resultieren von Wissenschaft, Erfindungen, Teilung und Kombination der Arbeit, verbesserten Kommunikationsmitteln, Schaffen des Weltmarkts, Maschinerie etc. – bereichern nicht den Arbeiter, sondern das *Kapital*; vergrößern also nur wieder die die Arbeit beherrschende Macht; vermehren nur die Produktivkraft des Kapitals. Da das Kapital der Gegensatz des Arbeiters ist, vermehren sie nur die *Objektive Macht* über die Arbeit. Die *Verwandlung der Arbeit* (als lebendiger zweckmäßiger Tätigkeit) in *Kapital* ist *an sich* das Resultat des Austauschs zwischen Kapital und Arbeit, insofern sie dem Kapitalisten das Eigentumsrecht auf das Produkt der Arbeit gibt (und das Kommando über dieselbe). *Gesetzt* wird *diese Verwandlung* erst im *Produktionsprozeß* selbst» (K. Marx: Grundrisse der Kritik der politischen Ökonomie, S. 213–215).

Dem Arbeiter tritt seine eigene Produktivität als fremde Macht entgegen. Die Produkte seiner Arbeit sind ihm fremd; sie gehören ihm genausowenig wie die Produktionsmittel, mit denen er sie hervorgebracht hat. Der Prozeß der Produktion stellt sich ihm als fremde, von seinen Bedürfnissen losgelöste Tätigkeit und als Unterwerfung dar. Diese sein Verhältnis zur Arbeit bestimmende Entfremdung bestimmt auch seine übrigen Lebensbereiche und Beziehungen.

Auch die schulische Lernarbeit ist in gewisser Weise «entfremdete Arbeit», indem sie auf sie vorbereitet. Diese Vorbereitung gelingt nur, weil sie wesentliche Momente der Lohnarbeit in sich aufnimmt und im Ausbildungsprozeß der Rationalität des kapitalistischen Produktionsprozesses bzw. Verwertungsprozesses unterworfen ist.

Daß die in der Übersicht «Schule-Fabrik» gezeigten Parallelen nicht nur bösartige Erfindungen zur Schändung der bürgerlichen Bildung sind, zeigen u. a. die kapitalistischen Bildungsplaner und Bildungsökonomen mit ihren notwendigen Fehlgeburten, die sie «Bedarfsplanung» nennen.

Bereits in den fünfziger Jahren haben sie zum Beispiel die Zivilbevölkerung zu diesem Zweck in sieben Sorten aufgeteilt. Als Kostprobe wird hier eine ihrer «Skalen zur Messung der Allgemeinbildung» abgedruckt:

Definition einer Skala zur Messung der Allgemeinbildung

Entwicklungsstand hinsichtlich der *Fähigkeit,* sofort *eine oder mehrere* der angegebenen Funktionen zu erfüllen:

Stufe	Logisches Denkvermögen	Mathematisches Verständnis	Sprachentwicklung
7	Anwendung der Prinzipien logischen und wissenschaftlichen Denkens auf eine Vielzahl intellektueller und praktischer Probleme. Beherrschung nichtverbaler Symbole in den kompliziertesten Zusammenhängen (Formeln, wissenschaftliche Gleichungssysteme, Graphen, musikalische Noten usw.). Fähigkeit, mit einer Vielzahl abstrakter und konkreter Variationen zu arbeiten. Verständnis der ungewöhnlichsten Begriffssysteme.	Anwendung einer großen Vielzahl theoretischer mathematischer Konzepte, originäre Verwendung mathematischer Verfahren.	Verständnis- und Ausdrucksfähigkeit, die sehr präzise oder sehr beziehungsreiche und mehrdeutige Aussagen erlaubt, auf dem Niveau von *Journal of Educational Sociology, Scientific Monthly.* Philosophie- und Logik-Arbeiten wie die von *Kant, Whitehead, Korzybski.* Literarische Arbeiten wie die von *Stein, Eliot, Auden.*
6	Anwendung der Prinzipien logischen und wissenschaftlichen Denkens, um Probleme zu definieren, Material zu sammeln, Tatsachen festzustellen und gültige Schlußfolgerungen zu ziehen. Interpretation einer Vielzahl technischer Anweisungen, die in Lehr- oder Handbüchern gegeben werden und in mathematischer oder diagrammatischer Form erscheinen. Fähigkeit, mit verschiedenen abstrakten und konkreten Variablen zu arbeiten.	Beherrschung von Standardkonzepten der höheren Mathematik, z. B. Differential- und Integralrechnung.	Verständnis- und Ausdrucksfähigkeit auf dem Niveau von *Saturday Review, Harper's, Scientific American,* Schulfunkprogramm.
5	Anwendung der Prinzipien rationaler Systeme*, um praktische Probleme zu lösen. Interpretation unterschiedlicher Anweisungen, die in geschriebener, gesprochener, diagrammatischer oder	Beherrschung von normalen Rechenverfahren, von algebraischen und geometrischen Verfahren zur Lösung praktischer Standardprobleme.	Verständnis- und Ausdrucksfähigkeit auf dem Niveau von *Popular Science,* gehobenen Nachrichtensendungen.

	schematischer Form gegeben werden. Fähigkeit, mit einer Vielzahl konkreter Variablen zu arbeiten.		
4	Anwendung einfacher Überlegungen, um geschriebenen, gesprochenen oder in Diagramm-Form vorgelegten Anweisungen zu folgen. Bewältigung von Problemen mit mehreren konkreten Variablen.	Anwendung einfacher Rechenoperationen auf gebrochene Zahlen, Dezimalzahlen und Prozente.	Verständnis- und Ausdrucksfähigkeit auf dem Niveau von *Reader's Digest*, *American Magazine*, einfachen Nachrichtensendungen.
3	Anwendung einfacher Überlegungen, um detaillierten, aber unkomplizierten Anweisungen zu folgen. Bewältigung von Problemen mit wenigen konkreten Variablen.	Anwendung einfacher Rechenoperationen (Addieren, Subtrahieren, Multiplizieren, Dividieren) auf ganze Zahlen.	Verständnis- und Ausdrucksfähigkeit auf dem Niveau von Groschenheften, Filmzeitschriften, Klatschspalten, Reklame-Spots.
2	Anwendung einfacher Überlegungen, um gesprochenen oder geschriebenen ein- oder zweistufigen Anweisungen zu folgen. Bewältigung wiederkehrender Entscheidungssituationen, in denen – sehr selten – bis zu zwei Variablen auftreten.	Einfaches Addieren und Subtrahieren.	Verständnis- und Ausdrucksfähigkeit, um die eigene Unterschrift zu leisten; zu verstehen, was unterschrieben wird; einfache Schriftstücke wie Listen, Anschriften und Sicherheitsvorschriften zu lesen; einfachste Listen zu führen.
1	Anwendung einfacher Überlegungen, um sehr einfachen Anweisungen zu folgen, die mündlich gegeben oder demonstriert wurden. Keine Variablen.	Keines.	Kein Sprechen, Lesen oder Schreiben erforderlich.

* Beispiele für «Prinzipien rationaler Systeme» sind: Buchhaltung, Verbrennungsmaschine, elektrische Schaltungen, Hausbau, Schiffsführung usw.

Wo das her ist: U. S. Department of Labor: «Estimates of Worker Trait Requirements for 4000 Jobs as Defined in the Dictionary of Occupational Titles». Washington, D. C., Bureau of Employment Security, U. S. Employment Service, 1956, S. 110 f.

In der kabarettreifen Skala liegt das Kriterium zur Bewertung der Fähigkeiten (besonders beim «logischen Denkvermögen» und in den unteren Rängen) in deren Verwertbarkeit in Produktion und Verwaltung. Das zeigt eine andere Tabelle im gleichen Buch. Da haben die Bildungsplaner berechnet, wieviel Stück der «Erwerbsbevölkerung» von jeder Sorte existieren, wieviel Stück man in Zukunft von jeder Sorte zur Profitsicherung braucht und wie die Schule ausgebaut oder abgebaut werden muß, damit der Bedarf an «Emanzipation» (ein bekanntes Lernziel der Pädagogen) als «Humankapital» für Produktion und Herrschaft erfüllt, aber nicht überfüllt wird.

Wie die Skala ist auch diese Tabelle ganz ernsthaft zitiert und verarbeitet in dem von Klaus Hüfner herausgegebenen Buch «Bildungsinvestitionen und Wirtschaftswachstum» (Stuttgart 1970, S. 86–88).

Erforderliche Allgemeinbildung, Erwerbstätige USA, 1940 und 1950

Bildungsniveau		Erwerbsbevölkerung			
Skalierung des Allgemeinbildungsniveaus	Schuljahräquivalente	1940 Anzahl	1940 %	1950 Anzahl	1950 %
insgesamt		44 851 060	100,00	55 006 480	100,00
1	0	583 240	1,30	119 220	0,22
2	4	3 478 758	7,76	3 118 640	5,67
3	7	8 778 560	19,57	9 067 170	16,48
4	10	19 254 902	42,93	24 584 300	44,69
5	12	9 597 940	21,40	14 019 460	25,49
6	16	2 313 240	5,16	2 775 180	5,05
7	18	844 420	1,88	1 322 510	2,40
Durchschnittlich erforderliche Ausbildungszeit in Jahren		9,7	. . . . .	10,1	. . . . .

Bei den Summen können Rundungsfehler auftreten.

«Bei den Summen können Rundungsfehler auftreten.» Andere Fehler kennen diese Leute offensichtlich nicht. Hier interessiert nicht, daß diese «Planung» weder nach «social demand» noch nach «manpower» und sonstigen «Humankapitalansätzen» klappen kann. Es ist auch bekannt, was Planung im Interesse der herrschenden Klasse für die Verplanten heißt.

Hier interessiert nur, daß die Bildungsplaner des Kapitals, die immer von Chancengleichheit, Selbstverwirklichung, Reform und Autonomie reden, ihre gezinkten Karten und Bedarfszahlen auf den Tisch legen lassen, um «mehr Demokratie zu wagen» – welch Wagnis für die Herren! «Wieviel Emanzipierte müssen (dürfen) es denn sein?» «Wieviel Chancengleichheit müssen wir geben? – damit die Karre läuft und läuft, aber nicht aus dem Dreck läuft?»

Wenn es zuviel war, gibt es immer noch den Numerus clausus, um die Universitäten vor den Arbeiterkindern zu schützen, die man leichtsinnigerweise aufs Gymnasium ließ. Schlechtere Noten haben die allemal.

Ohne noch auf den klassischen Lehr- und Stoffplan für die sieben Lohnstufen der Skala einzugehen – der «Bundesangestelltentarif» (BAT) könnte davon abgeschrieben sein – sei noch auf die Grenzen zwischen Kopf- und Handarbeit hingewiesen. Sie liegt irgendwo zwischen Stufe 1 – «Kein Sprechen, Lesen oder Schreiben erforderlich» (wozu erforderlich?) als Qualifikation der untersten Schichten des Proletariats – und Stufe 7 mit der Literaturempfehlung von Stein, Eliot, Kant, Auden und Whitehead bis zum *Journal of Educational Sociology* für die Herren Direktoren und Manager als Fachwissen für «erbmonarchisches Regieren» usw. Die Grenze liegt also in der oberen Hälfte der Stufe 6.

Diese Lehr- und Bildungsplanung hat Tradition. Zum Beispiel hat der schon einmal zitierte Minister von Zedlitz in der feudalen Klassengesellschaft Preußens um 1780 herum die Bevölkerung für die politische Bildung eingeteilt und ihr folgenden Lehrplan verpaßt:

«Für *die geringeste Klasse* – deutliche Aphorismen, Sätze ohne Beweis, höchstens mit Stellen aus der Schrift belegt. Vom Monarchen und Untertan. – Pflichten gegen die Obrigkeit. – Unbedingter Gehorsam gegen Gesetze, nicht gegen Personen. Liebe und Zutrauen gegen vorgesetzte Personen. – Befugnisse und Rechte – des Menschen – des Bürgers. – Sicherheit der Person und des Eigentums – Gewissensfreiheit – Einfalt der Sitten dieses Standes – häusliche Ruhe – Zufriedenheit – Unschuld.

Für *die mittlere Klasse.* Sätze in wissenschaftlicher Verbindung mit Gründen der Religion und der Vernunft unterstützt. – Beitrag zur Wohlfahrt der Menschen. – Einfluß der Gewerbe, Handlung, Künste und Wissenschaften auf die Glückseligkeit des geselligen Lebens überhaupt – des Staats insbesondere. – Vergleichung der Regierungsformen. – Vorzüge der vaterländischen Regierung – Liebe zum Vaterland, bürgerliche Ruhe und Eintracht. – Verdienst und Belohnung.

Für *die Klasse der Edelen.* – Dieselbe Form des Vortrags. – Verbindung der Völker – Pflichten und Rechte des Staates gegeneinander – Aufrechterhaltung der allgemeinen Ordnung – durch Gesetz und Handhabung der Gerechtigkeit – durch kluge Anwendung der Macht. Sicherheit des Staats. – Verteidigung seiner Rechte. – Befugnisse des Krieges. – Pflichten des Kriegsmannes gegen Vaterland – gegen Feinde. Aufopferung – Ehre und Nachruhm» (zitiert nach: H. König: Nationalerziehung in Deutschland. Berlin 1960, S. 302f).

Die zentrale Lernzielplanung, Lernzielkontrolle und Leistungskontrolle nach einem «Normenbuch» (KMK-Beschluß, September 1973) wird diese Tradition auf einem technisch gehobeneren Niveau fortsetzen.

Der Vergleich von Schule und Fabrik/Betrieb hat die Schulorganisation als wichtigstes Mittel der Herrschenden zur Durchsetzung ihrer Interessen in der Klassenschule ausgewiesen. Das Prinzip bei der Anwendung dieses Mittels heißt: «Teile und herrsche!»

Von der Arbeiterklasse wurde das entgegengesetzte Prinzip im Kampf gegen die Reaktion und im Kampf um den Fortschritt entwickelt: «Eins teilt sich in zwei», oder: «In der Einheit die Widersprüche untersuchen, sie lösen und die Einheit festigen.» Auch dieses Prinzip soll auf allen Gebieten angewendet werden. Aber sein Zweck ist nicht die Erhaltung der kapitalistischen Klassenherrschaft, sondern ihre Beseitigung durch den gemeinsamen Kampf der Mehrheit des Volkes gegen sie. «Eins teilt sich in zwei» und «Teile und herrsche!» sind absolut entgegengesetzte Prinzipien.

Das Prinzip «Teile und herrsche!» wird überall in der Schule angewendet. Schon die Existenz der Schule, losgelöst von der materiellen Produktion, ist ein «Erfolg» dieses Verfahrens. Die hierarchische Gliederung der Schule nach Schultypen ist ein weiterer «Erfolg».

Das Verfahren ist einfach: Wo «sozialer Aufstieg» möglich ist oder möglich erscheint und wo der Kampf um den Platz an der Sonne notwendig ist, um zu überleben, da werden Kollegen zu Rivalen, Konkurrenten und Gegnern. Da werden sie manipulierbar, abhängig von ihren «Förderern»; da werden sie diszipliniert.

Die Hierarchisierung des ganzen Schulwesens und die Bewertung aller Lebensäußerungen in ihm geben (wie im Betrieb) das Raster her für die ununterbrochenen Tausch- und Konkurrenzübungen der Schüler gegeneinander. Der Konkurrenzmechanismus lebt von der Strafandrohung im Falle des «Versagens» und von der dauernden Angst, irgendwelche «Leistungen» nicht zu bringen; wie bei jeder Lohnarbeit.

Die Bewertung der Schulabschlüsse und die Belohnung oder Bestrafung durch die Einstufung der Schulabgänger in eine entsprechende Lohngruppe unterliegt genauso der kapitalistischen Rationalität wie die gesamte Arbeitsplatzbewertung. Sie funktioniert nach dem Prinzip: Kopfarbeit schlägt Handarbeit. Es ist klar, daß die Arbeiterjugend dieser Theorie und Praxis zerreißenden und die Arbeiter diskriminierenden Norm nicht so gut entspricht wie die bürgerliche Jugend – aber dafür gibt es ja diese Norm. Die sozial diskriminierenden Minderwertigkeitserscheinungen erheischen ihre Legitimation. Die Hierarchisierung der Bewertung von Lernarbeit bzw. Lohnarbeit legitimiert also nicht nur die Lohngruppen, sondern fördert auch die Konkurrenz unter den Schülern bzw. den Arbeitern. Sie ist Ergebnis der ökonomisch begründeten Staffelung von Macht und Einfluß. Selektion und Hierarchie sind damit wichtige Säulen des Kapitalismus, denn «die Lohnarbeit beruht ausschließlich auf der Konkurrenz der Arbeiter unter sich» (Marx/Engels; vgl. auch A. Gorz: Schule und Fabrik). Deshalb ist die Konkurrenzerziehung für die Bourgeoisie so wichtig. Deshalb ist auch der Kampf der Arbeiter, Angestellten, Lehrlinge, Schüler und Studenten gegen ihre Aufspaltung in Konkurrenten, in viele Sorten von Abhängigen politisch so wichtig und überhaupt keine Formsache. Und deshalb sind das auch richtige Forderungen: für lineare statt prozentuale Lohnerhöhung, für den Abbau der Lohngruppen, für die Abschaffung des Notensystems, für die Einheitlichkeit der Schule, der Schüler- und Lehrerschaft.

Die Mittel der schulischen Aufspalterei sind die zum Teil von der Industrie entwickelten und über Didaktik und Schulbürokratie auch in der Schule wirksamen Verfahren wie Differenzierung, Individualisierung, Hierarchisierung, Leistungsgruppenarbeit, Zeitarbeit, Förderkurse, Umschulungen, Motivierung, Führungsstile, Kontrolle, Versetzungen, Tests, Zeugnisse, Fachspezialisierung, Vergabe der Arbeitsaufgaben, standardisierte Leistungsmessung u. a. (vgl. Unterrichtskapitel).

Literatur:

K. Marx: Grundrisse der Kritik der politischen Ökonomie. MEW.
–: Das Kapital. Bd. 1. MEW.
–: Resultate des unmittelbaren Produktionsprozesses.
H. Karras: Grundgedanken der sozialistischen Pädagogik in K. Marx' Hauptwerk «Das Kapital». Frankfurt 1972.
E. Altvater, F. Huisken (Hg.): Materialien zur politischen Ökonomie des Ausbildungssektors. Erlangen 1971, bes. S. 77 ff, S. 174 ff.
A. Gorz (Hg.): Schule und Fabrik. Berlin 1972.
K. J. Bruder: Taylorisierung des Unterrichts. In: *Kursbuch* 24/1971.
–: Kritik der bürgerlichen Psychologie. Frankfurt 1973.
G. Vinnai: Sozialpsychologie der Arbeiterklasse. Reinbek bei Hamburg 1973.

Schüler wollte sich erhängen

In der Fritz-Harber-Straße in Horn-Lehe versuchte gestern nachmittag ein elf Jahre alter Schüler, sich mit einer dünnen Metallkette an einer Teppichklopfstange zu erhängen. Er wurde von Anwohnern entdeckt, die in letzter Sekunde die Kette vom Halse des Jungen lösten und ihm auf diese Weise das Leben retteten. Der Notarztwagen brachte ihn ins Krankenhaus. Die Kriminalpolizei erfuhr, daß der Junge panische Angst vor dem Zeugnis hatte. Ihre Bitte an alle Eltern: Den Kindern für den Fall, daß heute schlechte Zensuren zu erwarten sind, nicht mit Strafen drohen!

Diese Meldung war im Juli 1973 im *Weser-Kurier* (Bremen) zu lesen. Ähnliche Meldungen finden sich während dieser Jahreszeit fast in allen Zeitungen. Was ist das für eine Institution, deren Insassen lieber den «Freitod» wählen, als sich weiter zur «Freiheit» erziehen zu lassen? Was ist das für eine Institution, die Emanzipation und Selbsttätigkeit hervorbringen will, aber Selbstmord zur Folge hat? Das sei ja nicht die Regel, wird man einwenden. Sind denn die Ausnahmen nicht schon schlimm genug? Und was ist das für eine Regel, die durch die «Ausnahmen» vielleicht bestätigt wird? Die Kriminalpolizei ahnt einen Zusammenhang (vgl. Zeitungsmeldung). Sie warnt die Eltern vor den Schulfolgen, um weitere «Ausnahmen» zu verhindern. Sie könnten die Regel gefährden.

Die Erziehungsanstalt Schule trägt in abgeschwächter Form Züge einer «totalen Institution». Ihre «Insassen» – Schüler und auch Lehrer – sind dem «besonderen Gewaltverhältnis» unterworfen. Wesentliche bürgerliche Freiheitsrechte sind für die Zeit der täglichen Einschließung faktisch außer Kraft (Versammlungsrecht, Recht der freien Meinungsäußerung, Streikrecht, Gleichheitsrechte u. a.). Totale Institutionen sind Arbeits- und Aufenthaltsorte, an denen mehrere Personen in gleicher Situation, von der übrigen Gesellschaft für längere Zeit abgeschnitten, ein eingeschlossenes, verplantes und verwaltetes Leben führen, für das Regeln gelten, die außerhalb der Institution rechtlich unzulässig sind. So ungefähr hat Erving Goffmann die Gemeinsamkeit von Irrenhäusern, Gefängnissen, Kasernen, KZs, Klöstern, Arbeitslagern, Internaten, Krankenhäusern bestimmt. Schulen und Fabriken erfüllen in einigen Punkten diese Bestimmung.

Pädagogen, die an den «pädagogischen Bezug» glauben, der durch die «Liebe zum Kind» bestimmt ist, werden diesen Vergleich als Geschmacklosigkeit und Beleidigung zurückweisen (und damit wider Willen die in diesen Anstalten Beschäftigten beleidigen). Man kann aber nicht dem pädagogischen Brauch folgen, der alte Vorurteile zu wissenschaftlichen Axiomen erhebt. Deshalb müssen wir leider an dem Vergleich festhalten.

«Taktgefühl ist gut, Faktgefühl ist besser» (Brudzinski).

Um in solchen Institutionen die bürgerlichen Grundrechte nicht nur faktisch, sondern auch «legal» einschränken zu können, haben die bürgerlichen Gesetzmacher das «besondere Gewaltverhältnis» erfunden. Es bezeichnet eine zusätzliche und verschärfte Unterwerfung des Menschen unter die Staatsgewalt. Das ist das «besondere» gegenüber dem normalen Gewaltverhältnis.

«Das besondere Gewaltverhältnis unterscheidet sich vom allgemeinen Gewaltverhältnis dadurch, daß sich nicht mehr Bürger und Staat als Rechtssubjekte in klar umschriebenen Rechtspositionen gegenüberstehen, sondern daß der Staat eine faktische, nahezu bedingungslose Überlegenheit gegenüber dem Gewaltunterworfenen besitzt. Es ist ein ‹tatsächliches Verhältnis› gegeben und nicht ein ‹Rechtsverhältnis›, in welchem die Beziehungen zwischen Staat und Bürger durch Gesetze geregelt sind, die gleichermaßen für die Verwaltung wie für den Bürger bindende Wirkung haben. Mit anderen Worten: der rechtsstaatliche Grundsatz von der Gesetzmäßigkeit der Verwaltung gilt hier nicht mehr uneingeschränkt» (Lothar Schmidt, in: Beck/Schmidt: Schulreform oder Der sogenannte Fortschritt. Frankfurt 1970, S. 47).

Da der kapitalistische Staat sowieso in einem Gewaltverhältnis gegenüber der Mehrheit des Volkes steht, ist die Frage müßig, ob die «besondere» Gewalt, die vom Staat gegen das Volk ausgeht, «rechtmäßig» ist. Selbstverständlich ist sie nach den herrschenden Gesetzen rechtmäßig. Was rechtmäßig ist, bestimmt, wer die Macht hat. Denn wer die Macht hat, hat das Recht.

Die Funktion totaler Institutionen und auch des «besonderen Gewaltverhältnisses» müssen aus der ökonomischen Struktur der Gesellschaft erklärt und abgeleitet werden, in der sie existieren. Für die Schule im Kapitalismus haben wir bereits auf einige Funktionen hingewiesen. Damit ist aber über die Art und Weise, in der diese Institutionen ihre Aufgaben erfüllen, über das, was in ihnen vorgeht, noch wenig gesagt.

Da wir hier auch für diejenigen schreiben, die diesen Institutionen unterworfen sind, indem sie in ihnen arbeiten, müssen wir auf die Prozesse in der Institution eingehen und können uns nicht nur mit den noch notwendigerweise abstrakten ökonomischen Ableitungen begnügen.

Das herrschende Beamten- und Schulrecht (ca. 36 Loseblattordner voller Vorschriften) regelt das Leben in den Ausbildungsinstitutionen. Die Schulverwaltung kontrolliert die Einhaltung des Gewaltverhältnisses. Seine Durchsetzung obliegt der Schulleitung und den Lehrern, gegebenenfalls mit polizeilicher und richterlicher Unterstützung. Zum Beispiel erfolgt im Falle des dauernden Fernbleibens eines Schulpflichtigen dessen polizeiliche Vorführung sowie die strafrechtliche Verfolgung der Erziehungs«berechtigten». Wehe dem, der sein *Schulrecht* nicht beansprucht und sich nicht «fördern» lassen will. Konkret ist die Erfüllung der Instituts- und Anstaltsaufgaben durch Gesetze, Erlasse und Verordnungen geregelt, u. a. durch die Artikel 7, 30, 70 ff des Grundgesetzes. Dazu durch Dienstanweisungen für die Schulaufsichtsbeamten, für Schulleiter und Lehrer, Ausbildungsordnungen für Lehrer vor der zweiten Staatsprüfung, Prüfungsordnungen, Ferienordnungen, Lehrpläne, Erlasse über Schüler- und Elternmitbestimmung, Lernmittelfreiheit, Versetzungen, Zeugnisse, Aufsichtspflicht, Schulordnung, Klassenordnung, Pausenordnung.

Die Verkehrsformen in staatlichen Institutionen, also auch in der Schule und der Schulverwaltung, sind hierarchisch geregelt. Wer ein Problem hat, darf es nicht einfach lösen oder die Lösung mit den kompetenten Leuten organisieren. Er muß ein Ritual einhalten, den sog. *Dienstweg*.

Der Dienstweg führt den unteren Rängen ihre Ohnmacht und den Aufsichtführenden und Verwaltern der Institution ihr Agentendasein als Charaktermasken drastisch vor Augen. Der Dienstweg ist eines der ritualisierten Verfahren für Befehl, Gehorsam, Ausführung, Rückmeldung und Kontrolle von oben nach unten in der Geschäftsordnung der klassengesellschaftlichen Verwaltung. Er ist das Legitimationsverfahren, das Brutalität als hoheitlichen Verwaltungsakt gegen das Volk ermöglicht, von dem die Gewalt angeblich ausgeht. Die KZ-Prozesse, die Aussagen der US-Vietnamkrieger, die Berichte aus geschlossenen Anstalten, die Polizeieinsätze bei Demonstrationen und Streiks haben uns über die Wirksamkeit dieses Systems belehrt.

Wo mit Ritualen geherrscht wird, geht es nicht ohne gegenseitige Isolierung der verschiedenen Charaktermasken voneinander und auch nicht ohne Tabus. Wer mit Menschen wie mit Dingen umgehen muß, darf mit ihnen buchstäblich nicht in Berührung kommen, ihnen nicht in die Augen

(aus: Bundesministerium der Verteidigung: Stil und Formen – Hinweise für Erziehung u. Selbsterziehung. Schriftenreihe Innere Führung, Heft 10, 1965, S. 22)

sehen müssen. Eine Organisationsform dieser Berührungsängste in der Schule ist zum Beispiel das Lehrerzimmer als «Allerheiligstes», als Sakristei der Zeremonienmeister. Hier können die Lehrer die Masken fallen lassen. Hier können sie «Mensch» sein, bei Butterbrot, Kaffee und Zigaretten. Mitunter ist es eine Stätte der Infantilität; selten ist es eine Stätte der gemeinsamen Arbeit mit den Lernenden. Hier werden Aggressionen zum Klatsch, Schüler zu Teufeln; hier wird der Unterricht zum Schlachtfeld, hier werden Strategie und Taktik festgelegt. Bei Notenkonferenzen wird hier mitunter über Leben und Tod entschieden – oder doch zumindest über die Zukunft der Schüler. Die Schüler betreten diese Stätte gar nicht, demütig, mit Herzklopfen oder als Delegierte. Man sollte eine Reportage über Gespräche im Lehrerzimmer schreiben (vgl. P. Schneider: Bericht über eine Berliner Volksschule. *Kursbuch* 24/1971).

(*Der Spiegel 4/1973,*
© Fritz Wolf,
Osnabrück)

Bei diesen Überlegungen darf man nie den Zweck der Institution Schule vergessen, auf dessen Erfüllung alle Vorgänge bezogen sind. Das Erziehungsziel der schulischen Institution hat der Deutsche Ausschuß für das Erziehungs- und Bildungswesen in seiner Hauptschulempfehlung (S. 31/32) 1965 mit danach noch nicht wieder erreichter Klarheit formuliert:

«Gerade der Hauptschule, die ihre Schüler nicht durch Auslese gewinnt, ist aufgegeben, durch Ordnung und Sitte zur Gesittung zu führen.» Die Kinder sind in der Familie «auch nicht mehr immer durch Sitte und Brauch in geistig-sittlichen Umgangsformen gehalten. Sie bedürfen daher der Schule als einer geformten Lebenswelt, in der solche Lebensgehalte und -normen in ihrer Möglichkeit erfahren und über Gewohnheiten zum Bedürfnis werden können . . . Die Normen, die das soziale Verhalten regeln, werden nicht nur in der Schulordnung, sondern auch in den Schulsitten, in dem, ‹was sich gehört›, schrittweise in frei bejahte, soziale Gesinnung überführt.»

Es besteht kein Zweifel daran, was für eine «frei bejahte soziale Gesinnung», Gesittung und Ordnungsvorstellung das ist, die «sich gehört» (vgl. Kapitel über die Lernziele).

Zwei Momente der Institution – die in besonderer Weise diesen Zielen dienen – wollen wir noch hervorheben: die Schulordnung und die Prüfungen (incl. Noten, Zeugnisse, Versetzungen).

«Ordnung muß sein»

Die *Schulordnung* oder Hausordnung – entsprechend der Betriebs-, Anstalts- oder Hausordnung – ist die Rahmenordnung der Schulrituale. In der Regel geht sie weit über eine notwendige Regelung des Zusammenlebens vieler Menschen hinaus. Wir drucken hier eine Schulordnung zum Studium ab. Sie stammt aus einer ländlichen Mittelpunktschule in Hessen. Sie ist nicht besonders fortschrittlich im Vergleich zu anderen, aber auch nicht reaktionärer als der Durchschnitt. Die Schüler haben sie nicht gemacht.

Schulordnung

Du lernst und lebst mit vielen anderen Jungen und Mädchen in unserer Schule auf engem Raum bei bemessener Zeit. Damit diese Zeit gut genutzt und deine Entwicklung schneller gefördert wird, bedarf es einer *äußeren Ordnung*. Jeder Schüler wird daher aufgefordert, zur Aufrechterhaltung und zum Ausbau der Schulordnung mitzuhelfen.

In der Schule:

Pünktlichkeit: ist die Höflichkeit der Könige. Frühestens 15 Minuten und spätestens 5 Minuten vor Unterrichtsbeginn betrittst du den Schulhof.

Betreten des Schulhauses: Mit Erlaubnis des Klassenlehrers dürfen zwei Schüler (Klassenordner) das Schulhaus sofort betreten. Ihre Tätigkeiten in dem Klassenzimmer sind u. a. Staubwischen, Tafelreinigen, Blumengießen, Regal-, Schrankordnen. Niemand sonst hat Erlaubnis, das Schulhaus ohne Erlaubnis zu betreten, etwa um die Tasche an den Platz zu bringen.

Wenn der aufsichtführende Lehrer das Zeichen zum Aufstellen gibt, begibst du dich unverzüglich an den Antreteplatz deiner Klasse und ordnest dich ruhig in die Zweierreihe ein.

Bei Wetterunbilden (Regen, Hagel, Schneesturm, große Kälte) darf jeder sofort das Schulhaus betreten. Der Aufenthalt in den Klassenräumen ist jedoch nur unter Aufsicht des Klassenlehrers gestattet.

Im Flur und auf der Treppe geht ihr paarweise. Ohne Drängen und Stoßen erreicht ihr ohne Schaden zu nehmen das Klassenzimmer oder den Schulhof. Das Rutschen auf dem Treppengeländer ist verboten.

Im Klassenzimmer begebt ihr euch ohne Umschweife und ohne Lärm auf eure Plätze. Du bewahrst Ruhe, entspannst dich, legst evtl. bereits deine für die kom-

Als neutrales Mitglied der Schülervertretung, lehne ich jede Art von Zensur ab.

mende Unterrichtsstunde benötigten Bücher und Hefte heraus und wartest gesammelt und aufmerksam auf den Unterrichtsbeginn.
Im Klassenzimmer sorgst du mit dafür, daß deine Klasse immer ein sauberes und ordentliches Bild hinterläßt. Besonders empfehle ich dir, dich besonders um deinen eignen Platz zu kümmern. Wenn deine Eltern dich wohlerzogen haben, dann wirst du – wie zu Hause – nichts beschmieren, verkratzen oder sonstwie beschädigen. Es sind eure Bücher, Geräte, Werkzeuge und Einrichtungsgegenstände, solange ihr die Schule besucht. Danach kommen andere, jüngere Bekannte oder Geschwister, die auch noch Freude an dem allen haben möchten. Alle eure Eltern bezahlen an Abgaben und Steuern das Schulgebäude, die Anlagen und Einrichtungsgegenstände wie Lehr- und Lernmittel. Wer sich mutwillig an gemeinsamem Eigentum vergreift, muß dafür haften bzw. seine Eltern. Es ist selbstverständlich, daß nicht das geringste Teil des Schuleigentums – und sei es *nur* ein Stückchen Kreide – ohne Erlaubnis (Schulleiter, evtl. auch Klassenlehrer) mit nach Hause genommen werden darf.
Kommt ein anderer Lehrer, der Schulrat oder sonst ein Erwachsener in die Klasse, so arbeitet ruhig weiter. Euer euch unterrichtender Lehrer wird sich des Besuches annehmen oder sagen, was ihr tun sollt. – Ihr betretet andere Klassen ohne anzuklopfen und wartet, um Störungen des Unterrichts zu vermeiden, bis ihr gefragt werdet.

Schulhof und Pause sind zur Erholung und zum Ausgleich zwischen den Unterrichtsstunden da. Du verzehrst dein Frühstück, spielst oder unterhältst dich mit deinen Freunden. Bitte wirf dein Abfallpapier in die bereitgestellten Papierkörbe oder stecke es ein, bis du zu einem Abfallplatz oder -korb kommst. Lautes Schreien, wildes Toben, rücksichtsloses Nachlaufen, Raufen, Schlagen, Spucken, Wer-

fen usw. sind untersagt. Die Abortanlage ist kein Spielplatz noch Aufenthaltsort, weg da! Der Schulhof wird von Gebäuden, Hallen, Zaun und Berg begrenzt. Du darfst den Hof nicht ohne Erlaubnis verlassen. Natürlich ist es untersagt, um die Holzhalle zu laufen, über Zäune zu klettern, anliegende Grundstücke zu betreten oder auf Holzstapel oder Bäume zu steigen.
Fußballspielen oder Schneeballwerfen gefährdet die nicht am Spiel teilnehmenden Mitschüler, ebenso die Fensterscheiben und den Verkehr auf der vorbeiführenden Hauptstraße.
Zur Unterstützung des aufsichtführenden Lehrers sind zwei Helfer eingeteilt, die an weißen Armbinden zu erkennen sind. Wenn du gegen die Schul- und Pausenordnung verstößt, dürfen sie dich zu Ordnungsarbeiten einteilen. Diese beiden Helfer melden sich in jeder Pause bei dem aufsichtführenden Lehrer, der als solcher auf dem Hauptstundenplan eingetragen ist. Die Helfer achten darauf, daß der Schulhof frei von Papier und sonstigen Abfällen bleibt. Wöchentlich wechseln sie mit einem anderen Paar.

Unfallversicherung: Euer persönliches Eigentum (Schulsachen, Kleidungsstücke usw.) müßt ihr sorgfältig vor Beschädigung oder Verlust bewahren. Die Schule haftet nicht dafür. Fahrräder dürfen nur benutzt werden, wenn der Schulweg etwa eine halbe Stunde beträgt.
Gegen Unfall aber bist du in der Schule und auf dem Schulweg versichert. Gänge, die zwar während der Schulzeit, aber nicht in unterrichtlichem Sinne bzw. im Auftrag der Schule unternommen werden, unterliegen nicht der Schulversicherung. Daher vergiß deine täglich notwendigen Schulsachen und dein Frühstück nicht.

Die *lernmittelfreien Bücher* sind Eigentum des Landes Hessen. Du schonst sie

mit einem guten Schutzumschlag und schützt sie vor Beschmutzung und Eselsohren. Bleistiftzeichen müssen ständig entfernt werden. Wer die Beschädigung oder den Verlust eines Buches verschuldet, ist ersatzpflichtig. Auf den vorderen Buchdeckel innen schreibst du deinen Namen und deine Wohnung, damit die nachfolgenden Benutzer sehen können, wer das Buch verwendet und wie er es behandelt hat. Beim Bücherwechsel sollen möglichst diejenigen Schüler ein guterhaltenes Buch bekommen, die ein solches abgeben.

Auf dem Schulweg säume bitte nicht! Wähle den kürzesten Weg! Einmal wartet der Lehrer, warten die Mitschüler auf dich, einmal sind es deine Eltern, die sich sorgen, wenn du dich verspätest.

Im Dorf und zu Hause

Außerhalb der Schule benimm dich bitte so, daß deine Schulkameraden und Lehrer auf dich heimlich stolz sein können.

Nur ein Stoffel grüßt nicht, aber ein höflicher Junge zieht auch die Mütze vom Kopf.

Lerne schon jung, die *Verkehrsregeln* zu beachten, daß sie dir in Fleisch und Blut übergehen. Dann wirst du den Führerschein spielend machen und ein vertrauenswürdiger Verkehrsteilnehmer sein.

Häusliche Arbeiten solltest du möglichst nach deinen Hausaufgaben (Schulaufgaben) verrichten.

Hände weg von gefährlichen Spielzeugen! Der Umgang mit Luftgewehren, Zwackeln, Karbid, Streichhölzern, Benzin oder ähnlich gefährlichen Dingen führt oft zum Unglück.

Das Jugendschutzgesetz ist von Eltern zu eurem Schutze verfaßt worden. Wenn du meinst, das Übertreten der Bestimmungen schade dir nichts, wirst du auch den Schaden selbst tragen müssen. Oft ist das Erkennen zu spät! Mußt du wirklich rauchen, tanzen, Alkohol trinken, dich in Wirtschaften umherflözen und Karten spielen? Wenn dem so ist, dann hast du dein Lebensglück bereits verspielt. Lies das Jugendschutzgesetz genau durch, und du wirst erkennen, höchstens Neugier treibt mich an, Gebote zu übertreten. Noch bin ich keiner Sucht unterworfen und Herr meiner Sinne. Was meine Eltern und Lehrer schädlich für mich halten – und ich weiß, daß sie es gut mit mir meinen – will ich nicht und brauche ich auch nicht zu tun. Ich weiß Schöneres und Besseres, meine Jugendzeit zu nutzen.

Sobald es dunkel wird, ist es besser, du gehst baldigst nach Hause. Es sei denn, die Eltern trauen dir zu, Besorgungen bei Dunkelheit zu erledigen.

Bedenke aber, was die Ärzte sagen:

Kleine Kinder brauchen 12, größere etwa 10 Stunden Schlaf, Jugendliche mindestens 8 Stunden, um am nächsten Morgen im Unterricht wieder frisch zu sein.

Die Klassenlehrer wollen bitte dafür Sorge tragen, daß die Schulordnung jeweils nach den Ferien, vor allen Dingen aber zum Beginn jeden Schuljahres der Altersstufe gemäß bekanntgegeben oder im Unterricht behandelt wird. Jeder Lehrer hat darauf zu achten, daß die Schulordnung peinlichst genau eingehalten wird.

gez. Schulleiter»

Die neueren, an sogenannten Sachzwängen orientierten sozialintegrativen Ordnungen – an denen die Schüler zum Teil selber mitschneidern dürfen – kommen nicht mehr so offen moralisch daher. Jetzt ersetzen sogenannte Sachzwänge, Partnerschaftsideologie und Konfliktregelungsmodelle die Moral. Gibt es die Ordnung erst, dann dient sie zur Legitimation für alle möglichen, als Erziehung getartnen Ordnungsmaßnahmen gegen die Schüler. Das Ziel dieser Maßnahmen soll sich als gerecht, richtig und verteidigungswert ins Bewußtsein der Schüler eingraben, als «frei bejahte soziale Gesinnung».

Wie sich diese Ordnungsvorstellung im Bewußtsein fortsetzen und gegen die eigenen Interessen mobilisieren lassen, zeigt ein Beispiel, das Konrad Wünsche in seinem Buch «Die Wirklichkeit des Hauptschülers. Berichte von Kindern der schweigenden Mehrheit» (Köln 1972, S. 33ff) darstellt:

«Zu Beginn eines Schuljahres für 11jährige sollte der Klassensprecher gewählt werden. Zunächst waren die Schüler überhaupt verwundert, daß eine Wahl stattfinden sollte, dann erinnerten sich einige, daß sie gehört hatten, in manchen Klassen würde der gewählt.

Ich frage: ‹Ja, wie denn sonst?›

‹Ach, bei Herrn Boden haben wir alle unseren Namen auf einen Zettel geschrieben, und die Zettel wurden alle wo reingetan, und dann hat einer einen Zettel gezogen, und wer da drauf stand, das war dann der Klassensprecher.›

‹Und der Herr Schenk, der hat einfach bestimmt, wer Klassensprecher ist.›

Wir wollen also wählen. Wir machen einen Wahlmodus aus: erst schreibt jeder auf, wen er am liebsten als Klassensprecher hätte, dann werden die mit den meisten Stimmen angeschrieben, und unter denen werden dann in einem zweiten Wahlgang der Klassensprecher und sein Stellvertreter gewählt.

Etwas mißtrauisch geworden frage ich, ehe wir mit der Wahl beginnen: ‹Ihr wißt doch aber, wozu es einen Klassensprecher gibt?›

Christian: ‹Klar das!›

Ich bin noch immer mißtrauisch und sage: ‹Wir haben ja Zeit. Erzählt mal, was ihr meint, was der tun muß, da könnt ihr euch auch am besten überlegen, wen ihr für geeignet haltet.›

Hannes: ‹Also, der Klassensprecher, der soll für Ordnung sorgen. Der muß bestimmen, wer von unserer Klasse das Papier auf dem Schulhof aufheben muß.›

Hanni: ‹Und in der Pause immer das Fenster aufmachen. Er muß eben einteilen, welche Papier aufheben müssen und welche die Tafel putzen müssen.›

Fritz: ‹Und wenn die Pause anfängt, da muß er sorgen, daß die Toiletten offen sind, wenn wir dann raus kommen, daß wir dann gleich in die Toiletten können.›

Inge: ‹Und sorgen, daß kein Papier unter der Bank ist.›

Hanni: ‹Ja, wenn wir rausgehen, daß unter den Tischen kein Papier liegt.›

Joachim: ‹Ich mein auch, was der Fritz sagt; er muß den Kloschlüssel besorgen, und daß der Kloschlüssel nicht wegkommt, da muß er drauf aufpassen.›

Adelheid: ‹Und wenn mal ein Brief zu einem anderen Lehrer getragen werden muß, dann muß er den bringen.›

Erich: ‹Herr Lehrer, wenn wir nun Turnen haben, muß dann der Klassensprecher selber die Turngeräte holen?›

Christian: ‹Nein, er muß bestimmen, wer die Turngeräte holt. Und daß dann alles wieder an seinem Platz ist nach der Stunde, muß er drauf aufpassen.›

Hilde: ‹Und einteilen, wer Papier aufsammelt in der Pause.›

Käthe: ‹Ja, er muß aufpassen, daß die Kinder ordentlich sind, und daß die Kinder sich richtig aufstellen, und daß sie ihren Platz aufräumen.›

Lore: ‹Wenn wir zum Turnen gehen, und der Lehrer holt noch etwas, daß wir dann in einer Reihe stehen und uns nicht zanken, daß wir brav sind.›

Christian: ‹Aber der selber muß natürlich zuerst brav sein.›

Jost: ‹Wenn sich welche streiten, geht er vielleicht hin und holt die auseinander. Überhaupt muß er eben Ordnung halten.›

Joachim: ‹Und in der Stunde muß er uns zur Ordnung rufen: ‚Ruhe!', uns so anrufen, wenn wir laut sind.›

Hannes: ‹Er muß die Karte holen und dem Lehrer helfen mit der Karte. Und dann, wenn es einem schlecht ist, muß er mit ihm nach Hause gehen.›

Arno: ‹Manchmal schellt ja das Telefon im Lehrerzimmer. Und wenn dann der Lehrer rausgeht, muß der Klassensprecher aufpassen.›

Waldemar: ‹Daß Ruhe herrscht.›

Hanni: ‹Ja, ich meine auch, er muß sorgen, daß die Klasse ruhig ist, daß man keine Klagen über die Klasse hört. Und wenn die Klasse während der Schulzeit was angestellt hat, muß er es wieder gutmachen beim Lehrer.›

Adelheid: ‹Oder er schreibt auf, wer geschwätzt hat, wer laut war. Dann kann er den melden, dann gibt der Lehrer denen eine Strafe.›

Meine Frage: ‹Was meinst du, wann soll er das tun?›

Adelheid: ‹Wenn der Lehrer mal nicht da ist, und auch in der Stunde, weil der Lehrer ja nicht alles sehen kann.›

Erich: ‹Und am anderen Tag dann melden, wer eine Strafe aufgehabt hat, damit er die auch abgibt.›

So sucht die Schweigende Mehrzahl ihre Interessenvertreter.»

Aber der Schein trügt auch hier. Diese Reden der Schüler sind häufig nur die bewußte Erfüllung der vermuteten Lehrererwartung. Sie sagen das, von dem sie vermuten, daß sie es sagen sollen. (Der Satz ist so kompliziert wie die Sache, die er bezeichnet.) Ist es ein reaktionärer Lehrer, ist das allemal richtig. Ist es ein fortschrittlicher Lehrer, schadet es nichts – «der versteht ja alles». Aus den Schüleräußerungen spricht nicht so sehr Dummheit, sondern eine Taktik, die der Lage vereinzelter, abhängiger Schüler durchaus angemessen sein kann.

Bei einer Diskussion über Lehrer sollten die Schüler einen idealen Lehrer beschreiben. Es wurde ein recht strammer, strenger, unnachsichtiger, sehr gerechter, ernster, korrekt gekleideter, nichtrauchender, nichtsaufender, solide verheirateter, mittelklassewagenbesitzender, fachbornierter, politisch neutraler Pauker. Die Frage einer hospitierenden Studentin nach dieser Stunde in der Pause, ob sie so eine Type als Lehrer haben wollten, beantworteten die Schüler mit einem glatten «Nein! Du spinnst wohl!».

In keinem Bereich der Institution Schule verläuft die Unterwerfung glatt. Der pädagogische Druck von oben ist widersprüchlich, er ist lange nicht so absolut wie beim Militär oder wie in der Irrenanstalt. Opposition wird mit der Unterdrückung und der Erkenntnis ihrer Mechanismen und Ursachen produziert. Äußern kann sie sich nur, wenn der Druck nicht total ist. Die Disziplin(ierungs)schwierigkeiten der Lehrer sind ein Ausdruck dieser Tatsache, die Schülerbewegung ist ein anderer, bewußter Ausdruck.

Die Schülerbewegung ist aber auch ein Zeichen tiefgreifender Krisen des Kapitalismus, dem es immer weniger gelingt, die Jugend ideologisch an sich zu binden und seine Widersprüche zu meistern. Die Charaktermasken der Institution reagieren auf die Disziplinierungsschwierigkeiten mit pädagogischer «Gewalt» (Didaktik), auf die Schülerbewegung mit offener Gewalt (Rausschmisse, Polizeieinsatz).

«Prüfungen sind notwendig!»

Prüfungen, Noten und Zeugnisse sind die Krönung der schulischen Initiationsriten, deren höchste die Reifeprüfungen sind. Sie geben der Schule ihre Bedeutung und zeigen die den Lehrern von den Herrschenden verliehene Macht. Prüfungen und Zeugnisse sind die Staatsakte, in denen die Klassenschule ihre Funktion im Klassenkampf von oben in rechtsverbindlicher Form an den Schülern verübt und die Mehrheit in die verschiedenen Stufen des Lohnsystems einweist. Man kann die kapitalistische Schule eher von ihren Prüfungen her verstehen als von ihrem angeblich pädagogischen Auftrag.

Nebenbei: Hier wird nicht gegen Leistungsprüfungen geschimpft: Daß Lokführer, Chirurgen, Elektriker, Piloten, Kraftfahrer, Lehrer und Scharfschützen zum Beispiel sehr sorgfältig daraufhin geprüft werden, ob sie diese Tätigkeiten auch richtig ausführen können, ist lebensnotwendig! Aber warum muß in den allgemeinbildenden Schulen geprüft werden? Was soll eine «Reifeprüfung» oder eine Prüfung der «mittleren Reife»? Sind denn über 90 Prozent der erwachsenen Menschen nicht reif, sondern doof? Im Wort «Reifeprüfung» wird der ganze Gespensterglaube der kapitalistischen Pädagogik und deren radikale Massenverachtung zusammengefaßt. Erst wirft man die zukünftigen Produzenten des gesellschaftlichen Reichtums, die Arbeiterjugendlichen, nach 9 Jahren aus der Schule, behauptet scheinheilig, daß gerade die Arbeiterkinder besonders gefördert werden müßten, während man die Bürger- und Mittelklassekinder auf Kosten der Arbeiter 13 Jahre plus Hochschulstudium fördert, um dies dann als Legitimation für die Eingruppierung in oberen Lohngruppen vorzuzeigen. «Schließlich haben sie ja das Abitur und studiert.» «Schließlich mußten sie ja das Opfer einer langen Ausbildung auf sich nehmen – Verdienstausfall und so weiter –, während die Jungarbeiter schon mit 15 Jahren ihre 500,- DM nach Hause bringen.» Welch Opfer, zu studieren. So verdreht man die Tatsachen. Opfer bringen in Wirklichkeit die Arbeiter, die die Ausbildung und den Lebensunterhalt ihrer späteren Herren mit dem Geld, das sie für ihre Arbeit nicht bekommen, und mit ihren Steuerabgaben finanzieren müssen (vgl. die Übersicht: «Das Märchen von der Chancengleichheit» und «Schüler zweiter Klasse?» auf S. 48 u. 52).

Noten, Prüfungen und Zensuren sind die wichtigsten Steuerungsmittel für diese Art von Chancengleichheit zur Ungleichheit. Die Zeugnisse sind die Etiketten und Bezugsscheine des schulischen Berechtigungswesens, auf dessen Klassenfunktion und ökonomische Bedeutung im Lohnsystem wir schon hingewiesen haben. Noten und Prüfungen umgeben dieses Brimborium der Einstufung in die Lohngruppen mit dem Schein der Objektivität. X-mal wurde inzwischen bewiesen, daß diese Objektivität eine Fiktion ist.

K. Ingenkamp (Die Fragwürdigkeit der Zensurengebung. Weinheim 1971) kommt nach umfangreichen vergleichenden Untersuchungen zu dem Ergebnis, daß Zensuren «kaum besser sind als bloßes Raten». Selbst bei der Bewertung einer Rechenaufgabe reicht das Notenspektrum von «sehr gut» bis «mangelhaft». Das ganze schulische Berechtigungswesen beruht also auf einer Fiktion, der Fiktion der Objektivität der Zensuren und ihrer Vergleichbarkeit.

An der Aufsatzbenotung läßt sich das am deutlichsten beweisen:

„ES GRÜNT UND BLÜHT"

Ein deutscher Test-Aufsatz

Der folgende Aufsatz einer 14jährigen Schülerin erhielt bei einem Test je viermal die Zensur „sehr gut" oder „gut", einmal die Note „befriedigend" sowie je dreimal die Zensur „ausreichend" oder „mangelhaft".

Die Sonne hat den Nebelschleier durchbrochen. Ein neuer Tag beginnt. Es ist ein Sonntag, ein Sonntag im Frühling.

In der Natur ist es noch feierlich still. Doch bald wird diese Stille von dem Gesang der Vögel unterbrochen. Die Natur ist erwacht.

Der Morgen geht vorüber. Der Nachmittag bricht an. Ein Förster unternimmt mit seinem treuen Hund einen Spaziergang. Nur wenn er allein ist, kann er die Schönheit der Natur genießen und sich daran erfreuen. Einige Veilchen sind schon aufgeblüht, die ersten Boten des Frühlings. Das zarte Grün der jetzt erst ausgeschlagenen Bäume bildet einen wunderbaren Gegensatz zu dem strahlend blauen Himmel. An allen Ecken und Enden grünt und blüht es. Der Förster kann sich nicht genug satt sehen. Ihm fällt ein kleines Gedicht ein, das er einmal in der Schule gelernt hat:

„Frühling läßt sein blaues Band ..."

Der Tag geht schon zur Neige. Der Förster kehrt um von seinem Spaziergang.

Er hat diesen Sonntagnachmittag in der freien Natur verbracht, und nur wenige haben wie er den Frühling auch wirklich vernommen.

Die Untersuchung von G. Schröter (Die ungerechte Aufsatzzensur. Bochum 1970) hat rund 600 Aufsätze 11000mal zensieren lassen.

Ergebnis: Wenn die Aufsatzzensur objektiv ist, dann stimmt auch die Gleichung: 1 = 6.

Alle einigermaßen seriösen Untersuchungen der Zensiererei kommen zu diesem Ergebnis. Der amerikanische Zensurenkritiker C. C. Ross meint, daß «die Zensuren bestimmter Individuen mehr von der Gesichtsform als vom Inhalt des Kopfes bestimmt sind». Aber es bezweifelt kaum jemand, daß sich die Lehrer um Objektivität bemühen.

Es ist wissenschaftlich eindeutig erwiesen,

- daß die Zensuren schon aufgrund ihrer Zufälligkeit Fehlurteile sind;
- daß Zensuren zur Leistungsmessung untauglich sind;
- daß Kinder aus Arbeiterfamilien bei diesen Fehlurteilen besonders schlecht wegkommen;
- daß die Zensur als Zeugnisnote mit Rechtsfolge (Berechtigungswesen) eine Verletzung des Gleichheitsgrundsatzes bedeutet;
- daß sich Zensuren und Prüfungen besonders in den allgemeinbildenden Schulen nachteilig auf die Lernarbeit der Schüler und deren Zusammenarbeit auswirken.

Gute Demokraten sollten annehmen, daß die Zensuren nach Bekanntwerden dieser Tatsachen sofort abgeschafft worden sind, weil sie die freiheitlich-demokratische Grundordnung zersetzen. Das geschah nicht, und es wird auch nicht geschehen. Das Amt für Verfassungsschutz ermittelt nicht einmal in dieser Sache. Statt dessen basteln die Kultusminister an einem «Normenbuch» zur Vereinheitlichung der Ungerechtigkeit.

Wem nützen die Zensuren?

1. Die Interessenten an Zensuren aus Verwaltung, Wirtschaft und Wissenschaft behaupten, daß man objektiv zensieren kann, wenn man es richtig macht. Sie lassen zu diesem Zweck Tests zur «objektiven Leistungsmessung» und «Diagnosebogen zum Stand des Lernprozesses» entwickeln und in den Schulen einführen. Der Schwindel wird auf eine höhere Stufe gehoben, und die individuellen Fehler der Lehrer werden durch einheitliche Fehler ersetzt.

Die Schüler werden jetzt «objektiv» falsch bewertet. Die Tests sind zwar einheitlich, aber die Getesteten nicht. Aufgrund ihrer unterschiedlichen gesellschaftlichen Erfahrungen verhalten sie sich solchen Messungen gegenüber auch unterschiedlich. Zum Beispiel reagieren Arbeiterkinder auf die Mittelklassensprache und auf die in die Tests eingehenden Normvorstellungen anders – weniger gut im Sinne der Tests – als die Bürger- und Mittelklassekinder. Sie bekommen jetzt ihre angebliche «Dummheit» als objektives Testergebnis bescheinigt.

Der alte Zweck der Zensuren, die Zementierung der Privilegien durch Selektion, wird mit dem neuen Verfahren «verbessert» zum Nutzen der sowieso Privilegierten.

2. Zensuren und Prüfungsergebnisse der allgemeinbildenden Schulen sind klassenspezifische Berechtigungsscheine, die der Einstufung in der Lohngruppenhierarchie den Schein der Objektivität verleihen. Auf dieses Instrument sind die Herrschenden nicht bereit zu verzichten.

Zwei Anwendungsbereiche seien erwähnt:

a) Der «Numerus clausus» (NC), mit dem der freie Zugang zu den Hochschulen seine dritte Barriere erhält (die erste ist der Übergang zum Gymnasium, die zweite das Abitur).
Der prozentuale Anteil der Arbeiterkinder (5,2 % laut GEW) an der Studentenschaft der wissenschaftlichen Hochschulen sagt deutlich, gegen wen sich die drei Barrieren richten.
Das wissenschaftlich unhaltbare Kriterium der Abiturnote wurde erst 1973 als wichtigstes Auswahlkriterium im Staatsvertrag zur Vergabe der Studienplätze beschlossen. Damit werden in Zukunft noch weniger Arbeiterkinder zugelassen. Die wenigen, die unter den diskriminierenden Gymnasialbedingungen bis zum Abitur kommen, haben dann in der Regel nicht nur Einsen und Zweien im Zeugnis und fallen dem NC – das heißt auch der kapitalistischen Bildungsmisere – zum Opfer.
Das ist die Funktion der Zensur.

b) Prüfungen, Zensuren und Zeugnisse sind für die Abnehmer der in der Schule «produzierten» Ware Arbeitskraft als Bezeichnungen ihres Gebrauchswertes interessant. Die Schulzeugnisse geben dazu erste Anhaltspunkte her. («Numerus clausus» für gute Lehrstellen.) Die Kapitalisten setzen dieses Bewertungssystem nach der Schule fort, indem sie Beschäftigungszeugnisse an ausscheidende Lohnabhängige ausstellen, die diese dem neuen Kapitalisten vorlegen müssen. Die Werktätigen, für die ihre Arbeitskraft nur als Tauschwert Bedeutung hat, haben kein Interesse an einer negativen Bewertung ihrer Arbeitskraft in Zeugnissen und haben deshalb durchgesetzt, daß keine negativen Vermerke und Beurteilungen eingetragen werden dürfen. Die Kapitalisten wollen aber gerade diese Vermerke und Beurteilungen haben, die den Wert der Arbeitskraft drücken, um Lohnkosten zu sparen. Ihre Verbände haben also eine Art Geheimvereinbarung gemacht. Wenn man der Zeitschrift *Capital* glauben kann, bedeutet:
Note 1: Er hat die ihm übertragenen Arbeiten stets zu unserer vollsten Zufriedenheit erledigt.
Note 2: Er hat die ihm übertragenen Arbeiten zu unserer vollen Zufriedenheit erledigt.

Note 3: Er hat die ihm übertragenen Arbeiten zu unserer Zufriedenheit erledigt.
Note 4: Er hat die ihm übertragenen Arbeiten im großen und ganzen zu unserer Zufriedenheit erledigt.
Note 5: Er hat sich bemüht, die ihm übertragenen Arbeiten zu unserer Zufriedenheit zu erledigen.
Die Angestellten – denn die betrifft das vor allem – haben also Grund, sich gegen solche Machenschaften zu wehren oder sich zu ducken.

3. Die Herrschenden aller Bereiche sind an Zensuren, Prüfungen und Zeugnissen interessiert, weil sie wirksame *Disziplinierungsmittel* sind.

Die Lehrer, Schulverwalter und Bildungspolitiker geben das aber selten zu, sondern behaupten: Zensuren sind pädagogisch wertvolle Erziehungsmittel; sie fördern die Leistungsbereitschaft; motivieren zum Lernen; die Schüler wollen wissen, wie gut sie sind; sie wollen sich vergleichen; die Lehrer könnten besser fördern, wenn sie den Leistungsstand der Schüler kennen.

Diese Rationalisierungen sind alle durch die Lernforschungen widerlegt:

Zensuren produzieren Angst; Angst macht dumm; Angst hemmt die Leistungsfähigkeit und führt zu Verzweiflungshandlungen (vgl. Zeitungsmeldungen); Angst vor Zensuren erschlägt jede Phantasie und manchmal auch Menschen; die Schüler werden untereinander zu Feinden, zu Konkurrenten; die Zusammenarbeit wird zum Wettkampf; Solidarität wird zerstört und kann höchstens gegen diesen Terror geschaffen werden; die Schüler können gegeneinander ausgespielt werden; Unsicherheit und Opportunismus werden erzeugt.

In den Vorschlägen der Pädagogischen Hochschule Peking zur Prüfungsordnung heißt es:

«Die jetzigen alten Prüfungsmethoden sind Methoden gegenüber einem Feind, überfallartige Angriffe. Es werden ausgefallene, wunderliche Fragen gestellt. Sie sind nichts anderes als die alten schematischen Methoden. Dieses bestehende Prüfungssystem muß abgeschafft werden.»

Es folgt ein Abschnitt, wie die Lehrerprüfungen umgestaltet werden sollen:

«Die neuen Prüfungsmethoden müssen so beschaffen sein, daß die proletarische Politik in den Vordergrund gestellt wird, daß sie engen Bezug zur praktischen Arbeit haben, daß der Fähigkeit der Studenten, Probleme zu analysieren und zu lösen, besondere Aufmerksamkeit geschenkt wird und die Studenten ermutigt werden, sich über die Dinge ihre eigene Meinung und ihr eigenes Urteil zu bilden.

Das Ziel bei Prüfungen ist es, das Studium zu fördern. Es soll nicht das Gedächt-

Aus Verzweiflung Sohn gefolgt

wz BERLIN, 25. Mai. Aus Verzweiflung ist eine 40jährige Mutter aus West-Berlin ihrem einzigen Kind in den Tod gefolgt. Rund sieben Wochen, nachdem sich der 16jährige Schüler Rüdiger Moseleit mit Schlaftabletten im Grunewald das Leben genommen hatte, fand der Vater nun seine tote Frau an der gleichen Stelle, an der sein Sohn gestorben war.

Seit dem 19. März dieses Jahres war der 16jährige, wie die FR berichtete, spurlos verschwunden. Die Eltern hatten einen „blauen Brief" von der Schule erhalten. Zwei Wochen später fand ein Spaziergänger die Leiche des Jungen an einer entlegenen Stelle des Grunewaldes. Aus Angst vor dem Sitzenbleiben hatte sich der Junge vergiftet. Neben einem leeren Tablettenröhrchen entdeckte man einen Abschiedsbrief: „Ich schäme mich, daß ich mein Ziel nicht erreichen konnte."

(Frankfurter Rundschau v. 26. 5. 1971)

Ein „blauer Brief" — drei Tote

wz BERLIN, 26. Mai. Ein einziger „blauer Brief" hat drei Menschen in den Tod getrieben und eine glückliche Familie ausgelöscht! Aus tiefer Verzweiflung erhängte sich am Mittwoch auch der 40jährige Arbeiter Peter Paul Moseleit in seiner Wohnung im West-Berliner Stadtbezirk Wilmersdorf. Er folgte damit nur wenige Tage seiner gleichaltrigen Ehefrau Edith und sechs Wochen seinen 16jährigen Sohn Rüdiger in den Tod. Wie die „Frankfurter Rundschau" berichtete, hatte die Familientragödie am 4. April dieses Jahres ihren Anfang genommen, als sich das einzige Kind der Moseleits im Grunewald vergiftet hatte, weil seine Eltern einen „blauen Brief" von seiner Schule bekommen hatten.

(Frankfurter Rundschau v. 27. 5. 1971)

nis, sondern die Fähigkeit zur logischen Erörterung geprüft werden. Gegen die mechanische Wiederholung des Unterrichtsstoffes sollte man Widerstand leisten. Die Studenten sollen ermutigt werden, lebensbezogen zu studieren, das Erlernte anzuwenden und eigene Ideen zu entwickeln. Es soll nicht zuviel geprüft werden, und mit überfallartigen Prüfungen soll Schluß gemacht werden. In einigen Gegenständen sollten die Prüfungen überhaupt abgeschafft werden. Man kann in verschiedener Form prüfen: Den Studenten mag eine Auswahl von Fragen zur Beantwortung vorgelegt werden. Es kann ihnen gestattet werden, bei der Prüfung Lehrbücher, Notizen und Aufzeichnungen zu benutzen. Sie können bei der Erledigung einer praktischen Arbeit geprüft werden. Die Prüfungen sollen so angelegt werden, daß der Student seine Fähigkeit, etwas zu Ende durchzudenken, voll zur Geltung bringen kann. Den Studenten soll gestattet sein, die Fragen miteinander zu besprechen und Nachschlagebücher zu benutzen . . .

Die Wiederholung eines Jahrganges soll abgeschafft werden. Die proletarische Politik soll an den Schulen in den Vordergrund gestellt und die Initiative der Studenten beim Studium voll zur Geltung gebracht werden. Das Verantwortungsbewußtsein der Lehrer muß gehoben werden» (nach: Proletarische Schule und Universität in China. Berlin 1971, S. 63 f).

Die neuen Prüfungsverfahren in einigen Gesamtschulen der BRD nennt man «Diagnose».

Sie bringen kaum etwas Neues gegenüber den alten Zeugnissen, sie sehen nur glaubhafter aus.

Ernst-Reuter-Schule
Gesamtschule
Frankfurt-Nordweststadt

DIAGNOSEBOGEN
zum Stand des Lernprozesses
in ....

Name: .... (Vorname) .... (Familienname)

Lehrer:	Lehrer:	Lehrer:
vom bis Unterschrift	vom bis Unterschrift	vom bis Unterschrift
Lehrer:	Lehrer:	Lehrer:
vom bis Unterschrift	vom bis Unterschrift	vom bis Unterschrift

Schuljahr:	Klasse:								Schuljahr:	Klasse:						
	1	2	3	4	5	6	7	8	1	2	3	4	5	6	7	8
Stichwort zum Thema:																
Dauer:																
Einstellung zur Unterrichtseinheit: Interesse																
Lernbereitschaft																
Initiative																
I. Beurteilung der individuellen Denkfähigkeit: transformatorisch[1]																
analytisch[2]																
imitatorisch[3]																
II. Gruppenbezogene Lernzielkontrolle: mündliche und andere Nachweise																
Normarbeiten: Datum																
Gruppe[4]																
Punkte																
% Rang																
III. Standardisierte Lernzielkontrolle: schulübergreifende Tests: Datum																
Bezeichnung																
% Rang																
Hilfen und Hinweise																

"Zeugnisse und Hausarbeiten sind abgeschafft. Die Schüler sind dazu verpflichtet, einander bei schriftlichen Arbeiten zu helfen. Keiner darf sitzenbleiben. Die Schüler sollen nicht miteinander konkurrieren."
(aus einer Schulordnung in China)

	Einstellung zur Unterrichtseinheit / Bereich I	Bereich II	4)	Kenntnis genommen von …	am …
+	ausgeprägt	über Durchschnitt	J = Jahrgangsgruppen		
⌀	vorhanden	Durchschnitt	P = Parallelgruppen		
—	nicht nachgewiesen bzw. nicht gezeigt	unter Durchschnitt	K = Kursgruppen		
X	keine Beobachtung				
/	entwertet				

1) transformatorisch, synthetisch = Gelerntes selbständig übertragen können
2) analytisch = Gelerntes einordnen können
3) imitatorisch = Gelerntes wiedergeben können, Fertigkeiten nachweisen, Techniken beherrschen

Die Schüler von Barbiana in ihrem Brief an die Lehrerin:

«Strafprozeß

Derzeit arbeitet Ihr 210 Tage im Jahr, von denen Ihr 30 durch Prüfungen und etwa 30 durch Schularbeiten verschwendet. Bleiben 150 Schultage. Die Hälfte der Schulstunden verschwendet Ihr jeweils durch Ausfragen, und so bleiben 75 Schultage gegen 135 Prozeßtage.

Schularbeit. Während der Schularbeiten gingen Sie zwischen den Bankreihen auf und ab, Sie sahen mich in Schwierigkeiten oder Fehler begehend und sagten nichts. Solche Arbeitsbedingungen habe ich auch zu Hause. Kilometerweit im Umkreis niemand, an den ich mich wenden könnte. Kein Buch, außer den Schulbüchern. Kein Telefon.

Nun aber sind wir in der ‹Schule›. Ich bin eigens gekommen, von weither. Meine Mutter ist nicht da, die versprochen hat still zu sein und mich dann doch hundertmal unterbricht. Das Kind meiner Schwester ist nicht da, das Hilfe für die Schulaufgaben braucht. Es ist Ruhe, gutes Licht, eine Schulbank für mich. Und dort, gerade zwei Schritte von mir, stehen Sie. Sie haben das Wissen. Sind bezahlt, mir zu helfen. Und statt dessen verlieren Sie Zeit damit, mich zu überwachen wie einen Dieb.

Müßiggang und Schrecken. Daß das Ausfragen nicht Schule ist, haben Sie mir selbst erklärt: ‹Wenn ich die erste Stunde habe, dann nimm ruhig den anderen Zug, in der ersten halben Stunde frage ich sowieso nur aus.›

Während des Ausfragens ist die Klasse in Nichtstun oder in Schrecken versunken. Sogar der Junge, der gerade ausgefragt wird, verliert Zeit. Er bemüht sich, sich keine Blößen zu geben. Er vermeidet Dinge, die er weniger verstanden hat, und streicht jene heraus, die er gut kann.

Um Sie zufriedenzustellen genügt es, seine Ware gut zu verkaufen. Nie still zu sein. Die Leeren durch leere Worte auszufüllen» (Scuola di Barbiana: Die Schülerschule. Berlin 1970, S. 120).

Mit Hilfe von Prüfungen und mit den mit ihnen verbundenen Zensuren werden die beiden Prinzipien der Klassenschule angewendet: «Teile und herrsche!» – «Zuckerbrot und Peitsche». Die Folge der Zensiererei ist die Funktionalisierung des ganzen Unterrichts unter die Regeln des Tauschverkehrs: «Machst du, was ich will – bekommst du gute Noten.» «Bekomme ich gute Noten – mache ich, was du willst.» «Wenn du das nicht kannst, bleibst du sitzen.» Das sind die oft unausgesprochenen Leitsätze des Schullebens.

Noch einige Widersprüche dieser Praxis:

Es gibt Lehrer, die sagen, sie würden Fragen stellen, und stellen in Wirklichkeit Fallen. Sie wollen weder wissen, was die Schüler wissen, noch was sie können. Sie setzen die Schüler mit ihren Fragen unter Druck (Angstmachen als Erziehungsmittel). Das führt zur Umkehrung der Lernsituation. Dann fragt nicht mehr der Schüler, sondern der Lehrer, der es eigentlich wissen müßte. Die Schüler lernen nicht mehr, Probleme zu lösen, sondern

Prüfungsfragen zu beantworten. Die Schule, die freie Menschen erziehen will, glaubt, dazu den irrationalen Druck der Zensuren zu brauchen. Sie bewirkt das Gegenteil von dem, was sie will.

Die Schule gibt vor, die Arbeiterkinder besonders zu fördern. Sie tut das zunächst mit Prüfungen zur Messung des Leistungsstandes, um sie dann in Förderkursen zu isolieren und sie mit Trainingsprogrammen zu bearbeiten, von denen man weiß, daß sie niemandem nützen außer ihren Herstellern und deren Auftraggebern.

Statt gemeinsamer Förderung aller Kinder werden alle getrennt getestet.

Da die Schüler dieses Drucksystem noch nicht so ernst nehmen, wie die Arbeiter es im Betrieb müssen, entziehen sie sich diesem System teilweise durch Flucht in die Gleichgültigkeit oder ergreifen andere Auswege. Einen hat ein linker Schulkritiker in einem Beispiel beschrieben:

«Der Lehrer der französischen Sprache hatte eine andere Schwäche. Er huldigte einer bösartigen Göttin, die schreckliche Opfer verlangt, der Gerechtigkeit. Am geschicktesten zog daraus mein Mitschüler B. Nutzen. Bei der Korrektur der schriftlichen Arbeiten, von deren Güte das Aufrücken in die nächste Klasse abhing, pflegte der Lehrer auf einem besonderen Bogen die Anzahl der Fehler hinter jedem Namen zu notieren. Rechts davon stand dann auf einem Blatt die Note, so daß er einen guten Überblick hatte. Sagen wir, 0 Fehler ergab eine 1, die beste Note, 10 Fehler ergaben eine 2 usw. In den Arbeiten selber waren die Fehler rot unterstrichen. Nun versuchten die Unbegabten mitunter, mit Federmessern ein paar rote Striche auszuradieren, nach vorn zu gehen und den Lehrer darauf aufmerksam zu machen, daß die Gesamtfehlerzahl nicht stimmte, sondern zu groß angegeben war. Der Lehrer nahm dann einfach das Papier auf, hielt es seitwärts und bemerkte die glatten Stellen, die durch die Politur mit dem Daumennagel auf der radierten Fläche entstanden waren. B. ging anders vor. Er unterstrich in seiner schon korrigierten Arbeit mit roter Tusche einige vollkommen richtige Passagen und ging gekränkt nach vorn, zu fragen, was denn da falsch sei. Der Lehrer mußte zugeben, daß da nichts falsch sei, selber seine roten Striche ausradieren und auf seinem Blatt die Gesamtfehlerzahl herabsetzen. Dadurch änderte sich dann natürlich auch die Note. Man wird zugeben, daß dieser Schüler in der Schule denken gelernt hatte.»

Erste Zusammenfassung:

„Irgend etwas müssen wir falsch gemacht haben.
Der Hahn jedenfalls sagt keinen Ton mehr."

Der Unterricht

Was man wirklich lernt

Im Unterricht schlagen die institutionellen Regelungen der Schule voll durch. Er ist der zähflüssige Brei, der durch den aus Stein, Didaktik, Beamten- und Schulrecht gebauten Schullehrplan fließt. Vor allem durch ihn werden die Klassenziele der Schule (vgl. S. 26 ff) erreicht. Sie sind bisher noch von jeder Curriculumkommission «vergessen» worden, obwohl sich in ihnen gerade die Funktion der Klassenschule erfüllt.

Da lernen die Schüler zum Beispiel im Deutschunterricht

- nach der Rückgabe eines Diktats, daß der Wert eines Menschen mit der Zunahme seiner Kommafehler abnimmt.
- Bei der Aufsatzbesprechung lernen sie, daß man sich an Regeln halten muß – auch wenn es nichts zu regeln gibt.
- Sie machen die Erfahrung, daß man sich beim Besinnungsaufsatz besser nicht besinnt, sondern sagt, was man soll: zum einen – zum andern, und die Wahrheit liegt in der Mitte.
- Im Unterrichtsgespräch lernen sie, bei der Deutschnotenvergabe und der angedrohten Nichtversetzung, daß die Sprache in der Schule für sie selbst nichts bedeuten muß, daß sie weniger zur Verständigung da ist als zum Zensieren.
- Sie lernen, daß nicht der Inhalt und der Erkenntniswert einer Schularbeit wichtig ist (das Produkt also), sondern die Bewertung, die Note, der Lohn also, den die Arbeit einbringt.
- Bei jeder Gelegenheit machen sie die Erfahrung, daß die anderen, die Kollegen, in der Schule Gegner, Konkurrenten sind, die man bekämpfen muß: Gute Noten – höheren Lohn – kann man nur auf Kosten anderer bekommen.

  Man lernt natürlich auch lesen, schreiben, Grammatik, Literatur, Formulare ausfüllen, diszipliniert arbeiten und andere nützliche Dinge – aber das ist eben nur eine Seite des Deutschunterrichts.

Im Rechenunterricht lernen die Schüler zum Beispiel

- beim Päckchenrechnen: wie man immer wieder die gleichen sinnlosen Aufgaben erledigt und dabei angeblich das Denken schult.
- Beim Formelrechnen lernen sie, wie man Gebrauchsanweisungen anwendet, ohne was zu gebrauchen.
- Beim Zinseszinsrechnen lernt man, daß man durch Sparen ein Vermögen bilden kann – wenn man nur etwas Geduld hat (und nicht gerade ein «Preisauftrieb» – sprich Inflation – herrscht. Das lernt man natürlich nicht – es gehört zur Sozialkunde, und da ist gerade das Grundgesetz dran).

- Beim Kopfrechnen nach Zeit und Rangliste («Wer es als erster sagt, darf sich setzen») erfährt man, daß man schnell funktionieren muß, daß einer immer der letzte ist und daß man nicht Pech haben darf im Leben.
- Beim Differential- und Integralrechnen lernen die Gymnasiasten, daß sie etwas wissen, was andere (die Volksschüler) nicht wissen, daß das die wahre Bildung ist, daß sie überhaupt besser sind als die anderen.

Man lernt natürlich auch sehr umständlich und unpraktisch rechnen – aber das ist nur die eine Seite.

Im Musikunterricht lernt man vor allem, wie man den Spaß aus der «Freude» vertreiben kann:

«Jetzt wollen wir mal alle fröhlich singen» – selbst Spaß «muß» sein in der Schule.

Das gilt auch im Sportunterricht, bei der «Erziehung des Leibes». Da lernt man zum Beispiel

- reagieren auf Kommando mit Pfiff,
- einer muß gewinnen – ein anderer wird der letzte sein,
- daß man sich nicht blamieren darf.

Übrigens, nichts gegen Sport.

Im Stundenplan und durch den Fächersalat lernt man:

- daß alles nichts miteinander zu tun hat, obwohl angeblich alles miteinander zusammenhängt. Letzte Weisheit eines bedeutenden Pädagogen: «Irgendwo im Letzten, im Schoße der ‹Mütter›, hängt ja alles zusammen» (Eduard Spranger, 1919).
- usw.

Ein heimlicher Lehrplan?

Die bürgerlichen Pädagogen und Schulforscher haben neuerdings auch schon entdeckt, was man schon seit über 100 Jahren weiß (Wander, Marx, W. Liebknecht usw.), daß die Schüler nicht nur lernen, was im Lehrplan steht, sondern all die Dinge, die Herren und Knechte lernen müssen, damit sie das auch bleiben (vgl. *betrifft: erziehung* 5/1973).

Sie sehen das als pädagogischen Betriebsunfall an, machen ein großes Geschrei um ihre «Entdeckung», die ihnen offensichtlich ein voyeuristisches Vergnügen bereitet und einigen die Karriere sichert. Sie machen sich jetzt daran, ein Forschungsprojekt zur Erfindung von Reparaturvorschlägen zu entwickeln. Diese Kinder des Sisyphos sehen nicht, daß der «heimliche Lehrplan», wie sie ihn nennen, gar nicht heimlich, sondern – seit Einführung der Schule für alle – bürgerliches Erziehungsprinzip, wirklicher Lehrplan und schreckliche Erfahrung ist. Wer kann das Leid ermessen, das die pädagogischen Helfer der Bourgeoisie mit dem ach so «heimlichen Lehrplan» der Klassenschule, also ihren körperlichen und seelischen Prügeleien, durch Sitzenlassen, durch miserable Schulverhältnisse, durch Sitzhaft, planmäßige Verdummung, nationalistische und chauvinistische Indoktrination und Lügerei, durch leistungshemmende, angst- und schweißtreibende Prüferei, Generationen von Kindern und Jugendlichen vor allem aus der Arbeiterklasse angetan haben?

Wer da noch von einem heimlichen Geheimnis redet, hat diese Schule mit Erfolg absolviert – oder er ist ein zynischer Schelm.

Der unheimliche Produktionslehrplan der Arbeitskraft- und Untertanenfabrik ist ein offenes Geheimnis der herrschenden Klasse.

Die Schüler kennen es schon lange.

In der Übertreibung wird auch diese Wahrheit deutlich. Bernard Shaw hat im Vorwort von «Mesallianz» über die Schule seiner Zeit gesagt:

«Vor allem ist sie ein Gefängnis, in vielen Beziehungen grausamer als der Kerker. So ist man zum Beispiel im Gefängnis nicht verpflichtet, Bücher zu lesen, die den Direktor oder die Aufseher zu Verfassern haben. Man wird auch nicht geschlagen oder auf andere Weise gepeinigt, wenn man den der Erinnerung vollkommen unwerten Inhalt dieser Bücher nicht im Gedächtnis behält. Im Gefängnis wird man nicht gezwungen, ruhig zu sitzen und zuzuhören, während der Kerkermeister sich in uninteressanter und reizloser Rede über verschiedene Themata verbreitet, die er nicht versteht, die ihm gleichgültig sind und die er daher seinen Hörern weder verständlich noch anregend machen kann. Im Gefängnis mag der Leib gemartert werden, aber man martert das Gehirn nicht obendrein, und man ist vor der Gewalttätigkeit und der Beleidigung der Mitgefangenen geschützt. Alle diese Vorteile fallen in der Erziehungsanstalt weg.

Die Bücherregale der Welt sind voll anziehender und begeisternder Bücher, vom Himmel gesandten Mannas der Seele. Ihr Kinder aber seid gezwungen, den scheußlichen Schwindel, Schulbuch genannt, zu lesen, das von einem Manne geschrieben ist, der nicht schreiben kann, ein Buch, aus dem kein menschliches Wesen etwas lernen kann, ein Buch, das man entziffern, aber nicht fruchtbringend lesen kann, obwohl der erzwungene Versuch euch bis ans Ende des Lebens mit Haß und Ekel vor dem Anblick eines Buches erfüllt.

Zahllose Wälder und Täler und Hügel und Wind und Luft und Flüsse und Fische und allerhand lehrreiche und gesunde Dinge sind in erreichbarer Nähe; Straßen und Schaufenster, Menschenmengen und Gefährte aller Art und allerlei städtische Ergötzlichkeiten sind vor der Tür. Ihr müßt dasitzen, nicht etwa in einem Zimmer, das den Versuch aufweist, bequem und ansprechend zu sein, menschenwürdig mit Möbeln ausgestattet, sondern in einem abgeteilten Pfandstall, mit einer Anzahl anderer Kinder eingepfercht. Ihr werdet geschlagen, wenn ihr sprecht, geschlagen, wenn ihr euch bewegt, geschlagen, wenn eure Antwort auf eine idiotische Frage nicht den Beweis liefert, daß ihr, selbst wenn ihr dem Pfandstall und dem Auge des Kerkermeisters entronnen seid, Marterpein leidet über seinem hassenswerten Schwindelbuch, anstatt euch die Freiheit zu nehmen, zu leben. Und euer kindlicher Haß gegen den Kerkermeister und Züchtiger ist nichts im Vergleich zu dem Haß, den er gegen euch hegt, weil er ein Sklave ist, der um seines täglichen Brotes willen eure Gesellschaft ertragen muß. Ihr habt nicht einmal die Befriedigung zu wissen, wie sehr ihr ihn peinigt und wie sehr er euch haßt.»

Jetzt wissen wir wenigstens, warum dieser theorielos moralisierende Nobelpreisträger hierzulande als Radikaler vom öffentlichen Schulbuch bis auf seine Witze ausgeschlossen ist. Er hat nicht nur die Schule, sondern die Schulbuchmacher und Zulasser beleidigt.

Abgesehen davon, daß die Gefängnisse so schön auch wieder nie gewesen sind, wird das Prinzip der Schulmarter deutlich. Auch wenn es heute in der Schule nicht mehr so offen brutal zugeht wie zu Shaws Zeiten, hat sich an der Funktion der Schule nichts Wesentliches geändert. Wie wird es also heute gemacht?

Was spielt sich im Unterricht ab?

So einfach ist die Frage nicht zu beantworten. Man kann Unterrichtsprotokolle und Filme zur Veranschaulichung benutzen oder einfach hospitieren. Aber das nützt nichts. Der Schein trügt manchmal. Man kann ausgehend von der Funktionsbestimmung der Schule ableiten, was im Unterricht vorgehen muß. Aber das bleibt abstrakt und ohne Substanz. Man kann Unterrichtsanalysen zur Beantwortung der Frage zitieren. Aber man bleibt dann in der positivistischen Verdoppelung der schlechten Realität stecken. Wo das Wesen durch die Erscheinungsformen verschleiert ist, muß man diesen Schleier zur Kenntnis nehmen, seine Qualität untersuchen, um ihn besser zerreißen zu können. Was also fehlt, ist eine kritische Bestandsaufnahme der Schulrealität, ihre Beschreibung und Kritik zugleich. Denn der konkrete Fall ist real und brutal zugleich. Beide Dimensionen müssen erfaßt werden. Wir wollen das in diesem Abschnitt an einigen Brennpunkten versuchen, um den allgemeinen Vorlauf der ersten Kapitel auf der konkreten Ebene des Unterrichts auch einzuholen:

«Guten Morgen!»
«Guten Morgen, Herr Hegner!»
Beten!
Setzt euch!
Halt!
Steht auf!
Wie lange soll ich noch warten!
Still, hab ich gesagt!
Jetzt reicht's aber bald!
Bitte!

Nun red schon!
Los, weiter!
So, danke!
Ich diktiere!
Schreiben!
Wird's bald!
Ruhe jetzt!
Es spricht keiner mehr!
«Also, guten Morgen habe ich gesagt!»

Was heißt hier eigentlich «guten» Morgen? Schließlich dauert das fünf Stunden, sechsmal in der Woche, zweihundertfünfzigmal im Jahr: «Lehrer richten in Unterrichtsstunden von 40 Minuten Dauer durchschnittlich 51,9 Aufforderungen und Befehle an ihre Schüler, also durchschnittlich alle 46 Sekunden» (R. Tausch). Was da zu Beginn der Stunden als Grußfreundlichkeit getarnt ertönt, ist ein Befehl: «Ruhe! Guten Morgen hab ich gesagt!» Oder ist es eine verzweifelte Beschwerde? Je nachdem.

Haltung, Blick und Stimme des Lehrers sind Barometer, Weihrauch und Alarmglocke in der beginnenden Schulstundenzeremonie. Das «Guten Morgen, Herr Hegner» ist die fünfunddreißigfache Demutsgebärde der stehenden Schulklasse vor dem Zeremonienmeister an der Wandtafel, der die Sinntransplantation vornehmen muß, der die pädagogischen Bezugsscheine für mehr oder weniger Lebensqualität verteilen muß. Klassenbuch – Prüfungen – Einsen – Fünfen – Armutszeugnisse und Reifezeugnisse – Rangordnungen – Verweise – Sitzenbleiben – Motivationstricks – Erziehungsstile – Durchfallen – Blamagen – Strafarbeiten – Drohungen und Denunziationen sind die magischen Kompetenzen der pädagogischen Medizinmänner, die gar keine sein wollen.

Wer da noch folgenreich spricht, muß die Folgen selber tragen. Aber es wird auch gar nicht folgenreich gesprochen, nur geredet, um sich zu profilieren, um sich gut zu verkaufen. Die Lehrer reden und gestikulieren zum Beispiel im Imperativ:

«Du mußt jetzt . . .»	
«Was machst du da?»	– die Vergewaltigungsform
«Wer weiß (was ich schon lange	– die Ausfrageform
gewußt habe)»?	– die Umfrageform
Zerhackte Kommunikation	– die vollendete Zukunft

Lehrer: «Die Hefte liegen auf dem Tisch!» Das ist ein Befehl, keine Feststellung. Die Schüler sollen die Hefte rausnehmen. Da gibt es keine Alternative. Selbst Gott war bescheidener. Er sprach: «Es werde Licht . . .», als er meinte, daß Licht werden soll; nicht: «Es ist Licht!»

Keine Schülerschule

Die Schüler haben in der Regel nur ein Interesse – wie die Lehrer auch, wie die Lehrlinge, Arbeiter, Angestellten auch –, daß die Qual, etwas lernen, etwas lehren, etwas arbeiten zu müssen, das einem nichts nützt, bald ein Ende haben möge.

Bis dahin bleibt den Schülern ein Leben im Konjunktiv:

«Ich würde, wenn ich könnte, wenn ich dürfte . . .»	– die Unmöglichkeitsform
«Dürfte ich mal raus?»	– die Hoffnungsform
«Ich glaube», «ich würde glauben, daß . . .»	– die Entsagungsform
«Jawohl!»	– die Geständnisform

Dazu ein Beispiel: Ein Schüler geht nach vorn und flüstert zum Lehrer: «Ich müßte mal aufs Klo.» Der Lehrer flüstert zurück: «Ja!» Der Schüler geht erleichtert raus. Warum geht der Schüler nach vorn und nicht gleich aufs Klo? Warum sagt der Lehrer «Ja» und nicht «Na und?» – wußte er das auch schon? Warum ist der Schüler schon erleichtert, wenn er rausgeht und nicht erst, wenn er zurückkommt? Was sind das für merkwürdige Verkehrsformen in der Schule, deren Inhalt etwas ganz anderes als angeblich bedeutet? Nicht einmal die Begriffe behalten ihre ursprüngliche Bedeutung, sie werden bis ins Gegenteil ihrer richtigen Bedeutung verkehrt. Vom «Guten Morgen» übers Hefterausnehmen bis zum Stuhlgang und den Weiheriten der Zeugnisausgabe ist alles durchritualisiert.

Drittes Schuljahr: Stumm hebt der Lehrer den Arm. In der Hand hält er eine Kugel. Er nickt. Da schreiben alle Kinder. Nach wenigen Minuten sagt er: «Und?!» Da melden sich fünf – acht – dann alle. Der Lehrer zeigt auf Nummer acht. Der liest: «Die Kugel ist rund.» «Gut, der nächste!» «Die Kugel ist rund.» «Jetzt du, Achim!» «Die Kugel ist rund.» «Wie ist die Kugel?» Alle: «Rund!» «Wie heißt das?» Alle: «Die Kugel ist rund!» «Gut – weiter!» Der Lehrer hält einen Würfel hoch . . . usw.

Im Zirkus: Der Dompteur klatscht in die Hände. Da turnen die Affen am Trapez. Er klatscht wieder. Da stehen sie der Größe nach in der Manege. Jeder bekommt eine Banane. Eine großartige Show.

In der Turnhalle: Es pfeift. Schon stehen vierundzwanzig Schüler der Größe nach an der Wand. Jeder bekommt eine Note für seine Übung. «Wegtreten.» Alles läuft «wie am Schnürchen». Der Turnlehrer meint, daß er und seine Schüler das gut so finden: «Ein Pfiff, und schon klappt alles – da braucht man nicht lange rumreden.» Ein Signal, und man weiß, was man zu tun hat. «Ist doch sonst auch so im Leben, oder nicht?» Recht hat er. Und was lernt man dabei fürs Leben? Wem nützt das Affenritual? Den Schülern bestimmt nicht.

Selbst *die Pause* ist keine Pause vom Schulterror. Sie ist die Rückseite des Rituals, seine Kompensation, in der die Masken fallen. Man muß das frenetische Pausengebrüll, dieses ohnmächtige Schmerzensgeheul der kurzfristig rausgelassenen Schüler als Indiz dafür nehmen. Die Schüler im Hof, die Lehrer im Lehrerzimmer, die Arbeiter in der Kantine und alle nach Arbeitsschluß haben Fußball, Fernsehen, Kinder, Sex, Kritik und Klatsch zur Kompensation der Versagungen, die sie am Arbeitsplatz erfahren. «Environment» für die Massen ist die psychohygienische Voraussetzung für ihre Unterdrückung, weil Sehnsüchte, Hoffnungen, Bedürfnisse und Proteste der Massen damit in kontrollierbaren, sozial integrierten Bahnen gehalten werden können.

Die Kompensation ist notwendig, denn die Schule fürs Leben ist hart. Oben und unten sind definiert und als ausreichende Begründung für pädagogisches Handeln in den Köpfen der Akteure verankert.

«Kalle: ... Wie wir ins Klassenzimmer gekommen sind, gewaschen und mit einem Ranzen, und die Eltern weggeschickt waren, sind wir an der Wand aufgestellt worden, und dann hat der Lehrer kommandiert: ‹Jeder einen Platz suchen›, und wir sind zu den Bänken gegangen. Weil ein Platz zuwenig da war, hat ein Schüler keinen gefunden und ist im Gang zwischen den Bänken gestanden, wie alle gesessen sind. Der Lehrer hat ihn stehend erwischt und ihm eine Maulschelle gelangt. Das war für uns alle eine sehr gute Lehre, daß man nicht Pech haben darf.

Ziffel: Das war ein Genius von einem Lehrer. Wie hat er geheißen?

Kalle: Herrnreitter.

Ziffel: Ich wundere mich, daß er einfacher Volksschullehrer geblieben ist. Er muß einen Feind in der Schulverwaltung gehabt haben» (Bertolt Brecht: Flüchtlingsgespräche).

Die Schule ist keine Schule für Schüler. Sie ist eine Maßnahme gegen sie. Schüler und Lehrer sind die Opfer, besonders aber die Schüler. Sie torpediert, verhindert, zerstört ihren Lernwillen und verdreht ihn zur Waffe im Konkurrenzkampf. Der Unterricht in der Isolieranstalt stellt die Erkenntnisprozesse buchstäblich von den Füßen auf den Kopf. Er verbannt die tatsächlichen Erfahrungen der Schüler – besonders der Arbeiterkinder – aus dem Lernen und schafft eine Ersatzwelt, die säuberlich vom Leben der Schüler und dem Bereich der materiellen Produktion abgetrennt ist. Dieser Unterricht ist eine Schutzhaft vor dem wirklichen Leben, die nicht die Schüler, sondern dieses Leben schützen soll – so wie es ist.

Natürlich! – Eltern: Ein besonders schulfreundlicher Vater sagte zu einem Lehrer bei dessen Arbeitsbeginn in einer als «schwierig» geltenden Klasse

zur Ermunterung: «Wenn meiner (Erich) nicht spurt, haun Sie ihm anständig eins hinter die Löffel!» Auf die Frage, warum er seinen Sohn einfach so verhauen lassen wolle, meinte er: «Sie sind doch der Lehrer, und außerdem: wir ham's früher auch gekriegt, da war keine zuviel, und uns hat's auch nichts geschadet.» Auf die Frage, ob er da ganz sicher sei, sagte er: «Ja, natürlich!»

Dem Eingangsmotto zu diesem Kapitel entsprechend, soll versucht werden, die Verhältnisse im Unterricht erst einmal darzustellen. Daß wir das Dargestellte gleich zu erklären, zu kritisieren und einzuschätzen versuchen, ist Ausdruck der Parteinahme für die Opfer. Die «Neutralität» steht immer auf der Seite der Macht.

Wer die Situation der Schüler im Unterricht untersucht – er braucht dazu nur seine Augen, Ohren, seine Erinnerung und die richtigen Fragen –, macht eine Entdeckung: Die Schüler fallen vor allem als Störfaktor auf. Sie stören den Unterricht, und der Unterricht stört sie. Wer stört wen zu

Unrecht? Die vielen Vorschriften für Schüler, Pausenordnung, Sitzordnung, Tafelordnung, Flurordnung, Schulordnung, Disziplinarordnungen (Zeugnisse, Klassenbuch, Ranglisten etc.), Zeitungszensur, das Integrationssystem der Schülermitverwaltung auf der einen Seite und die Abschaltmethoden, Spickverfahren, Schülerzeitungen, Schülerwitze über Lehrer, Kampfmaßnahmen der Schüler auf der anderen Seite sind Indizienbeispiele für den Krieg, den die Schule gegen die Schüler führt. In diesem Grabenkrieg gibt es nur einen durch die «höhere Gewalt» erzwungenen Betriebsfrieden, und das ist keiner. Daß es so ist, liegt nicht an den Lehrern – sie erfüllen ihre objektive Funktion. Die fortschrittlichen unter ihnen – die es eigentlich wissen müßten – sind darüber oft sehr traurig, aber auch nicht ganz unschuldig.

Es gibt eine bekannte Untersuchung der Klassenschule, die Schüler selber gemacht haben als Teil ihres Unterrichts, als Teil ihres Kampfes in ihrer Schule gegen die Klassenschule. Die Schüler von Barbiana im Mugellotal in der Nähe von Florenz haben diese Untersuchung als Brief an eine Lehrerin geschickt, die sie in der Staatsschule hat durchfallen lassen (Scuola di Barbiana. Die Schülerschule. Berlin, Wagenbach, 1970). Die aus der Staatsschule vertriebenen Bauernjungen haben in der Not ihre eigene Ergänzungsschule geschaffen. Sie haben als ihre eigenen Lehrer und Schüler das Lernen mit ihrem Leben, mit ihrer Arbeit verbunden. Vor ihrer Schule verblassen die kapitalistischen Schulreformversuche. Die Schüler haben gezeigt, wie der Kampf gegen die Verdummungsanstalten der herrschenden Klasse durch die Lernenden selber geführt werden kann. Aber Barbiana ist nicht ein «Modell fortschrittlicher Erziehung», sondern eben ein Beispiel des erfolgreichen Kampfes von Schülern gegen die Zumutungen der bürgerlichen Klassenerziehung. Barbiana ist – im Gegensatz zu dem bourgeoisen Summerhill – ein Teil des Kampfes der arbeitenden Klassen in Italien um ihre Befreiung, und ein solcher Teil ist konkret und kein Modell. Wir werden noch einige Male die Untersuchungen der Schüler zitieren.

Die Situation der Normalschüler haben sie so zusammengefaßt:

«Tag für Tag lernen sie für das Klassenbuch, für das Zeugnis, für das Diplom. Und lassen sich unterdessen von den schönen Sachen ablenken, die sie lernen. Sprachen, Geschichte, Naturkunde: alles wird zur Zensurnote und nichts weiter.

Hinter diesem Fetzen Papier steckt nur der Eigennutz. Das Abschlußzeugnis ist Geld. Niemand von Euch sagt das. Aber letzten Endes läuft es doch darauf hinaus. Um in Euren Schulen gerne zu lernen, müßte man schon mit zwölf Jahren Streber sein. Mit zwölf Jahren gibt es noch wenig Streber. So haßt auch die Mehrzahl Eurer Jungen die Schule. Eure vulgäre Einladung verdient auch keine andere Antwort» (Scuola di Barbiana. S. 38).

Würden die Schüler im Unterricht nicht eine zweite informelle Verkehrsebene entfalten, die die offizielle vom Lehrer inszenierte Ebene stört, könnte man die Schüler – vom Unterrichtsverlauf her gesehen – durch automatische Fragenbeantworter ersetzen. Da Fragen immer von den Mächtigen gestellt werden, müssen die Lehrer diesen Part in der Schule übernehmen. Die Ohnmächtigen haben gefälligst zu antworten. Dieser Widersinn wird hierzulande und in der übrigen «freien Welt» nicht einmal als paradox erfahren. Daß die Lehrenden (Wissenden) fragen und die Lernenden (Unwissenden) antworten müssen, ist im Trainingslager fürs Leben notwendig zur Lehrplanerfüllung. Während 800 Lehrerfragen gestellt werden, fragt ein Schüler dreimal (R. Tausch). Fragen ist eben auch einfacher, wenn man erstens die Antwort schon weiß wie der Lehrer und zweitens nicht so viel Angst haben muß wie die Schüler. Lehrerfragen sind auch meistens keine Fragen, sondern verschleierte Befehle und Erpressungen. Wenn keine Antwort kommt, befiehlt der Fragelehrer: «Wird's bald?!» Oder: «Das weißt du doch – oder?» Aber nur 48,2 Prozent der gegebenen Befehle, die im Durchschnitt alle 46 Sekunden auf die Schüler niedergehen, sind verbaler Art. 51,8 Prozent erfolgen stumm, mit den Augen, durch Berührung (R. Tausch). Blicke, Zeigefinger, Stöße, Klopfzeichen, Klatschen, Pfeifen, auch Worte sind die Befehlssignale, nach denen die Schüler zu reagieren haben. Sie sind die Werkzeuge, mit denen bei Unterrichtsgesprächen, bei der Stillarbeit, in Lehrerfragen, bei der Anwendung von Motivationstricks und Denkanstößen gereizt und reagiert werden muß, damit es «schöne Stunden» gibt. Die nächste «Besichtigung» kommt bestimmt.

Menschenkenntnis

«Das Wichtigste ist doch die Menschenkenntnis. Sie wird in Form von Lehrerkenntnis erworben. Der Schüler muß die Schwächen des Lehrers erkennen und sie auszunützen verstehen, sonst wird er sich niemals dagegen wehren können, einen ganzen Rattenkönig völlig wertlosen Bildungsgutes hineingestopft zu bekommen.

Unser bester Lehrer war ein großer, erstaunlich häßlicher Mann, der in seiner Jugend, wie es hieß, eine Professur angestrebt hatte, mit diesem Versuch aber gescheitert war. Diese Enttäuschung brachte alle in ihm schlummernden Kräfte zu voller Entfaltung. Er liebte es, uns unvorbereitet einem Examen zu unterwerfen, und stieß kleine Schreie der Wollust aus, wenn wir keine Antworten wußten. ... Er unterrichtete in Chemie, aber es hätte keinen Unterschied ausgemacht, wenn es Garnknäuelauflösen gewesen wäre. Er brauchte den Unterrichtsstoff, wie die Schauspieler eine Fabel brauchen, um sich zu zeigen. Seine Aufgabe war es, aus uns Menschen zu machen. Das gelang ihm nicht schlecht. Wir lernten keine Chemie bei ihm, wohl aber, wie man sich rächt. Alljährlich kam ein Schulkommissar, und es hieß, er wolle sehen, wie wir lernten. Aber wir wußten, daß er sehen wollte, wie die Lehrer lehrten. Als er wieder einmal kam, benützten wir die Gelegenheit, unsern Lehrer zu brechen. Wir beantworteten keine einzige Frage und saßen wie Idioten. An diesem Tage zeigte der Mensch keine Wollust bei unserem Versagen» (Bertolt Brecht: Flüchtlingsgespräche).

Besichtigung durch «Schulräte»

«Schau in den Spiegel, wenn du vom Chef kommst, ob du's noch bist.» Das Disziplinierungs-, Kontroll- und Selektionsritual, dem die Lehrer unterworfen werden, ist die «Besichtigung» durch den Dienstvorgesetzten. Manche Schulräte, die Lehrer und Schüler besichtigen müssen, nennen dieses Ritual auch «Beratung», wohl weil sie Schulrat heißen. Es geht weder um die Sicht noch um den Rat, es geht um die Zensur. Um sich zu retten, führen die Lehrer – wenn sie noch nicht lebenslänglich Lehrer sind – auch ein Ritual durch. Untereinander nennen sie es «Schaustunde». Die Bezeichnung ist fast richtig, aber sie klingt nach Vico Torriani oder Peter Alexander, und selbst diese Vorstellung ist noch zu lustig für das Trauerspiel, zu dem die Angst die Kollegen zwingt.

Ein junger Lehrer aus einer hessischen Mittelpunktschule im Spessart – der kurz vor seiner zweiten Lehrerprüfung steht – beschreibt das so:

«Früher, da war das noch schlimmer. Da hat sich der Schulrat nicht mal angemeldet. Er konnte jederzeit reinkommen. Wenn es an die Tür geklopft hat, fing ich schon immer an zu zittern, dabei war es dann vielleicht nur ein Schüler, der Kreide haben wollte. In manchen Landkreisen ist das heute noch so. Da hat man sich halt alle möglichen Sachen ausgedacht. Ein Kollege von mir hat zum Beispiel den Hausmeister bestochen. Dann hat der ihm gesagt, wenn der Schulrat kam. Einmal ist er dann schnell zum Hinterausgang rausgegangen und hat die Klasse heimgeschickt. Von zu Hause aus hat er dann angerufen, daß es ihm nicht gut sei. Er hat dann sehr bedauert, daß er gerade beim Schulratbesuch nicht da sei. Beim nächstenmal hat er die Vorbereitung gehabt und eine gute Note bekommen.»

Die Schüler machen das bei Klassenarbeiten bekanntlich auch so: «Ich hatte auch immer zwei vorbereitete Schaustunden in der Mappe. Eigentlich wäre es ja besser, wenn die einen normalen Unterricht sehen würden. Da könnten die einem ja vielleicht helfen, aber darum geht's denen halt nicht. Die Schulräte und Ausbildungsleiter sind richtig verwöhnt von den Schaustunden mit seitenlangen Vorbereitungen, in denen lauter Blödsinn steht. Die wissen gar nicht mehr, wie ein normaler Unterricht abläuft. Mit den Schaustunden machen wir uns das Leben nur schwerer – jeder muß es besser machen als der Kollege. Die Schüler spielen auch mit. – Wenn sie den Lehrer mögen, ist es gut – sonst muß er schon was springen lassen: gute Noten zum Beispiel. Wichtig ist ja, daß alle mitmachen, und das muß man manchmal vorbereiten; zum Beispiel daß sich alle melden, die es nicht wissen, und daß man dann einen anderen dran nimmt, der es weiß. Das sehen manche Prüfer gern, wenn sich alle melden, aber da muß man schwer aufpassen und sich auf die Klasse verlassen können.»

Soweit die Stimme aus der Untertanenfabrik. Während der Besichtigung werden die Schüler zum Ausstellungsinventar und die Lehrer zu Schülern, die ihre «Werte» vorführen müssen. Die Situation ist repräsentativ für jede Kontrolle von oben – «im Namen des Volkes». Und darin liegt die Möglichkeit der Solidarität der Opfer gegen sie. Die letzten Sätze des Kollegen (s. o.) sind die wichtigsten.

Es ist typisch, daß die Lehrer vor dem Schulrat am meisten zittern, er ist der nächste Vertreter der Kultusbürokratie und zittert vor dem Oberschulrat, dieser vor dem Regierungsdirektor, dieser vor dem Staatssekretär, dieser und sein Minister zittern vor BDI und Parteifreunden, und alle zittern vor dem Volk, wenn es sich mal rührt. Die ganze Charaktermaskerade zittert. Wir sollten uns deshalb merken: Es nützt nichts, dem Schulrat zu gefallen, wenn der Oberschulrat ihn nicht mag.

In der Schule arbeiten die fortschrittlichen Lehrer mit ihren Kollegen, den Schülern und den Eltern zusammen und nicht mit dem Schulrat. Oder hat schon jemand einen Schulrat, einen Oberschulrat in der Schule arbeiten gesehen? Die Herrschaften stören mit ihren Kontrollen, Prüfereien und Besichtigungen; sollen sie doch ein Museum besichtigen.

Übrigens haben wir nichts gegen die Kontrolle und Unterstützung der Schule durch Schulräte einzuwenden. Der Schulrat – der Rat der Schule – muß aber aus Eltern, Schülern und Lehrern gebildet und durch sie gewählt werden. Seine Legitimation kommt nicht vom Himmel.

Was sagen die Schulräte (vom Himmel)? Wir haben einige gefragt; hier eine Auswahl ihrer Ansichten:

«Ich glaube nicht, daß sich die Kollegen ungerecht behandelt fühlen müssen. Ich zum Beispiel komme gut mit den jungen Kollegen aus. – Aber sie sind Staatsbedienstete, und jeder Beamte hat einen Vorgesetzten, dem er verantwortlich ist. Ich auch. Und der muß kontrollieren, ob die dienstlichen Obliegenheiten auch erfüllt werden. Ob der Unterricht vorbereitet wird, ob die Listen geführt sind und ob die Haltung der Kollegen dienstlich und auch pädagogisch korrekt ist.»

«Vertrauen ist gut – Kontrolle ist besser.»

«Auf den Universitäten lernen die Studenten das ja alles nicht mehr. Die haben den Kopf voll Theorie, aber unterrichten können sie nicht. Ich hab ja gar nichts gegen Theorie, aber das sollen doch Lehrer sein.»

«Die jungen Leute merken schnell, was ihnen fehlt. Da sind sie für einen guten Rat von einem alten Kollegen ganz dankbar. – In der zweiten Prüfung wird ihnen ja auch nichts geschenkt. – Glauben Sie vielleicht, daß das Spaß macht, jeden Tag drei Besichtigungen abzunehmen und Berichte zu schreiben? Manche Leute meinen, man macht das grad, um sie zu schikanieren.»

«Früher ohne Voranmeldung war das besser; man konnte sich wenigstens ein Bild machen über den Unterricht; jetzt sind alle vorbereitet, wenn man kommt. Manche ziehen eine Schau ab.»

«Natürlich kann man nach einer Stunde beurteilen, ob einer ein guter Lehrer ist oder nicht und was er für eine Stunde gehalten hat. Schlamperei sieht man sofort. Ich brauche nur den Klassenschrank aufzumachen oder in die Hefte sehen. Das merkt man, wenn man in die Klasse kommt, welcher Geist da herrscht.»

«Für mich ist ein wichtiger Punkt der Unterrichtsstil und ob eine richtige Motivation der Schüler erfolgt. Dazu braucht man selbstverständlich Erfahrung. – Welcher Stil besser ist – ja, das hängt ganz von der Klasse ab, in manchen geht's nur autoritär, auch wenn das andere viel besser ist. – Wichtig ist, daß der Lehrer seinen eigenen Stil entwickelt, das ist ein ganz anderer Unterricht, wenn die Schüler wissen, wo sie dran sind.»

«Mit den Eltern arbeiten – schön wär's, das geht doch kaum. Die wenigsten Eltern haben Interesse . . ., von der Schule verstehen sie auch nicht viel.»

Die «dienstlichen Obliegenheiten», die «pädagogisch dienstliche Haltung», die Versäumnislisten, das «theoretische Zeug», der gute Rat des alten Kollegen, die zweite Prüfung, der «Geist, der da herrscht», die Kontrolle von oben, die Verachtung der Eltern, die Ignoranz gegenüber allen Ursachen, die Vogelperspektive gegenüber den Schulen da unten sind immer wiederkehrende Hinweise auf Grundeinstellungen und Verhalten der pädagogischen Schulaufseher des Staates.

Die Schulaufseher sind oft keineswegs besonders reaktionär, repräsentieren aber in der Regel Einstellungen und Verhaltenstypen, die das «law and order» der Schuladministration wirksam werden lassen. Unter Legitimationsdruck in bezug auf ihre überfällige Funktion als Lernkontrolleure werden sie zum konservativsten Block der Schulhierarchie. «Störungen von Ruhe und Ordnung durch übertriebenen Demokratisierungseifer» – wie einer von ihnen das nannte – werden auf ihrem Rücken ausgetragen – behaupten sie. Also versuchen sie, den Anfängen zu wehren: Nach oben bremsen, nach unten blockieren. Vor allem aber die falsche Richtung der Kontrolle der Schule – von oben nach unten, statt umgekehrt – macht die Schulaufsichtsbeamten zu Säulen der Klassenschule. Das wiederum sagt nichts über die subjektive Fortschrittlichkeit einzelner Schulräte.

Die Lehrer machen den Unterricht – die Didaktiker «rechtfertigen» ihn

Die Bedingungen der Schulpraxis bestimmen weitgehend ihren Inhalt. Die Bedingungen der Unterrichtspraxis wurden in vorhergehenden Kapiteln schon genannt (vgl. besonders das Kapitel über Institutionen):

- Je kleiner die Kinder, je ärmer die Eltern sind, desto größer sind die Klassen, desto weniger Lehrer gibt es, desto kürzer ist die Ausbildung, desto geringer ist die Bezahlung, desto mehr Lehrstunden müssen sie halten, desto weniger Lehr- und Lernmittel stehen zur Verfügung.
- Es gibt Räume, in denen die gleiche Anzahl Hunde wie Kinder verboten wäre, in denen man außer Stillsitzen, Hören, Schreiben, Lesen nichts machen kann. Es gibt keine Gruppenräume, Labors, Werkstätten, Betriebe, Gärten, Arbeitsmaterial.
- Es gibt die Trennung der Schüler nach Klassenzugehörigkeit.

- Es gibt die Trennung des Lernens vom wirklichen Leben.
- Es gibt eine obrigkeitsstaatliche Schulverwaltung, Schulgesetze und Schulkontrolle, die bis in die Unterrichtsinhalte hinein wirkt.

Unter diesen Bedingungen sollen die Lehrer Lernprozesse in Gang bringen, autonome Menschen erziehen, einen demokratischen, lebensnahen Unterricht machen, «didaktische Analysen» machen, Unterrichtseinheiten entwickeln und erproben, Selbsttätigkeit entfalten, sich von oben kontrollieren lassen, gerecht zensieren und Chancengleichheit zur Ungleichheit durch individuelle Begabungsförderung bewerkstelligen. Viele wehren sich gegen all diese widersprüchlichen Ansprüche und Zumutungen kaum, sie kennen sie oft gar nicht und versuchen im Unterricht, über die Runden zu kommen. Sie greifen dabei auf die Unterrichtsverfahren zurück, die es schon immer gab oder die ihnen die Didaktik vorschlägt. Andere nehmen diese Ansprüche so, als seien sie hier und jetzt realisierbar, und stecken den Kopf in den Wüstensand der Reformen; ihr Unterricht wird kaum besser. Man muß schon sehr genau hinsehen, um zwischen dem normalen Unterricht von 1925 und 1973 einen Unterschied zu finden.
Die Institutionalisierung des Unterrichts in seiner heutigen Form hat eine ihm entsprechende Didaktik produziert. Sie ist nicht so sehr die Erfindung der Pädagogen als eine Folge der Schule als Institution. Die Didaktik mit ihren Motivationstricks, Leistungsmessungen, Erziehungsstilen, Arbeitsformen, Schulbüchern, Unterrichtstechniken, Programmen, Lehrplanentscheidungen ist der Versuch einer wissenschaftlichen Rechtfertigung der Schule als Lehranstalt, dem die unbewiesene, ja widerlegte Annahme zugrunde liegt, daß die Schule ein Ort des optimalen Lernens sei. Aber alle Tricks, die die Schuldidaktik erfindet oder bei der Industrie abguckt, sind eine Folge des Obertricks: der Schule.

Lehrer, die diesem Obertrick Schule unterworfen sind, haben keine Wahl: Sie müssen sich der didaktischen Judogriffe (Selbstverteidigung) bedienen oder aufhören, in der Schule zu lehren. Die didaktischen Tricks als Mittel der Schul- und Lernsteuerung von oben können wirksam nur durch die Schüler in einer breiten, organisierten Bewegung außer Kraft gesetzt werden. Die Schule ändert man nicht mit Pädagogik, indem man eine Methode gegen eine andere austauscht, sondern durch Politik. Ein Mittel der bürgerlichen Schulpolitik, mit der wir es zu tun haben, ist die etablierte Didaktik. Solange diese Politik die Schule bestimmt, müssen wir uns auch mit ihrer Didaktik befassen, sofern wir den Unterricht untersuchen und auf ihn einwirken wollen.

Die Didaktik ist eine mit viel Aufwand entwickelte Technik, den Kindern das beizubringen, was sie absolut nicht lernen wollen. Ihre Geschichte führt – stets im Dienste der Herrschenden – von den Formalstufen und dem Rohrstock auf einer Kreisbahn zum Unterrichtsprogramm mit Zukkerbrot und Peitsche; da wären wir wieder.

Jetzt streiten die Didaktiker darüber, welche Peitsche schöner klingt. Es gibt eigentlich nur zwei Grundprinzipien, auf denen die Didaktik als Technik der Klassenerziehung beruht:

«Teile und herrsche!»

«Zuckerbrot und Peitsche» (mit der speziellen Variante: «Brot und Spiele»).

Nicht daß die Lehrer diese Prinzipien bewußt anwenden, sie sind ja keine Bösewichter, sie wenden sie an, indem sie unterrichten und ganz harmlos erscheinende didaktische Verfahren benutzen.

Man muß in den Unterricht gehen und den Deckel der Trickkiste der unfreiwilligen Zeremonienmeister etwas anheben, wenn man die angewandte Didaktik studieren will.

Einige Beispiele:

- *Man muß alles genau vorplanen.* Auch die Zeiteinteilung, damit man das vorherbestimmte (vom Lehrer) Unterrichtsziel auch planmäßig erreicht (Pluspunkte bei Besichtigung).
- *Man muß ständig «Methodenwechsel» machen.* Lehrervortrag, ein freies oder gebundenes Unterrichtsgespräch, Gruppenarbeit, Partnerarbeit, Stillarbeit, Einzelarbeit, die Stimmlage wechseln, Vorführungen. Die Schüler halten 5–6 Stunden sonst nicht durch.
- *Man muß Denkanstöße, Impulse geben, nicht so direkt vorgehen.* «Für jeden Impuls gibt es einen Plusstrich, wenn der Schulrat da ist.» Solche Impulse lauten: «Denkt nach!» «Schaut euch das Bild noch einmal genau an!» Oder wenn es noch zu wenige kapiert haben: «Finger runter, denkt noch einmal nach!» Man teilt Aufgaben auf Zetteln aus: «Lest es euch durch – die Gabi merkt was?» «Das ist aber komisch?» Auf diese Impulse haben die Schüler dann zu reagieren und zu sagen, was der Lehrer komisch findet.
- *«W-Fragen» sind verpönt.* W-Fragen sind: warum? wozu? weshalb? wer? wo? was? wem? usw.
  Also nicht fragen: «Warum ist das so?», sondern: «Das ist aber seltsam, oder nicht?»
  Also nicht fragen: «Wem nützt das?», sondern: «Das nützt bestimmt jemand?»
- *W-Fragen sind bei Schulaufsehern verpönt.* Nicht etwa weil es objektiv widersinnig ist, daß die Lehrer dauernd fragen, sondern weil man auf W-Fragen nicht im ganzen Satz antworten kann. «Sprich im ganzen Satz!» Nur deshalb? Oder nützt es vielleicht jemandem, wenn man nicht so viel nach dem Warum fragt?
  Aus einem fiktiven Protokoll: Lehrer stellt aus Versehen eine W-Frage: «Warum ist Hitler 1933 an die Macht gekommen?»
  Schüler: «Weil's die Industriellen so gewollt haben.»
  Lehrer: «Antworte gefälligst im ganzen Satz!»

Erst den Programmierern mit CUU (computerunterstützter Unterricht) ist es gelungen, diese Fragen wieder einzuführen – aber was ist daraus geworden? Gängelei und Denkverbot! Wem nützt es, wenn keine W-Fragen gestellt werden? Aber das ist ja auch schon wieder eine verbotene W-Frage. Die Schüler sollten mal auf den Tisch schlagen und sagen:

«Wer stellt hier eigentlich die Fragen?!»

Das wäre dann keine W-Frage mehr, sondern eine Machtfrage.

Im folgenden soll gezeigt werden, wie mit den Mitteln der etablierten Didaktik *die Selbsttätigkeit der Schüler geweckt werden soll* (nachdem man sie durch die Schule gerade erst eingeschläfert hat).

Impulse, Denkanstöße und keine W-Fragen reichen dazu nicht aus. Da in der Schule dazu nichts ausreicht, Selbsttätigkeit aber didaktisches Programm ist, muß sie halt inszeniert werden. Lehrerin: «Da muß man schon nachhelfen, von nichts kommt nichts.»

Wir zitieren aus dem Unterrichtsbericht über ein drittes Schuljahr:

«Die Kinder sitzen in 9 Vierergruppen nach Leistung getrennt, aber Mädchen und Jungen zusammen. Die Gruppen haben Namen: ‹die Heinzelmänner›, ‹die Schlaumeier›, ‹die Bienen›, ‹die Wandergesellen› usw. Die Adjektive – fleißigen – langsamen – schlauen – dummen usw. werden jede Woche nach Gruppenrangliste den Gruppen verliehen und als Titel vor den Namen gesetzt: ‹die langsamen Bienen› etc. Die Bewertung nehmen die Kinder selbsttätig vor. Das sei demokratischer, meint die Lehrerin, als wenn sie es festsetze, zumal die Schüler dabei sehr ‹selbstkritisch› vorgehen würden. Die Beurteilungskriterien sind: Fehlerfreiheit, Schnelligkeit, Sauberkeit, Ausdruck (schöne Sätze), Qualität (interessant etc.), Zuverlässigkeit (vgl. Lernziele). Zur Bewertung hängt eine Punktliste an der Wand. Fast alle Gruppenarbeiten werden im Wettbewerb zwischen den Gruppen gemacht. Wer zuerst fertig ist, bekommt einen Punkt. Dann dürfen die ‹schlauen› den ‹armen› helfen. So sollen sie selbsttätig Zusammenarbeit lernen.

Das sieht so aus:

Lehrerin: ‹Frag den Nachbarn!›, ‹Sprecht euch an!› oder ‹Ruft euch auf!›. Dann operieren die Schüler mit eingeübten Redefloskeln.

Schüler Alfred: ‹Ich meine, das Rad auf dem Bild ist rund, findest du nicht auch, Carola?›

Carola: ‹Ja, das finde ich auch, aber der Klaus hat bestimmt auch noch etwas dazu zu sagen, Klaus, ja?›

Klaus: ‹Ja, die Carola meint bestimmt, wozu man das Rad braucht, Georg!›

Georg: ‹Ich glaube, das Rad gehört zu einem Auto und nicht zu einem Fahrrad, weil das so dick ist, oder bist du anderer Meinung, Gerlinde?›

Gerlinde: ‹Ich finde, was Georg gesagt hat, sehr schön . . .›

. . . noch einige Schüler, dann die Lehrerin:

‹So, danke! Jetzt reicht's.›

Beim Gruppengespräch läuft die Lehrerin mit freundlichem Gesicht und einem Notizbuch herum. Wenn die Schüler das sehen, melden sie sich wie verrückt und stöhnen: ‹Oh – oh – ich – ich – Frau Trix, ich will's sagen!›

Die Lehrerin gibt mimisch und gestisch zu verstehen, wie sie die Antworten,

Hausaufgaben, Leistungen einschätzt. Dann müssen (dürfen) die Schüler die Leistungen der anderen oder sich selbst bewerten: ‹Was sagst du dazu?›

Schüler: ‹Ich glaube, meine Sätze sind eine Vier.›

Lehrerin: ‹Was meint ihr?› Die Lehrerin verändert manchmal die Note und trägt sie ins Buch und in die zweite Punktliste an der Wand ein. Dort kann jeder sehen, wie er im Vergleich zu den anderen steht.

Lehrerin: ‹*Und am Ende der Woche wird abgerechnet.*› Da sind dann alle sehr gespannt, jeder will halt der erste sein.»

Die beiden didaktischen Grundprinzipien «Zuckerbrot und Peitsche» und «Teile und herrsche!» bringen diese schulische Selbsttätigkeit in Gang. Sie steigert sich bis zur Selbstaufgabe in *Lohn- und Strafritualen,* die die Schüler an sich vollziehen. Prügeln wird überflüssig. Die neue Didaktik hat den Rohrstock zerbrochen und durch eine Selbstschlaganlage ersetzt. Die Fortsetzung des Berichts aus dem 3. Schuljahr zeigt das technische Prinzip:

«*Ein Ordnungsdienst sorgt für den Betriebsfrieden:* Es klopft, die Lehrerin muß raus. ‹Leise›, sagen die Kinder im Chor, und es ist ruhiger als sonst. Margit geht an die Tafel, ermahnt einige Schwätzer und schreibt die Wiederholungstäter auf. Die aufgeschriebene Ruth schimpft: ‹Warte nur, wenn ich dran bin, dann kommst du auch dran.›

Es gibt noch einen komplizierteren Ordnungsdienst: Vier Ordner schreiben auf, wer laut ist oder andere Übertretungen begeht. Morgens nach dem ‹Guten Morgen› werden die Störer vorgelesen. Störer ist, wer von einem Ordner – sie kommen aus verschiedenen Gruppen – verwarnt und auf die Störliste gesetzt wird. Wer am Wochenende am wenigsten gerügt worden ist, bekommt einen Bonbon. Zum Ordner ‹darf› jeder Schüler gewählt werden.

Außerdem gibt es noch eine ‹Fleißliste› für Hausaufgaben. Lehrerin: ‹Seit wir die in der Klasse hängen haben, machen die Kinder begeistert Hausaufgaben. – Auch die Eltern sind begeistert.› Es werden normale Hausaufgaben erteilt, zum Beispiel: ‹Zu morgen schreibt ihr zehn Sätze über das Spielen.› Wer zehn Sätze bringt, bekommt einen Punkt auf der Liste. Wer mehr macht, bekommt noch einen Fleißpunkt dazu. Seitdem machen die Schüler freiwillig mehr Aufgaben, als sie müssen. Lehrerin: ‹Weil alle Kinder mitmachen, haben wir den Hausaufgabenzwang jetzt ganz abgeschafft. Alle machen es ja freiwillig – bis auf einen, den Alex; aber da ist nichts zu machen – immerhin hat er jetzt wenigstens den Aufnahmetest für die Sonderschule geschafft. Ich meine, der ist nicht dumm, aber faul.›»

Motivation

Die Zuckerpeitschen-Methode, mit der man die Kinder so weit bringt, daß sie wollen, was sie sollen, ist auch das Herz aller Motivationskünste. Die Schule muß sie in immer umfangreicherem Maße entwickeln und praktizieren, um die Schüler zu ködern. Viele Schüler gehen schon gar nicht mehr hin, wenn es irgendwie geht.

Motivieren ist das Fiasko des Unterrichts. Die Motivationspädagogik ist ein komplettes Geständnis, der Offenbarungseid der Klassenschule. Sie offenbart, daß sie die Schüler als Feinde hat, die zum Lernen überlistet werden müssen.

Die Didaktiker reden von der Sekundärmotivation und von der Primärmotivation. Letzteres ist der pädagogische Wunschtraum: Die Schüler am Stoff motivieren. «Man muß ihnen den Stoff zum Problem machen», sagen die Pädagogen – als ob die Schüler nicht genug Probleme hätten. Sie würden lieber das Problem zu Stoff machen, aber nicht in der Schule. Wer wird schon seine Probleme vor dem Feind ausbreiten und noch Hilfe von ihm erwarten? So dumm kriegt die Schule die Schüler nie – höchstens noch im ersten und zweiten Schuljahr. «Primärmotivation» – manche sagen auch «intrinsische Motivation» – in der Klassenschule gibt es nur gegen sie, unter der Bank, hinter der Hand, in der Opposition. Als positive Unterrichtsmethode dieser Schule brauchen wir sie nicht mehr zu untersuchen, weil es sie nicht gibt oder nur als Ausnahme, die die Regel bestätigt. Welche Regel?: Die sogenannte Sekundärmotivation, also die Motivation über Umwege. Die Umwege hat der Unterricht bei Frau Trix dokumentiert: Man lernt um Noten, um Lohn, gegen Strafe, um sein Leben, gegen die Blamage, gegen das Sitzenbleiben, gegen die Prügel von zu Hause, um die Gunst der Frau Trix. Man lernt aber nicht, um ein Problem zu lösen (das läßt man besser vor der Schultür oder im Kopf). Man lernt in der Schule nicht, um ein Produkt herzustellen, das man braucht – wer braucht schon gelöste Scheinprobleme?

In diesem Unterricht geht niemand mit offener Gewalt gegen die Schüler vor. Sie werden mit Leistungslisten usw. in eine Situation gebracht, in der sie sich «freiwillig» gegeneinander ausspielen lassen. Der größte Triumph der Motivierer: die Schüler so kaputtgemacht zu haben, daß sie die Folter lieben.

Prügel und Gebrüll als «Motivationsverfahren» sind deshalb nicht ausgestorben (man frage mal die Schüler und nicht nur die Erzieher), aber in einer «demokratischen Leistungsgesellschaft» nicht mehr opportun und den neuen Arbeitstugenden und Kooperationsformen der Industrie nicht mehr angemessen. Das ist der Hauptgrund ihrer Einschränkung. Die neuen Arbeitstugenden erfordern von allen ein «Mitdenken, Mitfühlen, Mitentscheiden, Mitbestimmen und Mitverantworten» – im Interesse der Kapitalisten und ihrer Statthalter. In einem anderen Interesse kann man Spekulation, Ausbeutung, Profitmacherei, Schundproduktion, Umweltverseuchung usw. nicht mitverantworten.

Auch in der Schule müssen die Herren also «mehr Demokratie wagen». Für wen ist Demokratie eigentlich ein Wagnis? Die Sprache ist verräterisch.

Im Unterricht sollen die Schüler ihre Selektion, Verdummung, Disziplinierung, Isolierung selber mitbestimmen und mitverantworten, Illusionen

Darf heute noch geprügelt werden?

In fast allen Bundesländern — ausgenommen Hessen, Hamburg, Berlin — ist es Lehrern gesetzlich erlaubt, ihre Schüler zu schlagen. Und siebzig Prozent der Eltern, so eine Meinungsumfrage, haben nichts dagegen; sie halten die „körperliche Züchtigung für ein geeignetes Erziehungsmittel". Jedes Bundesland hat seine eigenen Regeln, wann und bei welcher Gelegenheit der Lehrer die Prügelstrafe anwenden darf.

Baden-Württemberg: Mädchen dürfen nicht geschlagen werden; Jungen erst vom dritten Schuljahr an, und zwar nur „bei besonders verwerflichen Taten", wie dauernde Widersetzlichkeit gegen den Lehrer.

Bayern: Erlaubt bei Jungen vom dritten Schuljahr an. Verboten bei Mädchen.

Bremen: Erlaubt — wenn auch „nicht erwünscht" — nur bei Jungen. Verboten sind Schläge an den Kopf.

Niedersachsen: Erlaubt sind Schläge („nur auf das Gesäß") bei Jungen vom dritten Schuljahr an — zur „Selbstverteidigung der Lehrer" und als „Strafe für brutales Verhalten". Verboten bei Mädchen.

Nordrhein-Westfalen: Erlaubt als „Strafe für Roheitsdelikte" bei Jungen vom dritten Schuljahr an. Verboten bei Mädchen.

Rheinland-Pfalz: Erlaubt an Volksschulen — verboten an allen weiterführenden Schulen.

Saarland: Erlaubt bei volksschulpflichtigen Mädchen und Jungen, wenn „besonders rohes oder widersetzliches Verhalten" vorliegt.

Schleswig-Holstein: Erlaubt bei Jungen vom 3. bis zum 8. Schuljahr — allerdings keine Schläge an den Kopf. Verboten bei Mädchen.

(nach: Der Stern 45/1969)

über ihre Lage erwerben, den Käfig von innen vergolden, anstatt die Tür aufzutreten, um rauszukommen: Learning by doing und «Seid nett zueinander».

Erziehungsstile

Das Unterrichtsverfahren, mit dem dieses Kunststück der Menschenführung bewerkstelligt wird, bezeichnen die Didaktiker als *«demokratischen Erziehungsstil»*. Demokratisch wird er genannt, weil es so scheint, als sei das alte Schema von Befehl und Gehorsam durchbrochen und durch die freie Selbsttätigkeit der Lernenden ersetzt. Daß das nur so scheint, haben wir zu zeigen versucht. Wenn die Menschen aufgrund gesellschaftlich produzierter «Sachzwänge» (Akkord, Leistungslisten, Zensuren, eingedrillten Umgangsformen etc.) sich «selbsttätig» unterdrücken, hat das mit Demokratie (Volksherrschaft) nichts zu tun. Volksherrschaft ist keine Stilfrage.

Die Didaktiker bezeichnen diesen «demokratischen Stil» auch als *«sozialintegrativen Erziehungsstil»*. Das trifft die Sache schon eher. Die Schüler sollen sozial integriert werden in die Klassengesellschaft: Jeder auf seinem Platz. Soziale Integration kann mit diesem Verfahren subtiler, raffinierter, schonender, den neuen Kooperationsformen in den Betrieben entsprechender durchgeführt werden, als das mit dem alten Verfahren des offenen «law and order» im Frontalangriff (Frontalunterricht) möglich ist. Obwohl man sich darüber im klaren sein muß, daß diese alten Verfahren – «autoritärer Erziehungsstil» genannt – noch immer vorherrschend sind. Da der sozialintegrative Stil in eine «autoritäre» Klassengesellschaft integrieren soll, ist er selbstverständlich ein «autoritärer Stil». Da er das in ruhigen Zeiten perfekter ermöglicht als der Widerstand produzierende alte «autoritäre Stil», ist er in gewisser Hinsicht noch autoritärer als dieser.

Dabei darf nicht verkannt werden, daß dieses Unterrichtsverhalten zu einem subjektiven Angstabbau bei den Schülern führen kann.

Die Methoden der Sozialintegrateure sind mit denen der Reklameleute zu vergleichen: lauter doppelte Weißmacher. Spitzen sich die Widersprüche in der Gesellschaft auch in den Schulen zu (Schülerbewegung), pfeift man diese «gewagte» Demokratisierung von oben zurück und versucht die alten Zustände zu restaurieren (vgl. Kapitel über Reformen). Hier soll selbstverständlich nicht bestritten werden, daß die postulierten Ziele der sozialintegrativen Erzieher – wie Zusammenarbeit lernen, sich helfen, selber bestimmen, was man lernt, selbsttätig lernen, kritisches Verhalten usw. – richtige Ziele sind. Aber sie müssen gerade gegen diesen integrativen Unterricht und seine wirklichen Ziele und Funktionen durchgesetzt werden, die sich wieder einmal hinter dem Rücken der Pädagogen durchsetzen.

Die neuen Kooperationsformen dieses «Stils» bieten Ansätze für eine angstfreiere, kollektive Praxis. Insofern ist diese Form der Unterrichtsorganisation ein Fortschritt.

Woher kommen die Erziehungsstile?

Der «sozialintegrative Erziehungsstil» ist keine Erfindung der Pädagogen. Die haben schon seit 200 Jahren menschenfreundliche Umgangsformen erfolglos propagiert. Nur waren die Verhältnisse nicht so, daß sie praktiziert werden konnten. Deshalb dienten die schönen Reden zur Bemäntelung der schlechten Wirklichkeit.

Systematische experimentelle Forschungen zum Gruppenverhalten im Betrieb sind zuerst im Auftrag der Hawthorne-Werke der Western Electric Company (Chicago, USA) von Elton Mayo und seinen Mitarbeitern (1927–1932) durchgeführt worden (u. a. E. Mayo: The Human Problems of an Industrial Civilization. New York 1933). Sie führten zur Entdeckung der informellen Gruppen (Freundschaftsgruppen usw.) neben und innerhalb formeller Gruppen (Abteilung, Fertigungsgruppe usw.) und deren struktureller Bedeutung für das Funktionieren eines Betriebs. Sie führten zur Erkenntnis des Zusammenhangs von sozialem Wohlbefinden, Arbeitsplatzsituation, sozialer Anerkennung, Selbsttätigkeit und *Arbeitsleistung*.

Die bekannten Lewinschen Experimente zum Gruppenverhalten verdeutlichen die Auswirkung verschiedener Führungsstile auf das gesamte Gruppenverhalten und auf das soziale Verhalten der einzelnen Gruppenmitglieder und deren *Arbeitsleistungen* (K. Lewin, R. Lippit, R. K. White: Patterns of Aggressive Behavior in Experimentally Created ‹Social Climates›. In: *Journal of Social Psychology*, 1939, X, S. 271 ff).

Lewin, Lippit und White unterscheiden drei Führungsstile:

- den autoritären oder autokratischen,
- den demokratischen oder sozialintegrativen,
- den Laissez-faire-Stil.

Im Experiment wurden etwa gleichaltrige Schülergruppen jeweils längere Zeit mit einem dieser Erziehungsstile bearbeitet, der dann gewechselt wurde. Der positive Zusammenhang zwischen Führungsstil und Gruppenverhalten wurde dabei nachgewiesen. Beide Untersuchungen gelten noch immer als wissenschaftliche Begründung der praktisch relevanten Diskussion über Gruppenarbeit und Führungsstile. Deren Begründung durch die veränderten Arbeits- und Verwertungsprozesse wird nicht gesehen. Pädagogen ziehen den undialektischen Schluß aus den Experimenten:

- Autoritärer Stil erzieht Autoritäre,

- demokratischer Stil erzieht Demokraten,
- Laissez-faire-Stil erzieht «Chaoten».

Von den Unterrichtsinhalten und den Bedingungen des Unterrichts wurde völlig abstrahiert. Die Erfahrung der deutschen Pädagogen mit dem Faschismus ist von der positivistischen Forschung gar nicht oder nur psychologisch-moralisch aufgearbeitet worden. Man hielt ihn – etwas zugespitzt formuliert – für eine Folge des «autoritären Charakters» der Deutschen und den wiederum für eine Folge der autoritären Erziehung. Die imperialistische Erziehungstheorie eines «demokratischen Pragmatismus» (J. Dewey) wurde nach 1945 zu einem mit Sprangerschem Tiefsinn durchweichten Vorbild der westdeutschen Pädagogen gemacht. Der Vietnamkrieg, der Rassismus, die Greueltaten des US-Imperialismus haben auch dieses Bild nur moralisch getrübt. Aber ökonomische Erklärungen des Faschismus, des autoritären Verhaltens, des imperialistischen Rassismus werden weiterhin verdrängt; die materiellen Verhältnisse im Kapitalismus werden als Grundlage des Verhaltens, des Bewußtseins, der pädagogischen Theorien und der Praxis nicht erkannt. Der falsche Glaube vieler Pädagogen, die Menschen durch Erziehung nach ihrem Bild schaffen zu können, Politik also durch Pädagogik ersetzen zu können, ohne die Basis ihres Handelns zu erkennen, verhindert jede wissenschaftlich fundierte Erziehungspraxis.

Ein Beispiel für diese Ablösung des Erziehungsverhaltens von seiner ökonomischen Grundlage und den unterrichteten Inhalten im Bewußtsein der Pädagogen liefert Wolfgang Klafki in seinem Vergleich der «beiden wichtigeren Erziehungsstile» (W. Klafki: Funk-Kolleg Erziehungswissenschaften. Begleitheft 1, Weinheim 1969, S. 28–31):

Vergleichspunkte	*Erziehungsstil*	
	autokratisch	*demokratisch bzw. sozial-integrativ*
Wer bestimmt, was im Unterricht geschieht, und wie geschieht es?	Beim autokratischen Erziehungsstil bestimmt ausschließlich der Lehrer	Beim demokratischen Stil wird das Was und Wie des Unterrichts oft und weitgehend diskutiert
Wie erfolgt die Unterrichtsführung?	Beim autokratischen Stil streng vom Lehrer dirigiert, durch einen Frage-Antwort-Unterricht, durch Vormachen und Nachmachen, durch Vorerklärung	Beim demokratischen Erziehungsstil vollzieht sich der Unterricht oft in der Form des Unterrichtsgesprächs der ganzen Klasse, in Gruppenarbeit kleiner

	oder Demonstration des Lehrers und Wiederholung des Schülers usf.	Gruppen oder in Partnerarbeit jeweils zweier Schüler, im weitgehend selbständigen Bemühen, Lösungen für Probleme zu finden (es gibt z. B. Schülerexperimente); der Lehrer regt oft zu selbständigen Einfällen und Initiativen der Schüler an usw.
Wie erfolgt die Beurteilung und die Kritik?	Beim autokratischen Stil ausschließlich oder fast ausschließlich durch den Lehrer	Beim demokratischen Stil werden die Schüler häufig sowohl zur Selbstbeurteilung und zur wechselseitigen Beurteilung und Kritik aufgefordert als auch zur Beurteilung der Unterrichtsführung durch den Lehrer
Mit welchen einzelnen Maßnahmen arbeitet der Lehrer?	Beim autokratischen Stil vorwiegend mit Anweisungen, Befehlen, Forderungen, Androhungen und Strafen, aber auch mit persönlichem Lob und Hervorhebung der Schüler, die sich seinem Stil voll anpassen	Den demokratischen Stil dagegen kennzeichnen offene Aufgabenstellungen, echte Fragen, wenig Drohungen, Strafen und andere Zwangsmittel, hingegen die Betonung der Solidarität, das freundliche, höfliche und verständnisvolle Eingehen des Lehrers auf einzelne Schüler und Schülergruppen
Welche Grundeinstellung des Lehrers zum jungen Menschen herrscht vor?	Beim autokratischen Stil eine vorwiegend pessimistische Auffassung vom jungen Menschen, seinem Lernwillen, seiner Bereitschaft Vertrauen zu schenken, seiner Urteilsfähigkeit usw.	Dem demokratischen Stil dagegen liegt eine optimistische Auffassung von den Möglichkeiten des jungen Menschen zugrunde

Die Auswirkungen der verschiedenen Erziehungsstile auf junge Menschen

Die folgende Übersicht verdeutlicht, in welcher Weise ein autokratischer bzw. demokratischer Erziehungsstil auf junge Menschen wirkt.

autokratischer Stil	*demokratischer bzw. sozial-integrativer Stil*
Der autokratische Stil löst bei den meisten Schülern überwiegend negative Erfahrungen aus, sie fühlen sich *unter Druck* gesetzt und unfrei, weitgehend unverstanden und in ihren eigenen Wünschen und Interessen nicht berücksichtigt. Nur bestimmte Schüler identifizieren sich mit diesem Stil und erfahren ihn, nachdem sie sich ihm angepaßt haben, als positiv.	Wo der demokratische Stil praktiziert wird, äußern sich die meisten Schüler zufriedener, *sie fühlen sich entspannter, freier*; sie meinen, daß der Erzieher ihnen Verständnis entgegenbringt und ihre eigenen Wünsche und Interessen zu berücksichtigen versucht. Nur manche junge Menschen, die, bevor sie einen demokratischen Erziehungsstil erlebten, autokratisch erzogen wurden und sich mit diesem Stil schon identifizierten, fühlen sich im demokratischen Stil verunsichert, zu sehr auf sich selbst gestellt und der Beziehung zu Gleichaltrigen ausgesetzt.
Auf den autokratischen Stil antworten die meisten jungen Menschen entweder mit *Gehorsam* und *Anpassung* oder mit Opposition.	Der demokratische Erziehungsstil regt die meisten zur *Mitwirkung* am *Erziehungsgeschehen* an.
Beim autokratischen Erziehungsstil empfinden die Erzogenen meist eine deutliche *Distanz* zwischen sich und dem Erziehenden.	Auf den demokratischen Erziehungsstil antworten die meisten jungen Menschen mit *Zuneigung* und *persönlichem Vertrauen* zu den Erziehern, was offene Kritik nicht ausschließt.
Der autokratische Erziehungsstil *isoliert* den einzelnen Jugendlichen oft gegenüber seinen Mitschülern oder Geschwistern, er erzeugt häufig eine *ehrgeizige Wettbewerbsstimmung* zwischen den einzelnen, oder er ruft oppositionelle Cliquen hervor.	Der demokratische Erziehungsstil integriert die Jugendlichen stärker in die Klasse oder Gruppe und regt – *in Kooperation und wechselseitiger Kritik* – immer wieder *Beziehungen zwischen den einzelnen Jugendlichen an.*
Der autokratische Stil führt innerhalb der Gruppe der Jugendlichen *häufig* zu *Spannungen*, die nur für begrenzte Zeit durch Gewaltakte zum Stillstand	Der demokratische Stil verhindert nicht Spannungen zwischen den Jugendlichen, aber er *führt solche Spannungen häufiger zu Lösungen* durch

autokratischer Stil	*demokratischer bzw. sozial-integrativer Stil*
kommen. Die Jugendlichen agieren untereinander *öfter* mit *Unhöflichkeit, Drohungen, Aggression.*	Diskussion, Übereinkunft, Kompromiß. Die Jugendlichen gehen häufiger als unter dem autokratischen Stil *höflicher, hilfsbereiter, ohne Gewaltanwendung* miteinander um.
Unter autokratischer Leitung fügen sich Jugendliche zwar schneller den Anweisungen, Geboten oder Verboten ihrer Erzieher, aber diese *Haltung verliert sich schnell,* sobald die autokratische Kontrolle verschwindet.	Unter demokratischer Leitung kommen die Kinder meist langsamer zu bestimmten, erzieherisch wünschenswerten Haltungen, aber diese erweisen sich – als einsichtige und *freiwillig übernommene Einstellungen* – als dauerhafter.
Durch autokratische Führung kann man hohe Schulleistungen, gelerntes Wissen und eingeübte Fertigkeiten erzielen, aber nur *wenig geistige Selbständigkeit auslösen.* Dieser Stil befördert oft die Neigung zum *Übernehmen der Meinungen vermeintlicher Autoritäten,* zum Denken und Urteilen in festen Schemata.	Der demokratische Führungsstil erfordert zunächst immer mehr Zeit, die Menge des erlernten Wissens bleibt zunächst oft geringer als unter autokratischer Führung, aber auch hier sind die Wirkungen meist dauerhafter. *Geistige Selbständigkeit wird in größerem Maße ausgelöst,* damit auch die *Fähigkeit zu kritischer Prüfung vorgegebener Ansicht und Urteile,* zu differenzierterem Denken und Werten.

Es ist ein Jammer, daß die herrlichen Hypothesen der zweiten Übersicht durch einfache, scheußliche Tatsachen widerlegt werden. Denn was in der Sprache des pädagogischen Idealismus Klafkischer Prägung so hoffnungsfroh emanzipatorisch klingt, wird von den Führungskadern der kapitalistischen Betriebe auf den Boden des Grundgesetzes dieser Gesellschaft gestellt: Führungsstile – egal welcher Art – dienen der Produktionssteigerung, der faktischen Verschärfung der Ausbeutung der Arbeitskraft zur Sicherung und Erhöhung des Profits. Damit keiner glaubt, die meisten dieser Leute wüßten nicht, was sie vor ihrem Rücken und auf dem der Arbeiter tun, verlassen wir die pädagogische Provinz und begeben uns in eine Schulung «mittlerer Führungskräfte» der Industrie. Dort hält Dr. H., Personaldirektor eines großen Aluminiumwerkes, ein Referat, das wir hier in Auszügen dokumentieren. Die Parallelen von Schule und Betrieb, Lernarbeit und Lohnarbeit, Erziehungsstil und Führungsstil sollten beim Lesen stets gezogen werden. Durch diesen Herrn Direktor spricht die zynische

Weisheit des Kapitals in einfachen Sätzen des Widerspruchs, deren Studium nicht gescheut werden sollte:

«Führen ist die Leistung einer Führungskraft, Arbeit durch andere tun zu lassen . . ., das ist selbst wieder eine Arbeit.»
«Keine Kontrolle ist die höchste Form der Kontrolle.»
«Produktivität ist gleich Ausnutzung des Menschen . . . Da kommt man nicht dran vorbei . . . Wie können wir Profit aus einem Unternehmen herausziehen und dabei die Menschenwürde erhalten?»

Wasch ihm den Pelz, aber mach ihn nicht naß.

Man muß zwar den Herrschenden mehr auf die Finger sehen als aufs Maul, aber wenn sie unter sich sind, nützt es auch, ihnen aufs Maul zu schauen:

«Demokratischer Führungsstil im Industriebetrieb

Dieses wichtige Thema ‹Führung› wird nach meiner Erfahrung manchmal etwas zu einseitig gesehen. Wenn wir von einer Führungskraft, von einem Manager sprechen, dann ist Führen nur ein Bruchteil seiner Tätigkeit. Vielleicht maximal 25 %. Diese 25 % sind zugegebenermaßen außerordentlich wichtig. Aber die übrigen 75 %, das ist gar nicht Führen. Bevor wir auf Führung und auf Führungsstil eingehen werden, müssen wir uns erst überlegen, was denn die betriebliche Führungskraft tut.

Der Aufgabenkomplex der Führungskraft
Die Führungskraft hat fünf Hauptaufgaben: (1) Planen, (2) Organisieren, (3) Führen, (4) Kontrollieren, (5) Verwalten. Führen ist an dritter Position eines unter anderen. Führen und Kontrollieren hat miteinander bis zu einem gewissen Grade zu tun.

Was heißt: die Führungskraft plant etwas? Planen heißt das Vorherbestimmen von Handlungsabläufen.

Was heißt Organisieren? Die Voraussetzung des Organisierens ist erst mal, daß der Plan da ist. Wenn der Plan da ist, dann werden die Arbeitsfolgen und Arbeitshilfen so eingerichtet und abgestimmt, daß die Arbeit mit dem höchsten Wirkungsgrad getan werden kann. Das ist Organisieren.

Das Führen hat eine ganz einfache Definition. Führen ist die Leistung einer Führungskraft, Arbeit durch andere tun zu lassen. Ich glaube, daß das eine relativ überraschende Definition ist: Arbeit durch andere tun zu lassen. Arbeit durch andere tun zu lassen, das ist selbst wieder eine Arbeit, und zwar – wie wir uns sicher schnell einigen werden – eine der kompliziertesten, die es gibt. Das ist etwas, was mit Ausbildung zu tun hat.

Denken und tun
Wir können ja ruhig ein paar Worte darüber verlieren. Da gibt es eine ganze Reihe von psychologischen Gesetzmäßigkeiten. Eine dieser psychologischen Gesetzmäßigkeiten, die relativ eng mit der Planung zu tun hat, negativ, hindernd zu tun hat, ist die Tatsache, daß, selbst wenn es manche Leute nicht glauben wollen, der

Mensch nun mal eine Art Tier ist. Ein Tier tut lieber etwas, als daß es nachdenkt. Planen ist Nachdenken. Weil der Mensch leider nun mal auch ein Tier ist, wird er sehr viel lieber aktiv, als daß er nachdenkt. Es kommt noch etwas anderes dazu: Jeder tut viel lieber das, was er schon vorher gemacht hat. Wir erleben das immer wieder, wenn wir Vorgesetzte in unserem Unternehmen ernennen. Ein hochqualifizierter Facharbeiter für Schweißen z. B. wird jetzt nach einer gewissen Ausbildung Meister. Was macht er? Er schweißt. Sein Vorgesetzter, der dafür gesorgt hat, daß «Müller» Vorgesetzter wird, der geht also an dem Arbeitsplatz vorbei. Und Herr Müller schweißt. Am nächsten Tag kommt er wieder vorbei. Und er schweißt immer noch. Dann sagt er: «Zum Schweißen haben wir Sie nicht befördert.» Ja, der Unglückliche, natürlich: er soll planen, organisieren, führen, kontrollieren und leider auch verwalten. Aber er schweißt. – Und warum schweißt er? Das ist ganz klar: das ist das sichere Fundament seiner bisherigen Existenz. Und so schweißt er lieber, als daß er plant. Und er wird auch als tierisches Wesen natürlich lieber aktiv, als daß er nachdenkt.

Sehen Sie! Erziehung zur Führung ist in einem hohen Maße Vorbereiten auf denkerische, planerische Arbeit. Dieses feste Bewußtsein von der zukünftigen Aufgabe, die eine Führungskraft in der Industrie hat, gehört nach meinem Gefühl schon in die Ingenieurschule rein. Diese Fallstricke, die Sie davon abhalten, wirkliche Führungskraft zu sein, dieses Bedürfnis zum Aktiv-Werden einerseits und das Kleben an dem, was man bisher getan hat, andererseits, diese Fallstricke, die Ihre Fähigkeiten zum Führen beeinträchtigen, müssen Sie schon wissen, bevor Sie in die ekelhafte Situation kommen, daß Sie irgendwo Führungskraft werden und es dann falsch machen, weil Sie lieber etwas tun, anstatt daß Sie nachdenken.

Systemgebundenheit

Noch ein kurzes Wort über das Organisieren. Da gibt es auch eine Art psychologischen Fallstrick: man denkt nur immer in seinem System. Das kann ich Ihnen am einfachsten an einer kleinen Zeichnung darstellen:

Vielleicht kennen das einige von Ihnen. Diese neun Punkte sollen durch vier gerade Linien, ohne daß man die Kreide absetzt, miteinander verbunden werden. In gewissem Sinn eine Art Organisationsaufgabe. Denn das ist ja unsere Aufgabe, die wir als Führungskräfte haben: Konstellationen bestimmter Dinge, die auseinanderliegen, in irgendeiner Form zusammenzubringen, damit sie auf unser Planungsziel hingehen. Wenn Sie das jetzt mit Ihrem Bleistift machen würden, dann würden Sie mir alle sagen – abgesehen von denen, die es kennen, und denen, die sagen: das geht nicht! –: Eines bleibt immer übrig, und man braucht fünf Striche. Das ist genau die Antwort, die wir im Betrieb bekommen. Wenn gesagt wird, wir müssen das und das zu diesem Zweck tun, dann heißt es: ‹Ja, so wie Sie es wollen, geht es nicht› – ‹Ja, wenn wir das machen, bleibt das übrig› – ‹Ich brauche noch mal eine Stunde dazu›. – Dabei ist die Lösung ganz einfach: So:

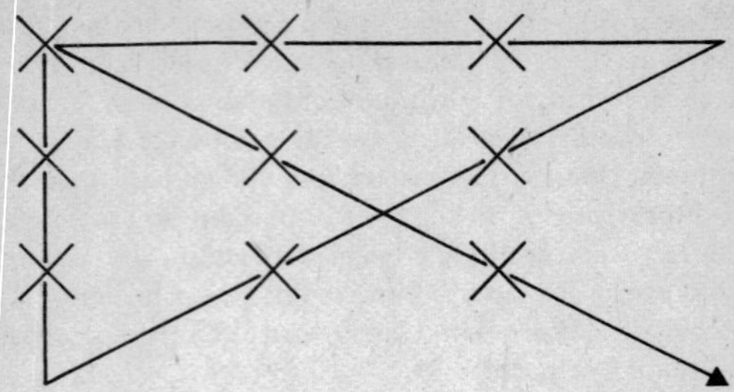

Eine simple Organisationsaufgabe! Warum klappt sie nicht? Weil die Führungskraft nicht über ihr System herausdenkt. Sie bleibt nur immer in dem gegebenen Rahmen der neun Punkte. Wie 90 % aller, die hier sitzen, es auch gemacht haben. Daß die Lösung dieser Organisationsaufgabe außerhalb dieses Systems liegt, das fällt keinem ein.

Flexibilität

Auch hier ist eine Aufgabe der Ingenieurschule. Sie muß das Spektrum von Kenntnissen und Erkenntnissen in einem viel größeren Ausmaß, als das bisher – ich sage das mit aller Vorsicht – üblich war, verbreitern. Der Walzwerkchef oder der Elektroniker, der an einer bestimmten Fertigungs-Organisationsaufgabe, beispielsweise bei der IBM, wo ich einige Erfahrungen habe, sitzt, muß eben auch etwas wissen über die Teile-Fertigung, über die Frage der wirtschaftlichen Bedeutung von Zeit im Rahmen bestimmter Liefertermin-Abhängigkeiten, um seine Organisationsaufgabe zu lösen. Heute geht es nicht mehr ohne diese Breite. Dazu eine kleine Nebenbemerkung. Unser Walzwerkchef ist morgen vielleicht Leiter einer Planungsabteilung, wenn er es kann. Und übermorgen Spezialist beim technischen Kundendienst für die Weiterverarbeitung von Aluminium für Firmen, die unser Aluminium weiterverarbeiten. Und übermorgen ist er irgend etwas anderes. Vielleicht Mitarbeiter der Gruppe Industrielle Betriebswirtschaft. Sie werden sagen, das ist natürlich bei diesen verdammten amerikanischen Unternehmen so. Da weiß man nie, ob der eigene Stuhl nicht im nächsten Moment wackelt und man rausfliegt. Das ist es ja gar nicht. Das liegt doch daran, daß die Technologie sich in einem derartig rasanten Tempo weiterentwickelt. Die Nachrichtentechniker wissen es doch am allerbesten, daß sich das derartig schnell weiterentwickelt, so daß effektiv niemand sicher sein kann, ob sein Arbeitsplatz aus technologischen Gründen in Zukunft überhaupt noch existiert. Das gilt für die Schwerindustrie, in der ich im Augenblick bin, auch. Dieses Walzwerk wird heute natürlich noch von den Erfahrungen und Fähigkeiten des Walzwerkchefs sehr stark beeinflußt. Ich bin aber keineswegs sehr fest davon überzeugt, ob das nicht in kürzester Zeit von einem Computer gesteuert wird. Das geht doch! Das wissen Sie doch am allerbesten! Dann brauchen wir diesen Mann mit diesen speziellen Erfahrungen an diesem Platz bestimmt nicht mehr. Das macht ganz jemand anders. Jemand, der bestimmte mathematische Vorkenntnisse hat und ein ausgezeichneter System-Spezialist für elektronische Datenverarbeitung ist. Aber überlegen Sie mal: dieser Walzwerkchef, der hat ja hervorragende Kenntnisse von der Verarbeitung von Aluminium, und unsere Kunden tun das. Also könnte der dann durchaus ein Exponent unserer Firma für die Beratung unserer Kunden sein. Plötzlich ist aus dem Produktionsmann ein Vertriebsmann geworden, und – Sie wissen es – Vertriebsleute verdienen ja auch mehr als die Leute in der Produktion. Ja, sehen Sie, man muß also mehr können als das, was man im Augenblick tut, weil man sonst eines Tages gar nichts mehr tun kann. Das war eine kleine Seitenbemerkung.

Kontrolle und Delegation von Verantwortung

Wir kommen jetzt noch nicht auf unser Führen, sondern erst mal auf das Kontrollieren. Da wäre ein erster Punkt zu unserem Thema gegeben. Es gibt zwei Formen der Kontrolle. Meister Müller sagt dem Arbeiter Schulze: ‹Geh hin und schweiße das und das dort und dort.› Schulze geht und schweißt. Oder er schweißt nicht. Oder der Strom ist weg. Oder er findet den Platz nicht. Oder er findet den Platz, aber was er schweißen soll, ist nicht da. Das weiß ja Herr Müller nicht. Und Schulze rennt im ganzen Betrieb rum und sucht alles, was er braucht. Und Müller meint: Na, eigentlich müßte die Arbeit fertig sein. Dann geht er an den Platz, wo er den Schulze hingeschickt hat zum Schweißen. Siehe da, er findet weder den Schulze noch das Schweißgerät noch sonstwas. Das ist eine ganz bestimmte Form von Kontrolle, (1) nämlich die Kontrolle – wie man in der Kriminalistik sagt – durch persönliche Inaugenscheinnahme. Das ist die übliche Kontrollform, die wir haben. Und es ist die mieseste Kontrollform, die wir haben. Was ist die richtige Kontrollform?

Die richtige Kontrollform, die von jeder Führungskraft anzustreben wäre, ist, (2) daß jeder einzelne Arbeiter durch einen qualifizierten Ausbildungsstand, der durch kontinuierliches Training erreicht wird, weiß: (1) ‹Ich habe, nachdem der Auftrag an mich delegiert worden ist, die alleinige und vollständige Verantwortung für den Auftrag.› – Unser Mitarbeiter ist kein Befehlsempfänger, sondern jemand, der durch seinen Auftrag alleinige und vollständige Verantwortung für das Projekt bekommt.

(2) Unser Mitarbeiter ist erfahren, intelligent und trainiert genug, um zu entscheiden, ob die Situation, der er sich gegenübersieht, eine Normalsituation ist, die er bewältigen kann, oder eine Ausnahmesituation, bei der er Unterstützung braucht. Diese Unterstützung bekommt er über seinen Vorgesetzten. Wenn Müller weiß: Schulze hat die alleinige und volle Verantwortung für den Auftrag übernommen und kann unterscheiden, ob die Probleme, die im Rahmen seines Auftrags auftauchen werden, normale (von ihm mit seinen Mitteln zu lösende) Probleme sind, oder ob eine Ausnahmesituation besteht (die ihn sofort dazu führt, zu Müller zurückzugehen und zu sagen: ‹Halt, hier stimmt etwas nicht›), dann braucht der Vorgesetzte Müller nämlich gar keine Kontrolle. Keine Kontrolle ist die höchste Form der Kontrolle. Kontrolle wird nicht von dem Vorgesetzten ausgeübt. Sie wird negativ dadurch ausgeübt, daß er nichts mehr von der Geschichte hört. Wenn er dem Schulze gesagt hat: ‹Das muß in einer Stunde fertig sein›, und in einer Stunde und einer Minute ist Schulze nicht bei ihm, dann heißt das: der Auftrag ist so, wie er vorgeschrieben ist, ausgeführt worden.

Ich hoffe, daß es mir gelungen ist, diesen relativ komplizierten Zusammenhang der partnerschaftlichen Beziehung und der konsequenten Delegation von Verantwortung Ihnen klarzumachen. Alle arbeiten im Rahmen ihrer Verantwortung gemeinsam an dem Projekt. Wir verlassen uns darauf, daß die Arbeit in der richtigen Form gemacht wird. Wir verlassen uns darauf, daß vor einer Ausnahmesituation der Mitarbeiter kommt und es uns sagt. – Das darf man freilich nicht fahrlässig handhaben. Z. B. daß ich jemandem, der neu, der unerfahren oder der zu dumm ist – soll's auch geben –, diesen Auftrag übertrage.

Dadurch kommt natürlich in die Delegation der Aufträge an einen Partner eine neue Dimension. (1) Die der Menschenkenntnis, der Fähigkeit, andere zu beurteilen. (2) Die Dimension des kontinuierlichen Trainings. Das sind zwei Dinge, die eng miteinander zu tun haben.

Führungsstile

Jetzt schließlich etwas über das Führen. Ich nahm Kontrollieren deshalb vorweg, weil da schon die partnerschaftliche Beziehung angedeutet war an einem Beispiel, das für Sie alle, sofern Sie Führungskräfte in der Wirtschaft werden, von äußerster Wichtigkeit ist. Führen ist die Leistung einer Führungskraft, Arbeit durch andere tun zu lassen. Man hat in diesem Zusammenhang einmal überlegt, welche Art von Führungsverhalten nun die günstigste ist für das Erreichen des gemeinsamen Gruppenziels. Einige Psychologen haben eine ganze Reihe von Untersuchungen gemacht, die sich mit diesem Problem sehr intensiv befassen. Sie haben dabei drei Grundvariablen des Führungsstils herausgearbeitet, die in Analogie zu politischen Begriffen gebildet worden sind. Diese drei Führungsstile – also in Analogie zu politischen Begriffen – heißen (1) autoritär, (2) demokratisch und (3) laissez faire.

Autoritärer Führungsstil

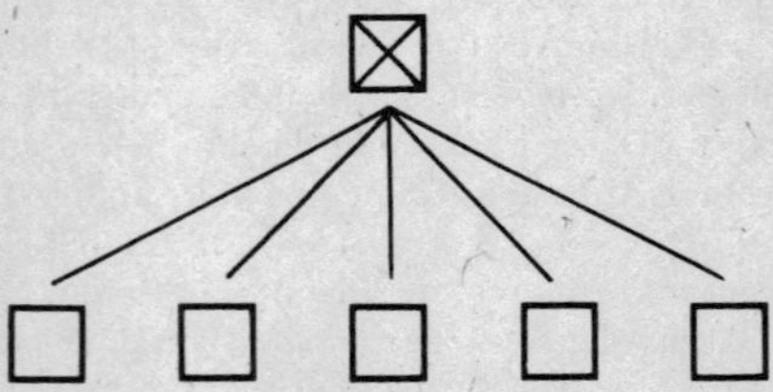

Der autoritäre Führungsstil ist gekennzeichnet durch ein ganz bestimmtes Verhalten der Führungskraft der Gruppe gegenüber. Die Führungskraft steht der Gruppe jeweils in einer bestimmten Vereinzelung gegenüber. (1) Aufträge werden nur an einzelne gegeben. (2) Aufträge werden nur in Einzeletappen erteilt. Demgegenüber wird nicht gesagt, wie der Gesamtzusammenhang der Arbeit aussieht. Dem einzelnen wird keine Alternative gelassen. Er hat keine Wahlmöglichkeit. Er muß es so tun, wie man es ihm sagt. Das ist unglücklicherweise in unserer Industrie heute noch – in den Feld-, Wald- und Wiesenunternehmen – genau der Führungsstil, der dort vorherrscht. Die Führungskraft faßt Lob und Tadel – und zwar meistens mehr Tadel als Lob – bezogen auf die Person: ‹Schulze, Sie sind doch der blödeste Kerl in der ganzen Abteilung. Das haben Sie wieder völlig falsch gemacht, aber ich habe ja auch nichts anderes von Ihnen erwartet.›

Demokratischer Führungsstil

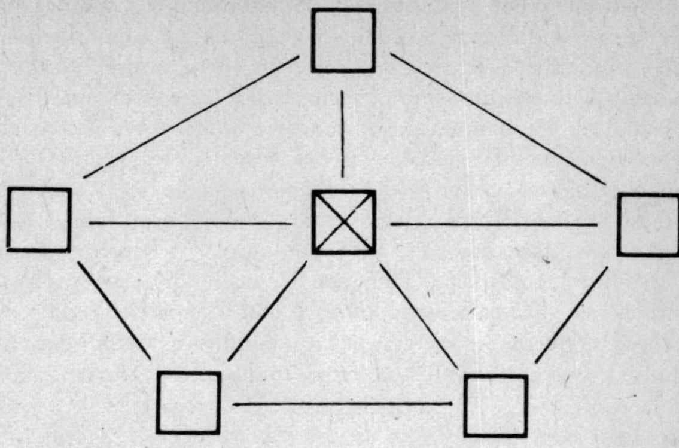

Der demokratische Führungsstil ist dadurch gekennzeichnet, daß die Leistung von der Gruppe erbracht wird. Jeder kommuniziert mit jedem, kann also persönliche Verbindung aufnehmen. Die Führungskraft gibt Anregungen. Sie faßt Lob und Tadel als leistungs- und gruppenbezogen auf. Sie trägt – und das ist ein Gesichtspunkt, den wir später auch herausgreifen werden – in persönlicher Leistung etwas zum Gruppenziel bei.

Laissez-faire-Stil

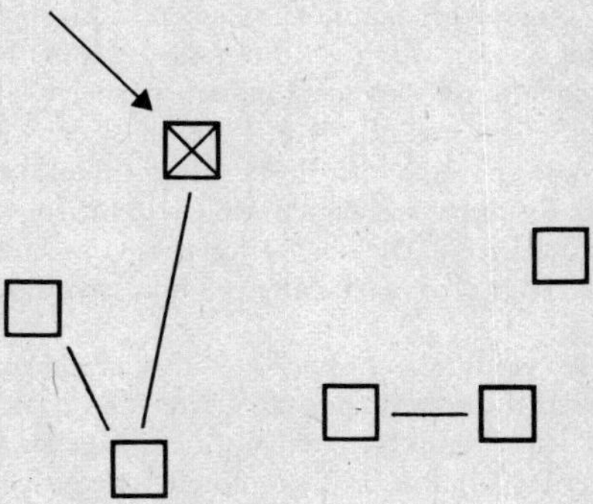

Der Laissez-faire-Stil ist dadurch gekennzeichnet, daß die Führungskraft nicht oder nur in unerhört begrenztem Umfang an der Leistung der Gruppe teilnimmt. Sie wird nur aktiv aufgrund eines Appells aus dem Kreise der Gruppenmitglieder oder wenn z. B. von draußen her irgendwelche Anregungen dazu führen, daß der Betreffende aktiv werden muß. Das Charakteristische, das an sich relativ oft übersehen worden ist bei der Analyse des Führungsverhaltens, ist folgendes: der Laissez-faire-Stil ist fast immer ein durch Zufallsfaktoren bedingter autoritärer Stil. Wenn Sie mal Praktika gemacht haben und eine gewisse Erfahrung in der Industrie haben, dann kennen Sie diesen Typ der Laissez-faire-Führungskraft wahrscheinlich recht gut. Das ist derjenige, zu dem man reinkommt ins Büro und sagt: «Ich habe da das und das Problem.» Dann guckt er kurz auf und sagt: «Also hören Sie mal zu, ich habe jetzt also wirklich keine Zeit dafür. Kommen Sie doch morgen mal wieder.» Wenn Sie morgen mal hinkommen, ist er morgen gerade in einem Meeting, wie man heute so schön sagt, und auch wieder nicht da. Dann machen Sie es nun schließlich, Sie Unglücklicher, Sie fällen die Entscheidung und verwirklichen sie. Dann kommt er am übernächsten Tag mit so 'ner Birne zu Ihnen rein: «Ach, sind Sie wahnsinnig geworden, wie konnten Sie das machen? Was meinen Sie, was ich eben für einen Anpfiff bekommen habe, weil Sie die Lieferung der X rausgegeben haben, obwohl die Oberfläche nicht eloxiert worden ist?» Dann wollen Sie gerade sagen: «Ich wollte Sie ja fragen, ob es nun eloxiert werden muß oder nicht ...» usw. usw. usw., er läßt Sie ja gar nicht zu Worte kommen! Da kriegen Sie also Ihren Anpfiff, und da haben Sie wieder diesen typisch autoritären Fall. Sie merken sich: das passiert nicht noch mal. Das nächste Mal will ich also dann ganz vorsichtig sein. Sie melden sich an, dann ist es wieder genau dasselbe. Das ist also eine ewige Kette von Problemen und Schwierigkeiten.

Auswirkungen des Führungsstils auf die Mitarbeiter

Wie wirken nun eigentlich diese einzelnen Führungsstile auf die Mitarbeiter? Da gibt es eine Reihe von sehr interessanten Ergebnissen.

Erst mal eine Sache, die Sie vielleicht gar nicht so sehr überrascht: Unter Umständen ist das Leistungsergebnis einer Arbeitsgruppe beim autoritären Führungsstil am höchsten. Da kommt man nicht dran vorbei. Aber das wird auch durch ganz erhebliche Nachteile erkauft. (1) Es herrscht in Gruppen, die autoritär gelenkt sind, eine erhöhte aggressive Stimmung. (2) Es besteht eine größere Bereitschaft, aus dieser Gruppe zu fliehen. (3) Die Bedürfnisse, Sündenböcke zu suchen, also Leute, denen man Schuld zuschieben kann, sind signifikant größer als namentlich in der demokratisch geführten Gruppe. (4) Die Gruppe tendiert dazu, hilflos zu werden und auseinanderzufallen, wenn der Faktor Führung durch irgendeinen Umstand nicht mehr besteht. Wohl u. U. der Vorteil einer höheren Sachleistung, aber schwere Nachteile für die Gruppenmoral oder das, was wir in Deutschland als Betriebsklima bezeichnen. Höhere zentrifugale Kräfte, Unsicherheit in der Ausnahmesituation. Die höhere Aggressivität kann sich mit der sogenannten (5) Submissivität die Waage halten (Submissivität ist gleich Unterwürfigkeit).

In der demokratisch geführten Gruppe hat man die Erfahrung machen können, daß u. U. (1) der Ausstoß, die Produktivität, geringer ist als in autoritär geführten Gruppen, die das gleiche Produkt herstellen. Aber die Leistungen, die von dieser Gruppe erbracht werden, sind u. U. (2) origineller, eigenschöpferischer, kreativer, findiger als in der autoritär geführten Gruppe. Die Gruppe hat (3) einen starken Zusammenhalt, (4) sie ist flexibler in einer Ausnahmesituation. (5) Sie ist auf lange Sicht auch arbeitsfähig, wenn der Faktor Führung hier ausfällt. Sie ist also insgesamt, auf lange Sicht gesehen, die zuverlässigere Gruppe, wenn auch u. U. an Produktivität nicht voll mit der autoritär geführten Gruppe vergleichbar. Hier fühlen sich die Mitarbeiter wohler.

Man hat Krankenstandsuntersuchungen bei solchen unterschiedlich geführten Gruppen gemacht. Bei der autoritär geführten Gruppe ist kein höherer Krankenstand, was die Zahl der bevorstehenden Fälle betrifft. Wohl aber ein signifikant längeres Krankbleiben.

Die Laissez-faire-Gruppe ist (1) in der Produktionsleistung beiden anderen

Gruppen unterlegen, wenn es sich um eine Routine-Produktion handelt. (2) Diese Gruppe hat unerhört zentrifugale Kräfte, d. h. sie ist labil, immer auseinanderfallend. (3) Weil kein Integrationskern da ist. Weil diese Gruppe sich im Grunde überhaupt nicht als Gruppe fühlt, sondern als zufällig durch eine bestimmte Unternehmensorganisation zusammengewürfelte Zahl von Einzelwesen. Interessant ist auch, daß hier der Chef, selbst wenn er ein netter Kerl ist, im Grunde unbeliebter ist als in den anders geführten Gruppen. Interessant ist aber, daß in dieser Arbeitsgruppe, die man insgesamt als verspielter bezeichnet, sehr oft (4) überraschende, ungewöhnliche, kreative Einzelleistungen entstehen. Einer hat hier die ganz große Idee. Warum? Weil er durch die anderen nicht gestört wird. Weil er auch durch den Chef nicht gestört wird. Weil er, was ein eminenter Nachteil der demokratischen Gruppe ist, nicht nivelliert wird. Er wird nicht durch die Überzeugungskraft der anderen von seinem geistigen Höhenflug auf das allgemeine Niveau runtergerissen. Sie werden selber aus Ihrem eigenen Leben die Situation kennen, wo Sie die gute Idee haben, die auch wirklich gut ist, und alle anderen kommen anmarschiert und sagen: das ist ja Quatsch, das geht nicht, das macht zuviel Zeit, und außerdem, wir wollen Schnaps trinken gehen. Und dann ist die gute Idee vergessen, und Sie sind zum Schluß überzeugt, daß Sie der Blöde sind und alle anderen die Klügeren. Das kann natürlich hier sehr viel weniger passieren, weil die Gruppenkonkurrenz geringer ist.

Teilnehmende Führerschaft

Jetzt nehmen wir uns den Bereich der demokratisch geführten Gruppe heraus. Ein wesentliches Merkmal der demokratisch geführten Gruppe ist ja die Tatsache, daß der Gruppenführer, die Führungskraft, an den Entscheidungen, an der Arbeit der Gruppe teilnimmt. Das bezeichnet man als teilnehmende Führerschaft. Dieser teilnehmenden Führerschaft steht die überwachende und steuernde Führerschaft gegenüber. Unsere autoritäre Führerschaft ist oft oder schwerpunktmäßig mit überwachender Führerschaft identisch (obwohl das nicht immer stimmt). Unsere demokratische Gruppe ist oft mit teilnehmender Führerschaft identisch (obwohl auch das nicht in allen Fällen stimmt). Da ist noch etwas ganz Entscheidendes zu sagen: die teilnehmende Führerschaft ist, wenn die Führungskraft nicht ganz erheblich intelligenter als die Gruppe ist, auch hinsichtlich der Produktivität, des Betriebsklimas, des Zusammenhalts allen anderen Führungsgruppen überlegen. Ich machte bewußt eine Einschränkung: Wenn die Führungskraft nicht mit Abstand wesentlich intelligenter ist als ihre Gruppe. Wenn sie das aber ist, dann wirkt sich die teilnehmende Führerschaft merkwürdigerweise sehr ungünstig aus. Weil der scharfsinnig, analytisch Denkende die Gruppe entmutigen kann. Das ist eine Einschränkung, die sehr wichtig ist.

Aber eines ist das ganz Entscheidende: teilnehmende Führerschaft ist geknüpft mit sehr genauer Kenntnis der Motivationen, die die Gruppe hat. Sie ist geknüpft mit der Grundidee der Partnerschaftlichkeit. Ich zitiere aus einer soziologischen Untersuchung über Führungsprobleme: ‹Es zeigt sich, daß Führungskräfte mit stärkerer Orientierung zu ihren Mitarbeitern hin, mit größerer Unterstützung der Mitarbeiter bei deren Aufgaben, mit stärkerer Delegation der Autorität nach unten und mit einer differenzierteren Auffassung von ihren Leitungs- und Führungsfunktionen eine höhere Produktivität ihrer Arbeitsgruppen erreichen als Führer, die zu gegenteiligem Verhalten tendieren.› In der gleichen Richtung liegen die Folgerungen einer anderen Untersuchung: ‹Erfolgreiche Führungskräfte müssen so stark gruppenorientiert und ihren Mitarbeitern zugewandt sein, daß sie die relevanten, die wirksamen, die wichtigen Haltungen und Verhaltensreaktionen ihrer Mitarbeiter besser voraussagen können als Gruppenmitglieder ohne Führungsfunktion.› Noch mal das Entscheidende: wenn die Voraussetzung der Delegation, der Zuwendung zu den einzelnen, die teilnehmende Führerschaft vorhanden sind, dann erreicht man eine höhere Produktivität. Daran scheint kein Zweifel mehr in der Wissenschaft zu bestehen.

Profit und Menschenwürde

Jetzt könnten wir anfangen, ein bißchen Philosophie zu betreiben: Produktivität ist gleich Ausnutzung des Menschen. Gewiß wird das Ziel eines Unternehmens immer sein, profitabel zu sein. Da kommt man nicht dran vorbei. Unsere Aufgabe, die wir uns vorlegen müssen, ist: wie können wir Profit aus einem Unternehmen herausziehen und dabei die Menschenwürde erhalten? Ich möchte ein Grundergebnis schon vorwegnehmen: wenn wir profitabel arbeiten und in unserem Mitarbeiter den Partner sehen und ihn gleichzeitig noch davon überzeugen, daß der Profit seines Unternehmens schließlich auch seinem eigenen Vorwärtskommen dient, dann sind wir auf dem Grenzbereich, daß wir die Menschenwürde nun nicht verletzen. Ich gebe Ihnen zu, daß in einem Unternehmen, das diese Profittendenz hat und haben muß, immer die Gefahr der Verletzung der Menschenwürde da ist. Aber das Entscheidende in unserem Zusammenhang ist: wie können wir erreichen, daß diese Barriere der Verletzung der Menschenwürde nicht überschritten wird? Ich sagte Ihnen: das Entscheidende. Wie also? – Mit stärkerer Delegation der Autorität nach unten, mit einer differenzierteren Auffassung von den Leitungs- und Führungsfunktionen wird zugleich eine höhere Produktivität erreicht. Erfolgreiche Führungskräfte müssen so stark gruppenorientiert und ihren Mitarbeitern zugewandt sein, daß sie die wesentlichen Haltungen, Verhaltensreaktionen kennen und voraussagen können. Offensichtlich ist eine entscheidende oder überhaupt die entscheidende Voraussetzung für erfolgreiche Führung die, daß wir (1) im Umgang mit unseren Partnern genau, oder so genau das überhaupt möglich ist, wissen, wer unsere Partner sind. (2) Wie unsere Partner uns selbst und unsere Führungstätigkeit erleben, und (3) daß wir wissen, wie eigentlich der arbeitende Mensch, dem wir als Führungskräfte vorgestellt sind, die für ihn würdige Form der Arbeit sieht. Da gibt es eine ganze Reihe von Untersuchungen.

Der Wunsch nach Partnerschaft

Ich möchte Ihnen berichten über eine breitgestreute Umfrage, die bei deutschen Arbeitnehmern durchgeführt worden ist. Die Frage lautete einfach: «Wo arbeiten Sie lieber, in einem Großbetrieb, in einem Mittelbetrieb oder in einem Kleinbetrieb?» – Die überwiegende Mehrheit der Befragten hat sich für den Kleinbetrieb geäußert. Da ist man freilich außerordentlich erstaunt, wenn man das hört. Ich pflege an der Stelle nicht ohne ein gewisses Pathos zu sagen: ein Kleinbetrieb kann die Hölle auf Erden sein. Und wenn der Kleinbetrieb noch entfernt von den normalen Kommunikationswegen ist, hinten in der Eifel oder im Bayerischen Wald oder so, dann sind Sie dem Chef gnadenlos ausgeliefert, obwohl es ein Betriebsverfassungsgesetz gibt. Aber das ist da meistens nicht so gut bekannt. Aber warum hat sich denn ein relativ hoher Prozentsatz der Befragten für den Kleinbetrieb entschieden? Die Antwort haben die Befragten auch gleich gegeben. Sie haben gesagt: In einem Kleinbetrieb ist der Kontakt mit der Unternehmensspitze enger. Ich weiß, was geschieht. Ich weiß, warum und zu welchem Ziel ich arbeite. Meine Arbeit ist, relativ gesehen, für diesen Betrieb bedeutungsvoller. Ich empfinde, empfange mehr Anerkennung. Die Situation ist familiärer. Viele von den Befragten – das weiß man inzwischen – haben nie in einem Kleinbetrieb gearbeitet. Aber aus dieser Antwort ist zu erkennen, was man sich wünscht: Vollwertiger Partner in dem betrieblichen Ganzen zu sein; der weiß, warum man arbeitet; der merkt, daß seine Arbeit bemerkt wird und anerkannt wird; der sich in einem Kreis als mehr oder weniger gleichberechtigter Partner wohl fühlt. Der Großbetrieb liegt bei dieser Befragung an zweiter Stelle, vor allem wegen der sozialen Sicherheit. U. U. finden Sie in einem Großbetrieb mehr Familiarität, mehr Information, mehr Zusammenarbeit, mehr Partnerschaftlichkeit als in einem Kleinbetrieb. Aber über dieses mein Lieblingsthema möchte ich lieber gar nicht erst reden.

Der Vorgesetzte als Ärgernisfaktor

Worüber ärgern sich die Mitarbeiter? Was wollen sie nicht? Auch da kann ich Ihnen das Ergebnis einer Repräsentativbefragung sagen. Die Mitarbeiter ärgern sich über (1) die Arbeitsbedingungen: Schreibtische, Licht, Luft, Beleuchtung usw. zu 30 %. Dann gleich als nächstes: (2) zu 24 % über die Vorgesetzten. – Eine kurze Exkursion: Wer von Ihnen eine Führungsposition übernimmt, hat im Grunde überhaupt gar keine Ahnung, was er tut. Daß er in einem Viertel aller Begegnungen, wenn wir dieser Repräsentativstatistik vertrauen, der Auflösungspunkt für Verstimmung, für Ärger, für Unzufriedenheit ist. Aber das geht ja im Grunde noch viel weiter. Sie haben ja zu einem hohen Prozentsatz die Karriere Ihrer Leute in der Hand. Sie haben zu einem hohen Prozentsatz die Gehaltsentwicklung in der Hand. Sie können verantwortlich dafür sein, wenn jemand die Gradlinigkeit seiner persönlichen Entwicklung durchbricht; weil Ihr Führungsverhalten unglücklich und schlecht ist. Ich kann Ihnen sagen, daß ein großer Teil abendlicher familiärer Gespräche bei uns hier in Deutschland sich um den nächsthöheren Vorgesetzten dreht. Daß der Mann abends nach Hause kommt und die Mappe oder was immer er hat in die Ecke pfeffert und sagt: ‹Heut hat's mir mal wieder gereicht! Ich komme da hin und mache den Vorschlag. Sagt er: nein, du sollst es so machen, und nach 20 Minuten sagt er: nein, machen Sie es lieber so. Und das ist genau das gewesen, was ich ihm gesagt habe.› – Das kennen Sie doch? Der Papa macht es doch genauso. Ist überall dasselbe. – Verstehen Sie: Sie sind ein so zentraler Faktor in dem Leben Ihrer Mitarbeiter geworden. Wann immer über Sie geredet wird und die Ohren klingen Ihnen, dann brauchen Sie keinen Beethoven. Das ist sehr wichtig, daß Sie das sehen: Ärgernisfaktor ist der Vorgesetzte im Viertel aller Probleme.

Führungsfehler

Was machen denn die Vorgesetzten falsch? Wie sehen die Vorwürfe gegenständlich aus? Da haben wir eine ganze Reihe von Dingen: (1) Sie bevorzugen einzelne, (2) sie sind ungerecht (ein sehr interessanter Vorwurf), (3) übersehen Vorschläge, (4) setzen ihren Kopf durch, (5) kehren zu sehr den Vorgesetzten heraus (der autoritäre Führungsstil!), (6) verstehen zuwenig, (7) machen Fehler in der Arbeitsverteilung, (8) kümmern sich zuviel um Kleinigkeiten, (9) sind zu unpersönlich, man bekommt keinen Kontakt zu ihnen. Sind unhöflich, vor allem: grüßen nicht. (10) Sind zu schnell aufgeregt, (11) treiben zu sehr an usw. usw. usw.

Aber das sind die entscheidenden gewesen. Denken Sie an die familiäre Komponente in der Zusammenarbeit: Sie sind unhöflich, vor allem: grüßen nicht, ein Problem. Ein Problem, das so lange bestehen wird, wie die ganze Industrie besteht. Wenn man fragt, was schuld ist an Spannungen im Betrieb, so sehen Sie, daß es (1) Auseinandersetzungen über die Arbeit gibt (34 % aller Stimmen). (2) Persönliche Fehler der Vorgesetzten und sachliche Fehler der Vorgesetzten sind mit 26 % an den Spannungen im Betrieb beteiligt. Da sehen Sie wieder, wie sehr der Vorgesetzte als eine Hauptursache in allen Schwierigkeiten genannt wird.

Lob und Tadel

Welche Faktoren beeinflussen die Einstellung zur Arbeit im positiven Sinne? Da kommt folgendes bei heraus: (1) Erfolgreiche Vollendung einer Arbeit, Lösung von Problemen, das Ergebnis seiner Arbeit zu sehen – wird mit 41 % aller Stimmen als wichtig und entscheidend für das Sichwohlfühlen angesehen. Denken Sie daran, was wir vorhin gesagt haben: Delegation der Verantwortung! Etwas selber tun dürfen, selber bis zu Ende tun dürfen, das ist ein entscheidender Faktor, der angestrebt wird. Dann der nächste Punkt: (2) Anerkennung durch Vorgesetzte, Lob durch Vorgesetzte, Bemerktwerden von den Vorgesetzten – das wird zu 33 % als entscheidende Quelle für das Sichwohlfühlen angesehen. Wenn Sie jetzt die Komplettheit der Arbeit sehen würden mit 41 % + die 33 % Anerkennung, dann kommen Sie mit dieser Milchmädchenrechnung – was ich Ihnen gerne zugebe – zu rund 75 % dahin, daß diese beiden Faktoren entscheidend sind dafür, daß man sich wohl fühlt in einer Gemeinschaft.

Wir haben sehr ausführliche Untersuchungen gemacht über die Wirkungen von Lob und Tadel. Da stellen Sie fest, daß wenn Sie zwei Arbeitsgruppen haben (die allerdings experimentell erzeugt werden) und bei einer Arbeitsgruppe überwiegend kritisieren und tadeln, bei der anderen Arbeitsgruppe einen konsequent positiven Zugang wählen und mehr loben, fordern und die Mitarbeiter bemerken, daß Sie da in einer bestimmten Teilzeit einen unterschiedlichen Verlauf der Leistung haben.

Mir kommt es eigentlich hierbei auf diesen Knick an. Er ist entscheidend für alle mitmenschlichen Beziehungen. Was geschieht, wenn Ihre Arbeit schlecht bewertet wird, wenn Sie getadelt werden? Dann strengen Sie sich normalerweise an. – Wenn Sie aber merken, daß Ihre Arbeit, was auch immer Sie tun, auf keinen Widerhall stößt, dann gibt es den sogenannten Resignationsknick. Jeder einzelne dieser Arbeitsgruppe sagt sich: ‹Was auch immer ich tue, ich kann's dem da doch nicht recht machen!› Und dann bricht die Motivation für die Arbeit zusammen. Das ist etwas, was sehr charakteristisch für unsere Führungsstile ist. In einer autoritär geführten Gruppe ist die Gefahr des Resignationsknicks erheblich größer als in der demokratisch geführten Gruppe.

Fluktuation

Wie sieht es denn nun in Wirklichkeit aus? Haben wir überhaupt im großen und ganzen diesen teilnehmenden, den Mitarbeitern zugewandten Führungsstil in der Industrie? Nein, nein, wir haben ihn nicht. Wir sind sehr weit davon entfernt. Wir sind so weit noch davon entfernt, daß 33 % der deutschen gewerblichen Arbeitnehmer für 20 Pf mehr in der Stunde die Stellung wechseln würden. 33 %! Diese feine Statistik halte ich unseren Führungskräften immer vor und sage: ‹Liebe Freunde, es ist ja unser vitales Anliegen, einen würdigen Führungsstil zu entwickeln. Weil wir sonst nämlich eines Tages in der Situation sind, daß wir gar keinen Führungsstil mehr brauchen, weil wir gar nicht mehr existieren. Sie sehen, daß ich also in der Erziehung der Führungskräfte doppelt motivieren muß, (1) einmal mit dem Ideal der würdigen Menschenbehandlung, aber (2) auch mit dem Geld. Denn sie können überzeugt werden mit der Sicherheit des eigenen Arbeitsplatzes. Wenn ich nur von der Würde des Menschen sprechen würde, würde ich nicht sehr weit kommen. Sie sehen also, wir sind noch nicht sehr weit. Warum sind wir noch nicht sehr weit? Die Arbeit wird in einem zu hohen Prozentsatz, nämlich bei den Arbeitern zu 53 % – als ein unerfreuliches, notwendiges Übel angesehen. Mehr neutral: als etwas, was nun leider mal notwendig ist, damit man lebt. Sie können sich natürlich vorstellen, daß bei dieser Einstellung zur Arbeit es dann dem Mann vollkommen egal ist, ob er bei Kaiser oder bei IBM arbeitet. Dann ist es ja auch ganz logisch, daß ich für 20 Pf zu einer anderen Firma gehe. Irgendwie muß ja die Tätigkeit für mich einen Sinn haben, und dann ist der Sinn in den 20 Pf. Aber das muß ja nicht so sein. Es geht auch anders. Auch bei dem, der Krätze kratzt und fegt, und auch bei demjenigen, der die Gießrinnen saubermacht, und bei demjenigen, der weiß Gott was macht, wenn er den richtigen Vorgesetzten hat, der ihm klarmacht, daß in einem Aluminiumwerk Sauberkeit sein muß und daß er das besonders gut macht, und daß es wichtig ist für alle anderen. Oder: ‹Wir müssen auf die Produktion kommen, die Krätzerinnen müssen sauber sein, und ich weiß ganz genau, daß das eine miese Arbeit ist. Ich werde darauf aufpassen, daß du auf eine bessere kommst, wenn der Platz da ist.» (Übrigens nie leere Versprechungen! Das muß man auch zu realisieren versuchen.) Oder man geht an ihm vorbei und sagt: ‹Mensch, hier um die Maschine sieht es so tadellos sauber aus, da kann man ja wirklich Spiegeleier von dem Fußboden essen.› Mit Anerkennung zeigen, daß man ihn bemerkt, daß man die Arbeit als wesentlich ansieht! Wenn Sie ein derartiges Klima schaffen können, dann geht man nicht für 20 Pf weg. Dafür gibt es genügend Beweise. Sie sehen also aus diesem Beispiel, daß Sie durch eine angemessene Motivation tatsächlich auch den Geldfaktor kompensieren können.

Noch eine Frage, die hier gestellt worden ist. Sie kennzeichnet, welche Bedeutung der Vorgesetzte für die gesamte Gruppe hat: ‹Wenn Sie einmal eine Sorge haben, wohin würden Sie dann gehen?› – An den direkten Vorgesetzten: 43 % ! Überlegen Sie also, welcher Faktor der Vorgesetzte im Leben der Mitarbeiter sein kann. Unzufriedene Arbeiter schlafen länger, sind müder. Das möchte ich Ihnen nur kurz mitteilen. Sie können also aus Ihrer täglichen Schlafenszeit selber sehen, wie zufrieden Sie mit Ihrer Ausbildungsinstitution sind.

Als allerletztes: Die Schule muß diese ganzen Faktoren, über die ich in einem wilden Ritt quer durch Psychologie, Organisationslehre und Soziologie heute hinweggegangen bin, nicht nur sagen, sondern erlebbar werden lassen. Damit Sie nicht eines Tages in Ihrer Position als Führungskräfte Unheil anrichten gegenüber den Leuten, die Ihnen anvertraut sind. Größeres Unheil als Sie je annehmen, daß Sie es anrichten könnten als Führungskraft, die das Schicksal von anderen in Händen hat.»

«Man kann gar nicht genug ‹demokratisieren›, wenn es der Profitsteigerung dient.»

«Man kann gar nicht wenig genug kontrollieren, wenn sich die Kontrollierten selbst kontrollieren.»

«Die sicherste und billigste Beherrschung der Massen ist ihre Selbstbeherrschung.»

Gemessen an solchen schlichten, praktischen Einsichten der modernen kapitalistischen Betriebsführer und Organisationswissenschaftler hinken Schule und Didaktik hinter der realen Entwicklung der Produktionsprozesse her. Im Betrieb werden teilweise komplexere dynamische Kooperationsformen notwendig. Sie müssen von den Kaitalisten eingeführt werden, weil die Arbeiter den Fließbandstumpfsinn nicht mehr mitmachen und weil der technische Fortschritt diese neueren Kooperationsformen erzwingt. Solche sozialintegrativen Verkehrsformen sind in der Schule noch aufgesetzt und dem derzeitigen durch die Schulorganisation geprägten Charakter schulischer Lernarbeit noch unangemessen. (Das trifft auf die meisten Betriebe auch zu.) Sie laufen der irrationalen hierarchischen Schulorganisation entgegen. Die soll Integration noch durch Selektion und Differenzierung bewirken und erfüllt damit ihre Klassenfunktion auf einer historisch überholten Stufe. In diesem Sachverhalt liegt der Hauptgrund dafür, daß es der vorherrschenden Didaktik nur vereinzelt gelingt, die Schüler sozialintegrativ zu überlisten. Die Schulorganisation triumphiert als politischer Faktor über jede Pädagogik. Aber die neuen, aus der Industrie übernommenen und von der Pädagogik proklamierten Verfahren zeigen einen Weg der subtilen Integration der Massen: kollegiale Schulleitung, Mitbestimmung, Verlagerung von Entscheidungen – die nichts am Organisationszweck ändern – an die Basis (vgl. Bildungsratsempfehlung zur Reform der Bildungsverwaltung, 1973), Diagnosebogen und «objektive Leistungsmessung», Gruppen-, Team- und Projektarbeit der Schüler und Lehrer, Überwindung der engen Fachspezialisierung (während die Didaktik immer noch nach mehr Spezialisierung schreit).

Die Zeichnungen: I. Abschied vom Fließband
II. Abschied vom Trichter?
III. Reklame für eine Managerzeitung

zeigen diese möglichen Tendenzen und Parallelen, die ihre Begründung in der Entwicklung des Widerspruchs zwischen der Entfaltung der Produktivkräfte und ihrer Fesselung durch die Produktionsverhältnisse finden.

Neue Methoden in der Produktion der Arbeitskraft:

- Gruppenunterricht
- Sozialintegrativer Führungsstil
- Projektarbeit (problem- und produktorientiert)
- Selbstkontrolle
- Punktbewertung – Lernzielkontrolle durch die Zentrale

\+

Dynamische Organisation der Schule
«Sachentscheidungen» an der Basis

Festgelegter Organisationszweck

=?

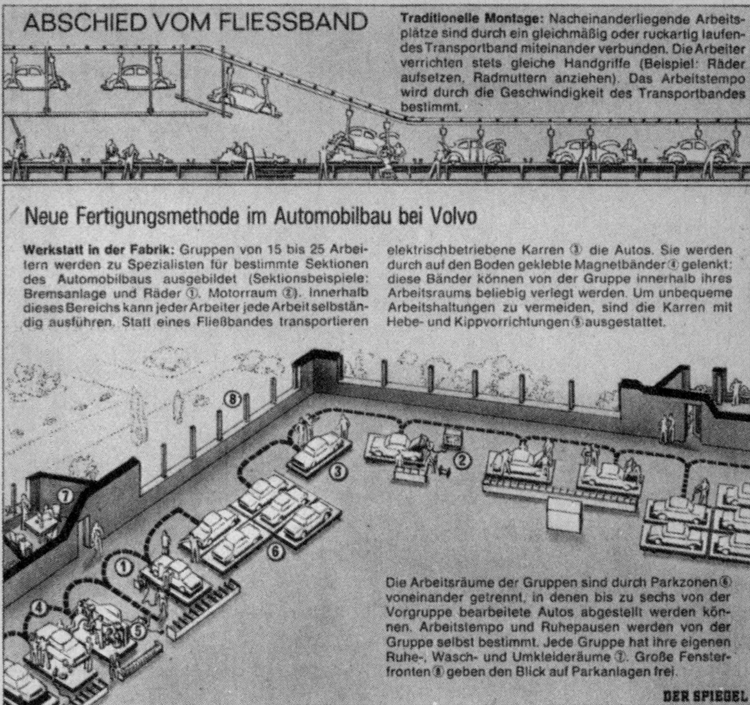

(Nach: Der Spiegel 2/1973)

Unter den bestehenden Bedingungen bedeutet die Einführung des sozialintegrativen Erziehungsrituals bzw. Führungsstils (vgl. Lehrerin Trix und Personaldirektor H.) mit seinen Innovations- und Mitbestimmungsillusionen eine höhere Stufe der bürgerlichen Klassenerziehung, die an der Mehrheit der Kinder verübt werden soll. War bei den alten, noch immer vorherrschenden «autoritären» Führungsmethoden der gewaltsame Charakter der Erziehung noch offensichtlich und physisch erfaßbar – die bürgerliche Ideologie wurde den Schülern mit offener Gewalt eingebleut –, so werden jetzt subtilere Mittel angewandt:

Selbstzensur, Mitbestimmung, freie Wahl der Mittel, die einen von seinen wirklichen Interessen ablenken sollen, freiwilliges Lernen nach verinnerlichten Zwängen, das friedliche «Seid nett zueinander» in dem als Zusammenarbeit getarnten Konkurrenzkampf um die Rangplätze, Probleme versprachlichen anstatt sie zu lösen usw.

Da die meisten dieser integrativen Rituale mit traditionellen Elementen der bürgerlichen Erziehung arbeiten (Verbalisierung, Abstraktion, Strafe durch Liebesentzug, Lob durch Zuwendung und Erfolg, Motivation durch

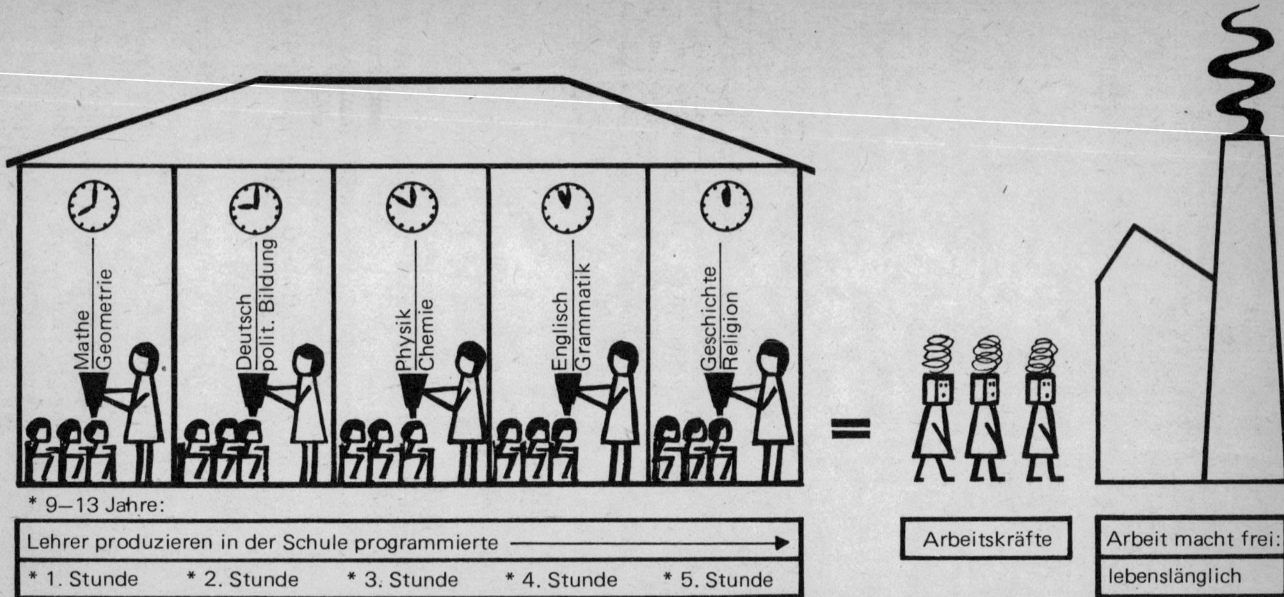

Traditionelle Lernarbeit: Zusammenhänge sind durch Fächerteilung + Fachlehrer in Einzelteile zerlegt. Stundenplan und Durchschnitt bestimmen das Lernarbeitstempo. Kontrolle von oben. Lehrer sind Trichtermeister.
Perfektion dieser Methode = programmierter Unterricht.

Die Idee der Organisations-Entwicklung unterscheidet sich von traditionellen Organisationskonzepten dadurch, daß sie den Mensch mit seinen Wünschen und Bedürfnissen in den Mittelpunkt der Betrachtung stellt.

Im Idealfall bedeutet das:

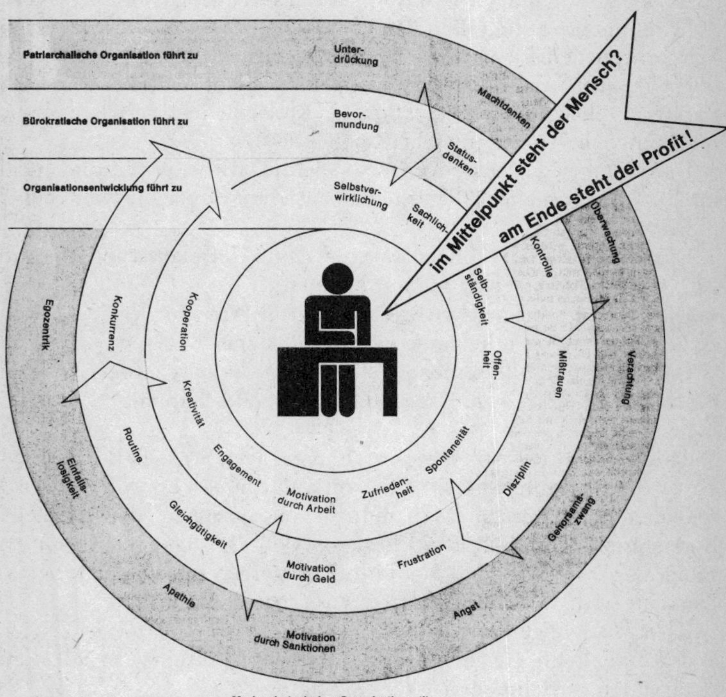

Merkmale typischer Organisationsstile

1 Jedes Organisations-Mitglied wird zu unternehmerischem Denken erzogen, so daß bei jeder Entscheidung das Interesse des gesamten Unternehmens berücksichtigt wird.

2 Autorität hat immer derjenige, der das meiste zur Sache beitragen kann, nicht der mit dem höchsten Status.

3 Entscheidungen werden nur da getroffen, wo das Informationsniveau am höchsten ist, also meistens in Gruppen.

4 Konflikte werden nicht unterdrückt, sondern offen erörtert.

5 Kommunikation, vertikal wie horizontal, ist ungestört möglich.

6 Lernen durch Erfahrung wird durch Reflexion (Feed-back) der erzielten Resultate gefördert.

7 An die Stelle des Konkurrenzneids tritt die Bereitschaft zur Zusammenarbeit, die sich am Arbeitsziel orientiert.

8 Veränderungen werden mit den Betroffenen erarbeitet und ihnen keinesfalls aufgezwungen.

Erfolgsversprechungen etc.), schneiden die Bürgerkinder bei dieser Behandlung noch besser ab als früher, wo sie schon durch die rauhen Grundschulverhältnisse sehr verschreckt wurden. Arbeiterkinder, denen derart subtile Praktiken von Haus aus fremd sind, reagieren – soweit man das beobachten kann – sehr vernünftig und nehmen diese Allüren nicht so ernst, fallen auf die Tricks kaum herein und passen sich an die integrativen Manieren kaum an. Die Schule bleibt ihnen ein feindlicher Ort.

Die Folge ist, daß sie im Vergleich mit den Bürgerkindern noch schlechter abschneiden als bisher. «Dabei habe ich mir so viel Mühe gegeben», wird Frau Trix sagen können, «es muß wohl doch an den Schülern liegen.»

Es ist paradox: um die Diskriminierung aufzuheben, die die Schule den Arbeiterkindern zufügt, fällt den Pädagogen nichts anderes ein, als diese Schule noch mehr zu perfektionieren: Gegen die Schule hilft nur die Schule! (Vgl. auch Abschnitt über kompensatorische Erziehung im letzten Kapitel; I. Illich hat diesen irrationalen Kreislauf ausführlich untersucht; in: Illich, Schulen helfen nicht. Reinbek 1973.)

Damit stehen die Pädagogen nicht allein: Die Chemiker erfinden Pillen, um die Folgen anderer Pillen zu kompensieren: Gegen die Krankheit hilft nur die Krankheit!

Die Kriegsforscher erfinden Raketen, dann Antiraketen und Antiantiraketen: Gegen Raketen helfen nur Raketen!

Die Reklameleute machen Reklame, um die Wirkung der Gegenreklame zu überlisten: Gegen Reklame hilft nur Reklame!

Gäbe es einen Teufel, es fänden sich genug Wissenschaftler, ihn mit dem Beelzebub zu vertreiben. Das ist die «Logik» des Kapitals.

Die hier versuchte Kritik des «sozialintegrativen Stils» darf nicht als Plädoyer für ein «autoritäres» oder «antiautoritäres» Erziehungsverhalten mißverstanden werden. Man muß davon ausgehen, daß die neueren Kooperationsformen in der Schule die Widersprüche der Klassenerziehung als Arbeitskräfteproduktion weitertreiben und damit progressive Elemente enthalten, die zu nutzen wir lernen müssen.

Aber es sollte gezeigt werden,

- daß unter der Regie der Schule als Klasseninstitution jeder Stil «autoritär», d. h. sozialintegrativ fürs Kapital ist;
- daß der Kampf gegen die Klassenerziehung keine Stilfrage ist, also auch keine Erziehungsstilfrage, sondern daß er politisch geführt werden muß;
- daß die vom Unterrichtsinhalt abgelöste Unterrichtsform voll unter dem Diktat der Schulorganisation und ihrer Funktion steht;
- daß die Schüler durch einen neuen Manipulationsstil nicht ohne weiteres zum Mitmachen überrumpelt werden können;
- daß die Gewalt der Klassenerziehung nicht durch Denkanstöße, durch

die Mitbestimmung über sie, durch Freundlichkeiten und Gruppenarbeit gebrochen wird, sondern auch stabilisiert werden kann;
- daß die neuen Kooperationsformen als Momente der Produktivkraftentwicklung widersprüchlich sind; daß diese Widersprüche aber noch nicht entfaltet und einschätzbar sind;
- daß Lehrer und Schüler nicht ohne weiteres aus dem schulischen Gewaltverhältnis ausbrechen können, auch wenn sie es in neuen, zum Teil humaneren Formen versuchen;
- daß nicht ein «dialogisches Verhältnis» oder ein «pädagogischer Bezug» das Unterrichtsgeschehen bestimmt, sondern die Organisation der Schule.

Die affirmative Auseinandersetzung mit Erziehungsstilen bringt nichts, sie ist eine Erfindung der bürgerlichen Didaktik. Schüler und Lehrer werden sich selber überlegen müssen, wie sie trotz der Schule etwas lernen können und zu welchem Zweck. Dabei wird es mitunter sehr autoritär und undemokratisch zugehen, weil der Kampf für die eigenen Interessen unter Bedingungen stattfindet, die ihn als Stilfrage ausschließen.

Derweil regiert in der Schule die Langeweile im *«chaotischen Unterrichtsstil»*. Das liegt nicht nur an den Lehrern, sondern vor allem an der Situation, in der sie handeln müssen. Aber daß sich daran nichts ändert, ist zum Teil auch ihre Schuld.

Exkurs: Ein gewöhnlicher Unterrichtsverlauf

In diesem Exkurs wird ein Protokollauszug aus einem dritten Schuljahr mit 41 Kindern in einer Großstadtklasse (80 % Arbeiterkinder) dokumentiert. Das Protokoll soll auf den realen Hintergrund zu verweisen, vor dem sich viele Erziehungstheoretiker mit weltfremden Ratschlägen gegenseitig ihrer Fortschrittlichkeit versichern und die Lehrer verunsichern. Das Protokoll soll den Hintergrund zeigen, vor dem sich technokratische Pädagogen anschicken, die Misere als unabänderlichen Sachzwang zu naturalisieren, um sie verwalten zu lassen. Es soll auch auf die Schwierigkeiten hinweisen, vor denen Lehrer unter den bestehenden Schulbedingungen stehen.

Deutschstunde

8.50
Schellen. Nur die Katholiken sind noch vom Religionsunterricht in der Klasse. Die anderen kommen tröpfchenweise rein.
Kinder schwätzen, kippeln, lesen, drehen sich nach hinten.

Lehrerin (L): «Komm, setz dich mal da vorne hin ... – Nun setzt euch mal alle hin. So, Kinder, kommt auf eure Plätze. Schnell. Psst, hallo Sigurt.»

8.55
L: «Wir hatten die kleine Geschichte vom Schäfer gelesen. Was hattet ihr auf? Wie war das?»
Bernd: «Wir mußten das vom Schäfer ins Hausheft schreiben.»
L: «Ja, der Hirtenhund. Ja, das ist ja gar kein Streitproblem. Kerstin, fang du mal an.»
Kerstin: «Der Schäfer und der Hirtenhund sind gute Freunde. Er treibt die Herde immer zusammen.»
Achim fällt ein: «Wenn ein Schaf nicht hört, zwickt der Hund das Schaf ins Bein.»
Ein Protokollant wird beim Aufschreiben der Namen beobachtet, Bernd fragt: «Weshalb schreibt ihr unsere Namen auf, was haben wir getan?»
Handzeichen der L. zu Kindern, die dreinreden wollen.
L: «So, jetzt erzählt die Ute weiter. Die möchte auch was sagen. (Kinder lachen.) Laß sie doch. – Du, Bärbel, hmmm.»
L. nimmt andere Kinder mit Kopfbewegung dran.
L: «Fred, wolltest du was sagen? Hab ich nicht verstanden. Sag's noch mal. Ja. Na. Komm.» (Ermuntert das Kind durch Kopfnicken.)
Frage der L. wurde häufig durch «Psst» unterbrochen und mit «Ja» fortgesetzt.
L: «Was wir jetzt erzählt haben, gehörte gar nicht dazu, was wir uns gestern überlegt hatten. Aber das macht nichts. – (Lauter:) Ja, Bernd, hast du eben gehört, was der Fred gesagt hat? Ja. Sag's noch mal. Ja. Also der Schäfer ...»
Zwei Mädchen kommen zu spät.
L: «Ja, heute kommt ihr zu spät. Setz dich mal schnell. – So, Kinder, nehmt schnell die Haushefte raus.»
Achim meldet sich durchlaufend durch den ganzen Unterricht.
L: «Ute, jetzt sind wir doch bei was ganz anderem. – Da würd ich mal sagen ... ja, Fred. Erst ist der Fred dran.»
L. schreibt am Pult was auf. Sieht Hefte nach. Fred geht nach vorn und liest seine Hausaufgaben vor (Aufsatz).
Achim und Reinhard melden sich weiter. Fred soll nach seinem Aufsatz ein anderes Kind aufrufen.
L: «Du mußt gucken, Fred, was die anderen Kinder dazu zu sagen haben.»
Fred bestimmt Siegrid. Siegrid ruft Jürgen auf. Jürgen ruft Achim auf. Es werden schwierige Wörter an die Tafel geschrieben. Karin wird von L. angestoßen. Vier Kinder melden sich aus Reihe eins. Kinder, die zur L. kommen, werden weggeschoben.
L: «Psst. Äh. So.»
Inge: «Ich will vorlesen.»
L: «Ich würde jetzt mal vorschlagen, wir hatten da paar schwierige Wörter, du könntest mal welche anschreiben.» (Ilona schreibt.)
L: «Das ist falsch.» Klopft mit dem Bleistift auf den Tisch.
L: «So, ihr hört jetzt auf zu kruscheln und seid still. Los.»
L. läßt sich den Text von Achim zweimal vorlesen. Sie war beim Heftenachsehen, die Unruhe in der Klasse war groß. Lehrerin sieht weiter Hefte nach; Zwischenfra-

gen werden scharf beantwortet: «Nachher.»
L: «So, aber Fred. Weißt du's? Geh und schreib's gleich ab.»
L: «Glaubt ihr, der Fred weiß das nicht? Laßt doch mal, hier guckt her.» (Sie verlangt, *im Chor* das fehlerhaft geschriebene Wort «unentbehrlich» nachzusprechen.)

9.05
L: «Einige Kinder habe ich erwischt, die haben unser schönes schweres Wort falsch geschrieben. – Und, Ilona, schieb du bitte auch deine Tafel hoch. Laß doch mal! So, wir wollen mal den Fred. – Lösch das bitte aus, wir wollen noch mal sprechen. Nein, das macht der Fred. Der kann's nicht. Seid doch mal still. Wir können erst einen Fehler, dann . . . (bricht ab), der Fred kann das doch auch, ihm fällt das doch noch ein. Laßt das, ihr bringt ihn ja ganz durcheinander. (Kleine Pause.) Fred, weißt du's jetzt? Nein? Das ist ja doll! Helga, kannst du noch ein paar Wörtchen anschreiben, ein paar schwierige. Nein, du nicht, wenn dir nichts einfällt.»

9.10
(Während der ganzen Zeit steht Helga wartend vor der Tafel, um noch ihre Geschichte vorzulesen.)
L: «Ich möchte noch, hier, Kinder, ich möchte noch, da gibt es noch ein Wort, das ist so ähnlich.» ––
L: «Jetzt sitzt ihr ganz still.»
L: «Was machst du für einen Haken (g), das ist der reinste Schäferhaken. Das sieht sonderbar aus, wie du so einen Schwung machst. Mach bloß den Schäferhaken weg (Helga wischt), das meine ich auch. Ja. Weg! Wir zeigen ihr's dann, he, zeigt ihr mal, was wir meinten, warum das so furchtbar aussieht. Moment, hier, da war noch ein Wort: ‹Gefährden›, schreib an! Was ist denn da so sonderbar an der Gruppe. Sagt es mal der Angela.» (Nichts.)
L: «Wartet jetzt mal einen Moment, das ist ja eine Telefoniererei. So, ihr seht erst mal alle nach vorn. Unterstreich es mal, alles, was bei ‹gefährlich› so gefährlich ist.»
L: «Was ist so sonderbar an ‹gefährden›, Thomas?» (Karin schreibt das Wort falsch an die Tafel.)
L: «Au wei, Karin. (Klasse brüllt im Chor «h»). Gehört das jetzt in die Familie oder nicht?»
(Siegrid wird an die Tafel gerufen und unterstreicht Wörter mit «h» rot; Bernd schreibt noch das Wort «zusammen» an die Tafel.)
L: «Psssst, so, jetzt wollte die Helga zum Schluß mal was vorlesen. Peter, komm!» (Bernd turnt zwischen den Bänken.)

9.15
L: «Schlagt mal eure Hefte zu. (Sie klopft auf den Tisch.) Ääh, der Schäfer, Andreas! Der ist jetzt mit seiner Herde unterwegs; es wird Abend. Brigitte! Du warst doch auch da den ganzen Tag.» (Brigitte schläft fast; L. ganz behutsam zu ihr; Brigitte sagt nichts, erst später kommt sie von allein.)
L: «Michel, das mußt du doch wissen!»
L: «Psssst!» (Pause.)
L: «Das hast du schön erzählt, (in geheimnisvollem Ton:) die Schafe schlafen. Und jetzt denkt ihr aber mal nach.» (Die Kinder schwätzen leise versteckt, so daß sie

es möglichst nicht sieht.)
L: «Bärbel, psssst – oh, daß du gleich so viel erzählst.» (Redet unverständlich.)
L: «Andreas, den Schlafkasten des Schäfers wollen wir mal genauer beschreiben; er hat doch einen besonderen Namen. Ich glaube, das haben wir noch nicht *gesprochen.*» (Die Kinder sagen im Chor: «Schäferkarren.»)
L: «Ich glaube, das kann jetzt jedes Kind, auch die schwächsten.» (L. nimmt Ahmet am Arm und zieht ihn herum.)
Uta hat ein Bild gemalt, geht nach vorn und zeigt es der L. (Bild: Schäferkarren, Schafherde, Hund, Fuchs.)
L: «Alle Kinder sehen hierher. – Du kommst so mitten in der Stunde. (Zu Uta:) Ach, sie erklärt es uns. Laß sie doch. Sie sagt es uns noch. Weil sie so fleißig ist, kann sie es uns allen mal erzählen.»

9.20
L: «Ja, ja. Psst. Helga!» (Uta erzählt frei von ihrem Bild im Aufsatzstil und sagt an Stelle «daneben» «daneber».)
L: «Das hat mir aber wieder weh getan.» (Macht Pause, wartet Reaktion der Klasse ab, es kommt aber keine.)
L: «Ich hatte aber richtig Zahnweh, zweimal hat der Zahn mir richtig weh getan (greift sich an die Wange). So, ab jetzt sagst du nicht mehr ‹neber›! Das hört sich ganz häßlich an.» (Während Utas Erzählen klopft sie mit dem Kuli auf den Tisch, wenn es zu laut wird.)
L: «Das war ja wie ein kleiner Aufsatz, nur gemalt. Wer aufgepaßt hätte, könnte das jetzt . . .» (Pause.)
Klasse im Chor, statt melden: «Malen.»
L: «Nee» –
Einige Kinder vorsichtig: «Schreiben.»
L: «Der könnte einen kleinen Aufsatz schreiben.»
Ein Kind wiederholt: «Einen Aufsatz.»
L: «Ganz genau. Bernd, schau bitte nach vorn. Uta, guck wieder nach vorn. Das war genug unterbrochen. Ich komme immer nicht vorwärts. Fred, erzähl, wie der Karren aussieht!»
Fred: «Der Schäferkarren sieht aus wie ein . . .»
L: «Bitte ganz kurz!»
Kinder: «Karren.»
L: «Nein, Karren würde ich nicht sagen.»
Kinder tastend: «Kasten?»
L: «Ja.»
Kinder: «Mit einem schrägen Dach und zwei Rädern.»
L: «Das kann sich noch nicht jedes Kind vorstellen. Da könnten wir es anmalen.» (Zwei wollen es gern.)
Ein Kind: «Das Dach ist schräg.»
L: «Das ist interessant (ganz begeistert), überleg mal, warum das so ist.»
Reinhard malt an; Bernd soll noch mal erzählen, «wie das mit dem Dach geht».
L: «Meint ihr, daß das damit zusammenhängt?»
Achim: «Damit das Wasser runterläuft.»
Anderes Kind: «Wasser für die Schäfchen.»
L: «Karin, was machen die Schäfchen, wenn sie Durst haben?»
Kinder: «Der Schäfer hat einen Eimer, er geht mit ihm zum Bach.»

Achim: «An so einen kleinen Bach, wo Wasser fließt.»
L: «Das würd ich auch sagen. So jetzt gucken wir dahin. Laßt doch mal den Ahmet, der will auch was sagen. Laß ihn doch mal – malen.»
Ahmet malt einen Leiterwagen an.
L: «Er hat gut aufgepaßt. (Zur Klasse:) Warum malt er das wohl an?»
Klasse tastet sich langsam zum Wort «Leiterwagen» vor.
L: «Erzähle weiter, warum habe ich gestern den Leiterwagen angemalt?»
L: «Da, guckt euch doch mal an, warum heißt das so? (Schärfer:) Zeig's, komm, zeig's. Sylvia, weißt du, warum ich es angemalt hatte? Und da ist nicht einer, der's weiß. Ein Wort! Ein Wort! Ein Wort! . . . Ein Wort! . . . Ein Wort! . . . Ein Wort! Nichts, ich verrat es nicht. Laut! (Kinder: «Hirtenstall.») Wer sagt. Was hat der Leiterwagen mit dem Wagen zu tun? Die sehen aus, wie die Sprossen (zeigt auf den Leiterwagen).»
L: «Sonst könnt ich ja einpacken.»
Einige Kinder malen.
L: «Es ist doch allerhand, wie wenig man so aufpaßt.»
Fred: «Warum das Dach schief ist?»
Achim erklärt, warum das Dach schief ist; Jürgen erklärt an der Tafel; Reinhard korrigiert die Erklärungen von Jürgen zum schiefen Dach.
Ilona: «Entschuldige, ich habe nichts verstanden.»
L: «Ja. Dann frag doch mal die Kinder. Ja, und dann würde . . . Moment, da willst du jetzt . . . Du hattest gesagt . . . Zeig mal, meinst du eins von den Häusern?»
L: «Der Thomas erklärt es noch mal. Jürgen! Hört mal, der Thomas will das euch erklären. Also Thomas, was?»

9.30
L: «Hört mal, der Thomas will's euch erklären, und ihr hört nicht zu. Also Thomas, was meinst du, sag's mal laut.»
L: «Psst!»
L. nimmt Thomas am Arm und dreht ihn um, hält ihn so lange fest, bis es ruhig wird in der Klasse.
L: «Der Thomas will euch was erklären, daher müßt ihr still sein.»
Thomas: «Also Kinder, darüber, wenn wir mal einen Kasten bauen wollten, dann müßten wir es ganz fachmännisch ansehen.»
L: «Ihr seht, das hat alles seinen Grund. Vielleicht, als der allererste Schäferwagen gebaut wurde, hatte der ein flaches Dach. Dann wurde der nächste gebaut.»
Kinder: «Sie haben nachgedacht und haben einen Schäferwagen gebaut, wo das Wasser runterläuft.»
L: «Sag's noch mal. Du hast so was Schönes gesagt.»
Joachim fällt das Wort «nachgedacht» nicht mehr ein; L. drängt ihn, das Wort «wieder» zu wiederholen, es fällt ihm aber nicht mehr ein; L. wiederholt es selbst.
L: «Sie haben Erfahrung gemacht, sie haben nachgedacht. Ich möchte gern, daß ihr das Wort ‹schräg› an das Dach schreibt.»

9.35 (Schellen)
L: «Rosi, du hast nicht zugehört, hast wieder telefoniert.»
Sie hat sich mit Angela die ganzen drei Stunden mit Handzeichen verständigt. Angela sitzt links innen, während sie rechts außen sitzt.

L: «Wo sollst du das hinschreiben? So, pssst!»
Rosi schreibt das Wort an das schräge Dach.
L: «Hättest du das auch so gemacht, Manfred?»
(Uta imitiert halblaut die Lehrerin: «Und? Und? Na und?»)

Pause

Schreiben

9.55
Am Anfang der 3. Stunde Rangeleien; ein Kind tritt einem anderen gegen das Schienbein, das andere schlägt zurück. L. stößt «zart» die Köpfe der Kinder zusammen; sie geben sich die Hand; L. lächelt, dreht sich zur Klasse; die zwei Kinder kämpfen unter der Bank weiter, aber sehr leise.

10.00
L: «Wer fehlt noch?» – «Jetzt müssen wir wieder warten. Pssst.»
Kinder unterhalten sich leise; kippeln auf den Stühlen.
L: «Ja, Bärbel fehlt noch. So. Brigitte. Komm, leg das mal weg, Sylvia. So, wir machen das hier jetzt fertig. Einen kleinen Aufsatz, zusammenhängend. Schäfer, ääh, Schleifer, du erzählst jetzt vom Schäferkarren.»
L. zerrt ihn aus der Bank.
L: «Du sollst jetzt erzählen, wie Uta gemalt hat!»
Er fängt an mit dem schrägen Dach, wird unterbrochen und soll dann mit den Rädern anfangen.
L: «Und jetzt würde ich bei dem Dach noch etwas dazu sagen . . ., etwas fehlt noch.» (Die Deichsel.)
L: «Das wollen wir anschreiben. Das ist ein schweres Wort. Probier's mal, Sylvia. Schön. Ehmm, ja, das hab ich auch schon gesehen. Ja, schreib das da noch mal an, groß, so, hast gut gemacht. So. So. So. Es wird Abend. So. Los! Fang du mal an, Jürgen. Los!»
Jürgen erzählt: «Dann. Und legt sich ins Bett.»
L: «Wie könnten wir für dieses Bett noch sagen?»
Fred: «Nest.»
L: «Nest nicht!»
Fred vorsichtig: «Lager?»
L. reißt Achim nach vorn: «Das ist prima, ‹Lager› ist gut. Na, was ein Unterschied. Denkt doch mal an euer Bett oder an so 'n Schlafzimmer im Schaufenster, so 'n französisches Bett (Handbewegung). Dagegen so 'n Lager im Bunker oder wo ein Tippelbruder drauf schläft.»

10.05
L: «Peter will auch was sagen, er schläft sonst ein. (Spricht ein anderes Kind an.) Los, hinschreiben. Nein, so hab ich mir das gedacht. Mach hier einen Strich. (Zu einem anderen Kind:) Nein, mach du's.»
L: «So, jetzt schnell erzählen, daß es flott geht. Laß ihn, ich will's vom Peter hören, der kann es genauso gut wie die anderen Kinder. Er weiß es. Na? . . . Peter, na? Kannst du es dir vorstellen? (Peter sagt nichts.) Er kriecht da hinein, nicht? Du mußt nicht so ängstlich sein.»

L. zu einem anderen Kind: «Und die Katrin schreibt dann das nächste an. Los, los, los. Ihr seid ja so langweilig. Stellt euch das mal vor, was ist das für ein Unterschied?»
L. sagt das spannend zur Klasse, während sie gleichzeitig ein Kind am Arm packt und herumzerrt. Michael malt, Fred schaukelt auf seinem Stuhl hin und her, läuft öfter nach vorn an die Tafel, um den Schwamm oder das Tuch anders herum zu legen, Bärbel langweilt sich, Uta und Ahmet schaukeln auf ihren Stühlen.
Thomas tut eifrig, sagt was zur L., lacht dann blöd, als sie sich umdreht, und schneidet eine Grimasse; Achim wird von L. rumgedreht und zuckt dabei zusammen; reges Gespräch zwischen Achim, Bernd und Reinhard. Der Unterricht wird von L. wie von einem Verkehrspolizisten geregelt. Sie spricht immer zu verschiedenen Kindern, die jeweils etwas anderes machen, gleichzeitig packt sie oft ein Kind am Arm, um es nach vorn zu drehen, während sie mit der anderen Hand gestikuliert.
L: «Ja, ich möchte jetzt eins und allein wissen, warum kriecht er durch die Tür? Kriechst du durch die Tür zu Hause? (Rückt ein Kind wieder zurecht.) Also gut, wir wollen mal sehen, was sie da fabriziert.»
Alle Kinder sprechen im Chor: «Kriechen.»
L: «Mach das Komma weg! Einen Bindestrich! Das Komma weg! Der Schleifer geht vor! So. Jetzt, komm jetzt, wir wollen sehen, ob du aufgepaßt hast. Los! Andreas, jetzt liegt er auf seinem Lager. So, setz dich jetzt hin. (Sie klopft auf den Tisch.) Thomas, alle gucken jetzt hierher! Sonst sind wir morgen noch nicht fertig.»
L. geht an die Tafel, zeigt auf den Karren: «So, jetzt stellt euch das mal vor. Jetzt guckt euch das mal an. Ich glaub, da fällt . . . Ich glaub, da wird manches Kind noch . . . Na? Die Tür ist zu. Es ist Nacht. Er ist auf seinem Lager. Denkt doch mal nach. Jürgen, hast du heute Feiertag? Heiko, guck dir den Karren an. Guckt euch den Karren an!»
«Der Schäfer tut uns eigentlich leid.»
Bernd: «Hat ein kleines Lager, aber fühlt sich wohl drin.»
L: «Das glaub ich auch. Trotzdem. Die Tür ist zu.»
Kind: «Er ist allein.»
L: «Das mein ich nicht.»
Kind: «Menschenseelenallein, die Hunde sind ja draußen.»
L: «Na, ich glaub, er hat sich den Beruf gewählt.»

10.10
Siegrid schreibt «Tür zuziehen» an die Tafel. Es kommen zwei Mädchen herein, eine von beiden hat ein «heißes Höschen» an. – Helles Gelächter.
L: «Pssst.» (Klopft auf den Tisch und klatscht in die Hände.)
Mädchen gehen wieder.
L: «Ich weiß nicht, aus irgendeiner Ecke habe ich das gehört. Heiko, hast du das richtige Wort gesagt?»
Kerstin wiederholt lauter: «Heiße Höschen.»
Großes Gelächter wird beendet durch Klatschen der L., neuer Ausbruch wird durch Klopfen mit dem Schlüsselbund gehemmt.
L: «Jetzt sind wir damit aber fertig, Schluß!» (Strenger Ton, Kopfschütteln.)

10.15
L: «Und wenn die Tür zugezogen ist . . .?»
Bernd: «Und da stinkt's, wenn er mal 'n Bums läßt.»
Lehrerin zu den Protokollanten: «Schreiben Sie sich das nur auf, das ist wie gewachsen. Das ist psychologisch sehr interessant. (Zur Klasse:) Jetzt muß Schluß sein. Wir haben gelacht. Schluß!»
L: «Kleines Fensterle, das malst du an. Schluß, Kinder, hört mal. Nein, das ist jetzt gut. So. Bärbel. So, jetzt möchte ich gern von einem . . . weiter. (Sie unterbricht ständig das Kind, das spricht. Nein, jetzt würde ich sagen . . . Nein, wie ein großer Kasten . . . Damit . . . (Klatscht in die Hände.) Nein, die Deichsel hast du vergessen. Aus, wieso aus? . . . Hin. So! (Klatscht in die Hände.) Na! Weiter. So kann er schlafen. Und das würd ich vielleicht noch hinschreiben. Andreas, mach ein kleines Fenster. So. Andreas, komm bitte mal her, schreib ‹kleines Fenster› an.»
Die anderen Kinder unterhalten sich, kippeln auf den Stühlen.

10.20
Heft soll herausgenommen werden. Große Unruhe in der Klasse. Den Kindern ist nicht klar, was sie schreiben sollen.
L: «Ihr nehmt jetzt eure Schreibübungshefte raus. So, jetzt werden nur die Wörter von der Tafel abgeschrieben. So, jetzt sage ich nichts mehr.»
Dieser letzte Satz ist die Antwort auf Melden der Kinder.
L: «Ja. Halt. So. Ach was. So. Psst. (Sie klatscht in die Hände.) Kinder, wir haben heute noch mehr Arbeit. So. Psst. Es werden nur die Wörter in der Mitte abgeschrieben. Wörter werden untereinandergeschrieben. Daraus macht ihr zu Hause einen kleinen Aufsatz. Die Überschrift überlegt ihr euch selbst. Jetzt sage ich gar nichts mehr.»

10.30
L: «Hört mal, Kinder, wenn ihr mal einen Namen falsch schreibt, das ist doch nicht so schlimm. Ihr müßt euch doch jetzt nicht nach eurem Namen fragen. (Zu einem Mädchen am Fenster:) Ich schmeiß dich gleich raus. Oder in die Ecke. So. Psst. Hier los, vielleicht kannst du noch ein bißchen mehr schreiben. Es sind doch so viel Linien. Denk doch ein bißchen nach. Komm. So. Psst. Einen anderen Namen sollst du schreiben.» (Dabei radiert sie einem Kind auf dem Blatt.)

10.35
L: «Habt ihr eure Namen?»
(Kinder fangen an, in der Klasse herumzulaufen. Anne sammelt die Blätter ein.)
L: «Psst.»
Sie ermahnt leise einzelne Kinder. Hinten drücken sich zwei Bandenchefs feierlich die Hand. Fred und Klaus.
L: «Fred. So. Setz dich, setzt euch, damit wir sehen können, wer fertig ist.»

Rechenstunde

10.40
L: «So. Jetzt geht ihr auf eure Plätze. Schnell. Fred, setz dich. (Klappt die Tafel zu, klatscht.) Psst. Der Roger ist noch nicht still. So ein Durcheinander. Habt ihr

die Zettel alle abgegeben? (Klasse, einzeln: «Ja, ja, ja . . .») Fred, komm du. Alles Malzeug weglegen. Fred!»
Zwei Kinder kommen rein, petzen. Haben ein Kind aus der Klasse gesehen, das fehlt, war in der Stadt.
L: «Na, wenn ihr sie gesehen habt, wird sie morgen wieder da sein.»
L: «Die Malsachen kommen unter die Bank. Achim! Hast du nicht gehört, was ich gesagt habe? *Unter* die Bank.»
Thomas geht nach vorn, am Ende der Stunde, nimmt den Papierkorb, macht die Klassentür auf, stellt den Papierkorb davor. Geht wieder zurück. L. holt den Papierkorb wieder zurück, macht die Tür zu, ohne etwas zu sagen. – Thomas geht noch einmal nach vorn, legt den Zipfel des herunterhängenden Tafellappens ordentlich auf den Schwammhalter.
L: «Es macht mich nervös. Es dauert sehr lange. Wir wollen jetzt ganz leise unsere Rechenschulhefte herausnehmen.» Es wird doch lauter, sie klopft auf den Tisch.
L: «Klaus, wir fangen schon an. Wo ist dein Heft? Psst. Guck ich nachher. Schreibt bitte das Datum hin. (Ein Kind schreibt das Datum an die Tafel.) Was wir heute für eine Zeit versäumen!»

10.45
Klaus: «Was soll ich rechnen?»
L: «Aber das weiß doch jeder.»
Klaus: «Ich bin noch nicht soweit.» (Er trödelt aber weiter so herum.)
L: «Hier, wir haben schon lange das 1 × 25 und 1 × 15 nicht wiederholt. Ich diktiere. Wer's gleich kann, schreibt's hin, wer's noch nicht kann, hat nachher noch ein bißchen Zeit. Ihr sollt die ganze Aufgabe hinschreiben: 5 × 25, 3 × 25, 9 × . . . immer mit der 25; 7 × , 4 × , 8 × und 3 × , 2 × , ach, Verzeihung, haben wir schon. Also 2 × fertig, haben wir.»
L. zu einem Kind: «Schreib sauber, dann hast du auch was davon.»
Appelle zum Mitschreiben werden von allen befolgt.
Es ist Ruhe, die Kinder rechnen alle. Achim meldet sich ständig bei Fragen der L.
L. zu Irene: «Du hast lange gefehlt, hast du's jetzt? Oder müssen wir noch etwas üben?»
Zu einem anderen Kind gewandt: «So machen wir das nicht, jetzt haben wir das 1 × 25 so lange nicht gehabt, da habt ihr alles schon wieder vergessen. Ihr seid zu faul zum Rechnen. Ihr denkt, wenn das die anderen Kinder vorlesen, dann schreib ich das mit.»

10.55
L: «Jetzt mache ich das umgekehrt, ich sage euch die Zahl aus dem 25ger 1 × 1, ihr schreibt ‹ist gleich› auf.»
L: «So, jetzt nehmen wir mal das 15er. 5 × 15, 3 × 15, 9 × , 4 × , Bernd, 7 × , 2 × . So, wir machen eine kleine Rechenpause. Ja, ich mache ein bißchen kleinere Päckchen. Thomas, fang an! (Liest.) Halt, Thomas. Ahmet! (Liest.) Noch eine. Noch eine. Jetzt kann er die Zahlen schon ganz gut.» . . . usw. . . .
L: «So, jetzt gehen die Aufgaben weiter! – Kopfrechnen! 5 × 12, 8 × , 6 × . Psst. Schön. Ja, 4 × , 7 × .» Die Kinder: «Noch net.» Die Kinder antworten wie aus der Pistole geschossen.

11.10
L: «So, jetzt rechnet die Päckchen weiter. Psst. Hast du alles? Hier, halt deinen Mund jetzt! Das ist noch besser, das ist mir noch lieber.»
Kinder bemerken, daß mehrere Rechenaufgaben in den einzelnen Päckchen fehlen; sie verlangen nach Vollständigkeit.
L: «Achim, fang an. Heiko. Das ist 'ne Schande für dich. Bitte. (L. klopft auf den Tisch.) Psst. Es ist zu unruhig. Alle gucken hier nach vorne. Erst mal eine kleine Textaufgabe. Bitte, *her* . . . Es haben einige Kinder gefehlt, denen müssen wir das noch erklären.»

11.15
L: «Die Kerstin schreibt an. Hier.»
Kerstin: «Untereinander?»
L: «Es gibt noch nichts untereinanderzuschreiben. Ihr braucht den Text nicht mitzuschreiben. Ihr schreibt das untereinander. So, wird zuerst mal aufgeschrieben. Beim Metzger bezahlt die Mutter 805 Pf; ihr schreibt das bitte daneben. Dann kommt sie noch an der Post vorbei. Sie kommt an der Post vorbei. Dort soll sie, die Mutti, ääh, hört mal. Ich hole mal, ääh . . . ääh, hole mal für 200 Pf Briefmarken. Und daneben ist noch eine Apotheke . . . Das Und-Strichel noch daneben. Was macht die Mutti zu Hause, Kinder? Sie rechnet zusammen. Warum rechnet sie zusammen?»
Reißt Reinhard am Arm herum. Bernd fällt ihr ins Wort: «Weil sie wissen will, wie teuer das ist.»
L: «Der Roger fängt an, an der Tafel an, ihr schreibt ins Heft. Roger, komm mal heraus! Macht es wie der Kaufmann, mit Komma und untereinander. Thomas, ihr habt so lange gefehlt. Könnt ihr das rechnen, oder müssen wir das mit euch noch üben? (Kontrolliert das noch einmal.) Das stimmt nicht, alter Freund.»
L. klopft: «Psst. (Klopft wieder.) Bitte, laß es jetzt. Du hattest was vergessen gehabt (zu Roger, der an der Tafel steht. Roger: «Ja.»). Ja, das darfst du nicht. (Klopft.) Jeder rechnet für sich. Andreas, komm! (Sie winkt ihn mit dem Finger heran, mit dem Finger lockend.) Jedes Kind schreibt noch einen Satz, einen Antwortsatz hin. Jedes schreibt für sich einen Antwortsatz hin. Du auch. Du auch. Du auch (zu verschiedenen Kindern).

11.20
L: «Komm, seid doch ein bißchen still. Rosi, Ilona (ruft noch andere Kinder auf). Komm mal du raus mit deinem Heft! Du kommst mit! Du kommst auch raus! Komm! Komm!»
Sie zerrt drei Kinder aus den Bänken. Die Kinder lesen ihre Antwortsätze vor.
L: «Jürgen, was meinst du zu der Rosi? Bist also nicht einverstanden? Hast du ‹Geschäfte*n*› geschrieben? Das ist doch noch nicht ganz klar. Hallo, Freundchen, jetzt bist du dran (zu Achim).»
Achim liest seine Antwort vor, einige Kinder rufen: «Richtig, richtig.»

11.25
L: «Der Thomas wird's begründen. Na, man muß bei den Antworten, bei den Antworten müssen wir ganz genau achtgeben. Hört doch endlich auf!»
Sie kneift ein Kind in die Backe. Einige Kinder der Hinterbänke turnen in den Bankgängen.

L. scharf: «Jürgen, du kommst hinterher zu mir.» Kleine Pause.
L: «So, wir machen leise Pause.»
Kinder erstaunt: «Pause?»
L: «Ja, Pause.»
Es wird aber doch sehr laut.
Klingeln – Kinder rennen wild hinaus.

Das war kein besonders «guter», aber auch kein besonders «schlechter» Unterricht – wenn man ihn am Durchschnitt mißt. Im Rahmen mehrerer Schulpraktika haben wir in über 30 Grundschulklassen in jeweils mehreren unvorbereiteten Stunden hospitiert, haben mit Kollegen die Protokolle diskutiert und fanden diese Stunden normal, wenn man vom Unterricht in den Villengegenden mit 22 Kindern pro Klasse absieht. Vielleicht baut das Protokoll einige Komplexe bei Lehrerkollegen ab und auch überzogene Ansprüche, das heißt (Schau-)Vorstellungen bei den Schulräten.

Die Lehrerin, die diese Stunden gehalten hat, hat die zweite Lehrerprüfung lange hinter sich. Sie sagt:

«Man muß die Kinder ja reden lassen – damit sie aus sich herauskommen und sprechen lernen ... Ohne Routine geht man drauf bei dem Betrieb. Die Klasse ist durch viele Hände gegangen, vier Lehrer in drei Jahren ist zuviel, da hat jeder mal probiert, und ich muß es jetzt ausbaden. Nach fünf Stunden bin ich immer richtig fertig ... 37 Kinder im dritten Schuljahr und in so einem kleinen Raum ist schon schwierig; da muß man schon mal energisch werden und auf den Tisch haun, auch wenn's den Herrn Pädagogen von der Universität nicht paßt; sonst käme man überhaupt nicht zurecht ...

Einige sind fleißig, fast zu fleißig und brav, aber andere, der Georg und die Irene z. B., haben nicht einmal mehr vor den Noten richtig Angst. Höchstens vor den Zeugnissen, weil sie's da vom Vater kriegen, wenn es nicht gut ist ...

Für Strafen bin ich nicht so, ich gebe selten Strafarbeiten, höchstens mal ein Gedicht auswendig zu lernen. Die anderen Kinder verlangen ja die Bestrafung der Übeltäter, das ist eine viel größere Strafe ... Und wenn sich zwei prügeln, nehme ich sie am Schlafittchen, halte sie auseinander, setz sie wieder nebeneinander, laß sie sich die Hand geben, und alles ist wieder klar. Das ist eine noch viel schlimmere Strafe für sie ...

Lernen müssen sie, man kann ja nicht nur spielen. Das Leben ist doch auch kein Spiel. Aber die wollen einfach nicht ... Immerhin lernen sie, sich anständig zu benehmen; da lege ich großen Wert drauf, daß sie sauber und pünktlich sind ...

Eigentlich muß man sie ja richtig gern haben.»

Das Protokoll und die Äußerungen der Lehrerin widersprechen unseren Thesen von den wirklichen Lernzielen der Schule und über den Charakter der schulischen Lernarbeit nur scheinbar. Es zeigt nicht den ganzen Zusammenhang der Schule, in dem sich ihre Funktion erfüllt, sondern die konkrete, partikularisierte Unterrichtssituation, der Lehrer und Schüler einigermaßen hilflos ausgesetzt sind als Eingeschlossene, die sich über die Stunden retten.

Das Protokoll zeigt aber auch, daß in der Situation des Eingeschlossenseins, in einem Ausnahmezustand also, von allen Beteiligten Verhaltensweisen erzwungen werden, die nur durch die Situation selber zu erklären sind. Begründet sind diese Verhaltensweisen in ihrer Funktion, die außerhalb der Situation liegt, in der sie vorkommen. Es geht hier nicht um Details, sondern um die Erkenntnis, daß die Lernenden – dazu können dann unter Umständen auch die Lehrer gehören – diese Situation gründlich umdrehen müssen, wenn sie in ihrem Interesse lernen wollen. In der Schule wollen sie es bisher nicht.

Zusammenfassung:

Frage an einen Schüler: «Was gefällt dir am besten an der Schule?»
Antwort: «Die Pause und die Ferien und wenn sie aus ist!»

Frage an eine Schülerin: «Welche Fächer magst du am liebsten?»
Antwort: «Deutsch und Zeichnen und Rechnen und Erdkunde.»
Frage: «Deutsch auch?»
Antwort: «Nein – – eigentlich nicht.»

Frage an eine Schülerin: «Wie stellst du dir einen guten Unterricht vor?»
Antwort: «Einen guten Unterricht? – Einen guten Unterricht stelle ich mir so vor: – Ich kann mir einen guten Unterricht nicht vorstellen.»

Kinder sind nicht immer lieb . . .

Der Stoff im Unterricht

«Die Auswahl (des Stoffes) wird um so fruchtbarer sein, je mehr sie sich nach dem richtet, was der früh in die Arbeitswelt eintretende und später meist in praktischen Berufen tätige Mensch an geschichtlichem Wissen in dieser unserer Gesellschaft und Wirtschaft, im Staat und in den überstaatlichen Ordnungen, in seinem Volk und seiner Kirche braucht» (Deutscher Ausschuß für das Erziehungs- und Bildungswesen, Hauptschulempfehlung [1965], S. 36).

Lehrplanfragen sind auch Machtfragen

Während die Organisation des Erziehungswesens der Hauptthebel der Herrschenden zur Sicherung der Funktionen der Klassenschule ist, auf den die Eltern, Schüler und Lehrer z. Z. nur wenig Einfluß nehmen, sind Lehrplan und Unterrichtsstoffe das Feld, auf dem die bürgerlichen Ideologen, Pädagogen und Bildungspolitiker die massivsten Scheingefechte inszenieren gegen den vermeintlichen Ausverkauf ihrer «freien Welt» durch «Radikale» (Wurzelzieher) im Schuldienst. Ziel der bewußten und bewußtlosen Agenten der Bourgeoisie ist es, die ideologische Integration aller Schüler zu sichern; möglichst durch Überlistung, Versprechungen, wissenschaftlich verbrämte Curricula, notfalls aber auch mit offener Gewalt (Schüler- und Lehrerrausschmisse usw.).

Daß das kein Hirngespinst ist, kann an einigen Beispielen gezeigt werden:

1. Dank ihrer kritischen Haltung kamen in letzter Zeit einige Lehrerkollegen in eine kritische Lage. Bei den Disziplinierungsversuchen gegen die linken Lehrerkollegen bis hin zum Berufsverbot (z. B. Lüdde, Kommer, Jacobs, Topp, Oellrich, Boettiger, Koerber, Kühn, U. Müller) durch CDU- und SPD-Regierungen wurden fast immer die Unterrichtsinhalte zum Anlaß genommen. Politische Verhetzung Minderjähriger, Unterhöhlung der freiheitlichen Grundordnung im Unterricht waren die Vorwürfe, die zur Ausschaltung von Lehrern führen sollten, die sich weigerten, die Hirne ihrer Schüler mit den reaktionären Ideologien zu verkleistern, die versuchten, ihnen die gesellschaftlichen Widersprüche und Machtverhältnisse zu zeigen. Die Herrschenden, die den Klassenkampf im Bewußtsein des Volkes auszulöschen versuchen, haben nie gezögert, ihn mit allen Mitteln und auf allen Ebenen zu führen.

2. Der Kampf der versammelten Reaktion gegen die Hessischen Rahmenrichtlinien für die allgemeinbildenden Schulen ist die parlamentarische und publizistische Variante der antisozialistischen Staatsfeindeproduktion. Diese Richtlinien stellen ja nicht gerade den Gipfel des Fortschritts dar, sondern auch eine im Kapitalinteresse notwendige Anpassung der Inhalte an die Erfordernisse «unserer modernen pluralistischen Industriegesellschaft».

3. Auf der gleichen Ebene des *Schulkampfes von oben* läßt die CDU Propagandapamphlete für ihre Gefolgschaft und gegen Demokraten, Sozialisten und Kommunisten drucken. «Sozialismus im Schulwesen – am Beispiel Hessen – eine Dokumentation» (Wiesbaden 1972) nennt sich so eine Gespenstergeschichte. Danach müßte die CDU eigentlich sogar die Mitglieder der GEW und die SPD-Lehrer als Radikale vom öffentlichen Schuldienst ausschließen. (Die CSU-Regierung im «Freistaat» Bayern hat im September 1973 einen SPD-Lehrer gefeuert.) Zum Aufbau des Feindbildes sind den Reaktionären unbewiesene Verdächtigungen, Demagogie, die Mobilisierung von Ängsten und auch falsches Zitieren recht. Nicht einmal Zitieren haben sie in ihrer Schule gelernt. Nach dieser Gespenstergeschichte steht die Schule in der BRD kurz vor der «Machtübernahme» durch die «Linksradikalen» – gäbe es nicht die Retter des Abendlandes. Die Linken «indoktrinieren» und verhetzen die Schüler und untergraben die freiheitliche Grundordnung durch die Verwendung linksradikaler Unterrichtsinhalte.

Zwei Beispiele:

a) Ein «Skandal in Frankfurt/M.»: «Im Deutschunterricht der Klasse 4a der Günderode-Schule vermittelte ein Lehrer die Grundlagen des deutschen Satzbaues am 21. 6. 1972 mit folgenden Beispielsätzen: ‹Der Arbeiter schuftet für den Unternehmer› und ‹Der Unternehmer beutet den Arbeiter aus› (Zur Erklärung von ‹Subjekt-Prädikat-Wen-Fall›).»

b) «Hessischer Kultusminister vergiftet die Schuljugend mit prokommunistischen Pamphleten», so CDU-Wallmann, 2. Vorsitzender in Hessen, weil ein Sozialkundebuch (Georg, Hilligen: Sehen – beurteilen – handeln. Frankfurt 1971) nicht nur die kapitalistischen Halbwahrheiten und die Lügenmärchen der Bourgeoisie verbreitet, sondern auch einige unwiderlegbare Tatsachen, die nicht gerade für den Kapitalismus sprechen. Wir zitieren aus der CDU-«Kritik» an diesem Buch und an dem «Arbeitsbuch zur politischen Bildung in der Grundschule» von G. Beck, S. Aust und W. Hilligen (Frankfurt 1971):

«*Das Arbeitsbuch zur politischen Bildung in der Grundschule*
enthält sozialistische Indoktrination noch in dosierterer Form als ‹Sehen – beurteilen – handeln›. Doch geben Text, Grafiken und Suggestivfragen deutlich genug die Richtung an, in der der Unterricht ausgestaltet werden soll.

Schiefe politische Optik wird schon auf der ersten Umschlagseite geboten. Auf einem Plakat ist zu lesen: ‹1 Starfighter – 4 Schulen›.

Durch das ganze Buch hindurch lassen sich die Bemühungen verfolgen, eine klassenkämpferische Mentalität bei den 6- bis 10jährigen, die noch besonders aufnahmefähig und zudem gegenüber der Indoktrination besonders wehrlos sind, zu erreichen oder wenigstens vorzubereiten. Der Kampf gilt der marktwirtschaftlichen Ordnung der Bundesrepublik.

So werden zur Erläuterung der Gegenwartssituation soziale Ungerechtigkeiten aus den Zeiten der Frühindustrialisierung heraufbeschworen (S. 18).

Mit Grafiken und Suggestivfragen soll die Vorstellung, unsere Kinder lebten im materiellen Elend, erzeugt werden (S. 19).

Geschichte und Zeitgeschichte erscheinen ausschließlich unter dem Gesichtspunkt von Standes- und Klassengegensätzen. In unkritischer und aller sozialgeschichtlich-wissenschaftlicher Erkenntnis widersprechender Weise werden die mittelalterlichen Stände begrifflich den modernen teilweise ideologisch-polemisch verwendeten Bezeichnungen ‹Schicht› und ‹Klasse› gleichgesetzt, eine Gleichsetzung, wie sie nur vom ‹Histomat› Marx–Engelsscher Prägung vertreten wird. Es wird suggeriert, die Gesellschaftsordnung der Bundesrepublik werde durch einen Kampf zweier antagonistischer Klassen charakterisiert, der ‹Klasse› der Arbeitgeber und der ‹Klasse› der Arbeitnehmer (S. 48–55).

Dem entsprechen polemische Primitivdeutungen wie folgende:

‹Geld läßt sich verdienen
wenn man arbeitet oder
wenn man andere arbeiten läßt.› (S. 36)

oder:

‹Die meisten müssen ihre Arbeitskraft verkaufen, um leben zu können› (S. 41).

Gegen die marktwirtschaftliche Ordnung als ganze wird auch mit Hilfe von

Grafiken polemisiert (S. 44).
Suggestivfragen wie die folgenden dienen dem gleichen Zweck:

‹Wie viele Menschen leben von ihrer Arbeitskraft?

Wie viele Menschen leben vor allem von ihrem Besitz an Produktionsmitteln?

Wen trifft es am härtesten, wenn die Preise für die Grundbedürfnisse steigen?

Wem gelingt es am leichtesten, aus Geld mehr Geld zu machen?› (S. 47) . . .

Die Linie des Grundschul-Arbeitsbuches setzt der Band ‹Sehen – beurteilen – handeln› konsequent für das 5. und 6. Schuljahr fort.

Karikaturen verunglimpfen das Wirtschaftssystem der Bundesrepublik als außerhalb der Demokratie stehend (S. 6) und stellen die Arbeiter in unserem Land als Galeerensklaven dar, über die die Peitsche geschwungen wird (S. 97).

Auf einem anderen Bild erscheint der ‹Faktor Kapital› auf einer Rikscha sitzend, die vom ‹Faktor Arbeit› in der Gestalt eines Kulis gezogen wird (S. 101).

Klassenkampf – das universelle Unterrichtsthema

. . .

Das Konzept des weltweiten Klassenkampfes spiegelt sich auch in dem den Entwicklungsländern gewidmeten Kapitel wider. Die Entwicklungshilfe erscheint als Ausbeutung seitens der Industrieländer.

Demzufolge bleibt den Völkern in den Entwicklungsländern nach Auffassung der Schulbuchautoren vielfach ‹nichts weiter als der bewaffnete Aufstand› (S. 128). Damit maßen sich die Autoren an, darüber zu entscheiden, welche Kriege als gerecht oder ungerecht anzusehen sind.

Übrigens gibt es ‹Völker› nur in den Entwicklungsländern. Ein deutsches Volk kommt in dem Buch ebenso wenig vor wie der Begriff des Staates. Es ist beinahe überflüssig zu sagen, daß es an keiner Stelle eine positive Würdigung des Verfassungsaufbaues der Bundesrepublik und ihrer Sozialordnung gibt.

. . .

Vielfach arbeiten die Autoren wie schon bei den oben erwähnten Fotos und Karikaturen nicht mit direkten verbalen Aussagen, sondern mit hinterlistiger suggestiver Manipulation. So antwortet zum Beispiel auf die Kapitelüberschrift ‹Sterben unsere Städte?› ein Bild von einer Hausbesetzung im Frankfurter Westend (S. 87)» (nach: CDU-Fraktion Hessen: Sozialismus im Schulwesen. Dokumentation. Wiesbaden 1972).

Die «Kritiker» aus der CDU können keine der von ihnen als einseitig und ideologisch-sozialistisch bezeichneten Aussagen widerlegen – sonst würden sie es doch tun. Solche «Kritik» gilt nicht nur dem Schulbuch, seinen Autoren und Genehmigern, sondern allen Erziehern, die sich mit den bestehenden Klassenverhältnissen nicht abfinden. Was wirft die CDU den Schulbuchautoren also vor?

- Daß sie die Schuljugend mit der Wahrheit «vergiften»,
- daß also die Wahrheit «hinterlistige, suggestive Manipulation» und «sozialistische Indoktrination» ist.

Das Niveau einer Predigt hängt bekanntlich nicht von der Höhe der Kanzel ab.

Die Schulorganisation wirkt auf die Unterrichtsinhalte

Die Unterrichtsinhalte sind wieder zum Gegenstand ideologischer Auseinandersetzungen geworden. Ihre politische Bedeutung wird so manifest. Das begünstigt die voreilige Annahme und Hoffnung vieler fortschrittlicher Lehrer, daß man nur die richtigen Inhalte in den Lehrplan und den Unterricht einbringen müßte, und schon würden sie auch in die Köpfe der Schüler gelangen. Zahlreiche Gegenschulbücher, Unterrichtseinheiten und didaktische Überlegungen von fortschrittlichen Lehrern zeugen von dieser Hoffnung. Ob die Hoffnung berechtigt ist, steht hier insofern zur Debatte, als wir untersuchen müssen, wie die Unterrichtsinhalte den Schulfunktionen untergeordnet sind und sich dadurch in der Wirkung bis in ihr Gegenteil verkehren können. Wir wollen hier überhaupt nicht die Notwendigkeit der Entwicklung fortschrittlicher Unterrichtsmaterialien bestreiten, im Gegenteil; aber wir müssen die Bedingungen ihrer Vermittlung und die Rückwirkungen dieser Bedingungen auf die Inhalte kennen, damit wir nicht Fehler machen, die vermeidbar sind.

Die Organisation der Schule wirkt auf die Inhalte des Unterrichts. Drei Faktoren des Unterrichtsrituals sind dabei besonders wichtig:

- das Lohn-Strafe-System der Motivation in seiner kapitalistischen Form;
- die Zerstückelung aller Zusammenhänge im Fächersalat;
- die Organisation dieser Trümmer im Stundenplan (als Folge der Trennung von Lernen und produktiver Arbeit).

Durch das vorherrschende *Lohn-Strafe-System* werden die Konkurrenz der Schüler untereinander und die Angst der Schüler vor den Lehrern als Beurteiler zum bestimmenden Moment der schulischen Verkehrsformen und Aktivitäten. Wir haben bereits darauf hingewiesen, daß die Schüler gezwungenermaßen in der Schule sind. Man tut eine Sache nicht, weil sie gebraucht wird oder weil man sie tun will, sondern weil sie bewertet wird und weil von der Bewertung der Erfolg abhängt. Wie in allen Bereichen des gesellschaftlichen Lebens im Kapitalismus ist auch in der Schule die Tauschwertseite der zu erwerbenden Qualifikationen handlungsleitend. Man braucht zum Beispiel Rechnen, Physik, Lesen, Schreiben usw. im Leben. Solche Kenntnisse haben einen «Gebrauchswert» für den Lernenden, aber der liegt weitgehend außerhalb der Erfahrung des Lernenden. Die schulische Erfahrung lehrt das Kind, daß es schreiben muß, weil es sonst ausgeschimpft wird, schlechte Noten bekommt, bestraft wird, die Liebe des Lehrers oder der Eltern verliert. Schreibleistungen wie Schulleistungen überhaupt haben vor allem einen «Tauschwert» für das Kind (vgl. den Abschnitt über Schule und Fabrik).

Die Regie des Tauschprinzips verwandelt auch fortschrittliche Unterrichtsinhalte in «Tauschwerte» und kann sie und die Schüler auf diese Weise korrumpieren.

Die Aneignung der Marxschen Kritik der politischen Ökonomie durch Studenten an den Hochschulen geschieht zum Beispiel häufig vor allem, um mitreden zu können, um von den anderen für voll genommen zu werden, um den eigenen «Tauschwert» zu erhöhen, um besser bluffen zu können, und nicht, weil man sie als «Waffe im Klassenkampf» braucht. Das ist ein Beispiel dafür, wie die fortschrittlichen Inhalte im Prozeß der Aneignung zu «Tauschwerten» verkommen können. Das ist nicht diffamierend gemeint, sondern im Charakter der kapitalistischen Ausbildung begründet. Aber diese Aneignung geschieht zugleich, um auch solche Prozesse durchschauen zu können. Was heißt es zum Beispiel, wenn ein Schüler sich mit Brechts Gedicht «Fragen eines lesenden Arbeiters» beschäftigt, weil zum Beispiel sein Lehrer das von ihm verlangt, weil er für die Zulassung zum Hochschulstudium gute Noten braucht (Numerus clausus), um nach dem Studium eine Position zu erwerben, in der er andere für sich arbeiten lassen kann? Aus diesen Widersprüchen gibt es keine Flucht in der Klassenschule. Aber das spricht nicht gegen die fortschrittlichen Inhalte, sondern nur gegen die Überschätzung ihrer Wirksamkeit unter den Bedingungen der Schule.

Die *Zertrümmerung der Zusammenhänge in Schulfächer* ist der zweite Organisationsfaktor, der die Unterrichtsinhalte bestimmt. Das Prinzip «Teile und herrsche!» findet auch hier Anwendung.

Erst die Einsicht in den Gesamtzusammenhang dieser Gesellschaft könnte ihren Klassencharakter offenlegen. Diese Einsicht sollen die Schüler nicht erhalten. Die Zerstörung des Erkenntniszusammenhangs durch seine Aufteilung in Schulfächer, die der Teilung der bürgerlichen Wissenschaften folgt, ist ein Mittel der Herrschaft, und das heißt hier der Erkenntnisverhinderung.

Kein Fach kann aus sich heraus die Erkenntnis des gesellschaftlichen Zusammenhangs leisten, zumal die Schule institutionell von den entscheidenden Bereichen dieses Zusammenhangs (Produktion, übriges Leben) getrennt ist, deren Teil sie zugleich ist. Es ist kein Zufall, daß die Kritik der politischen Ökonomie durch Marx und Engels nicht im Korsett der bürgerlichen Wissenschaften geleistet worden ist, sondern außerhalb und gegen sie im Zusammenhang mit den Kämpfen der Arbeiterklasse.

Die fachbornierte, hochspezialisierte Wissenschaft hat für die Entwicklung der Produktivkräfte bisher eine große Bedeutung gehabt, aber sie ist blind der Verfügungsgewalt der herrschenden Klasse unterworfen, die ihre gesellschaftlichen Funktionen und Richtung bestimmt. Die Wertfreiheit dieser Wissenschaft ist ein Märchen der Bourgeoisie, das u. a. zur Gewissensberuhigung der bürgerlichen Forscher dient. Sie sollen weiterhin verwertbare Ergebnisse produzieren, ohne Gewissensbisse, ohne nach dem Warum zu fragen. Sie sollen der «reinen Wissenschaft» um ihrer selbst willen dienen. Liegen die Ergebnisse – Atombomben, eine kaputte Natur, entlaubte Wälder – dann vor, haben die wertfreien Forscher es nicht gewollt. Sie leugnen den Verwertungszusammenhang ihrer Tätigkeit, weil sie ihn nicht erkennen oder sich für unzuständig erklären. Die Gymnasien sollen solche Fachidioten produzieren. Die Opfer dieser Zertrümmerung der Zusammenhänge, die Arbeiter, sind die einzigen, die diesem Treiben ein Ende bereiten könnten. Besonders ihnen sollen deshalb die Zusammenhänge verborgen bleiben. Für sie sind die Schulfächer die Dunkelkammern, in denen das Licht der Erkenntnis abgeblendet wird. Die Welt wird zum Trickfilmausschnitt, aber die Pädagogen wundern sich, daß die Schüler keine Zusammenhänge erkennen können, die sie selbst nicht begreifen, und deren Zertrümmerung in isolierte Fächer sie mit wissenschaftlichem Aufwand rechtfertigen und betreiben. Inwieweit die durch die Industrie partiell geforderte Rekonstruktion der Zusammenhänge über die Projektarbeit und ihre Übertragung in die Ausbildung als Projektunterricht oder Projektstudium mehr wird als eine Addition von Bruchstücken und Reformwerkelei, bleibt abzuwarten. Bisher sieht es nicht so aus, als sollten diese Versuche im Schulwesen über das Stadium von Reformversprechungen so schnell hinauskommen.

Die Perfektionierung der Zertrümmerung von Zusammenhängen erfolgt über den *Stundenplan.* So sieht ein zerteilter Arbeitstag der Schüler im Zeitraffer aus: Schulweg – Klingel – Deutsch – Klingel – Rechnen – Klingel – Pause – Klingel – Religion – Klingel – Physik – Klingel – Pause – Klingel – Englisch – Klingel – Sport – Klingel – Heimweg – Essenspause

– Hausaufgaben in fünf verschiedenen Sorten – Spielen . . . (vgl. Zeichnung S. 128). Und jedesmal ein anderer Dirigent im Training für den Produktionstag.

Ein Schüler nannte den Stundenplan einen Pausenplan. Jede Stunde zwischen den Pausen hat ihre eigene Fachsystematik und nichts mit dem Vorher und Nachher zu tun, nur mit sich selber. Die Schüler müssen sich diesem schnellen, regelmäßigen, genormten Wechsel der Arbeitsphasen und dem Wechsel der Abteilungsleiter (Lehrer) anpassen, um nicht durchzufallen. Die Anpassung an die jeweiligen Besonderheiten der Lehrer und die Beherrschung des Stoffs werden zum Vehikel des Aufstiegs der Schüler zur nächsten Stufe der Hierarchie in der Schullaufbahn. Dazu kommt die Hierarchisierung der Fächer und Lehrstoffe, die sich nicht nach ihrem Erkenntniswert für die Schüler richtet, sondern nach ihrem «Tauschwert», der als Notengewicht im Zeugnis, als Schulerfolg oder Mißerfolg Gestalt annimmt und sich beim Verkauf der Arbeitskraft realisiert.

Ein linker Schulkritiker faßt seine Erfahrungen so zusammen:

«Der Staat sicherte die Lebendigkeit des Unterrichts auf eine sehr einfache Weise. Dadurch, daß jeder Lehrer nur ein ganz bestimmtes Quantum Wissen vorzutragen hatte und dieses jahraus, jahrein, wurde er gegen den Stoff selber völlig abgestumpft und durch ihn nicht mehr vom Hauptziel abgelenkt: dem sich Ausleben vor den Schülern. Alle seine privaten Enttäuschungen, finanziellen Sorgen, familiären Mißgeschicke erledigte er im Unterricht, seine Schüler so daran beteiligend. Von keinerlei stofflichem Interesse fortgerissen, vermochte er sich darauf zu konzentrieren, die Seelen der jungen Leute auszubilden und ihnen alle Formen des Unterschleifs beizubringen. So bereitete er sie auf den Eintritt in eine Welt vor, wo ihnen gerade solche Leute wie er entgegentreten, verkrüppelte, beschädigte, mit allen Wassern gewaschene.»

Die Schulfächer

Im folgenden geht es nicht um eine ausführliche Ideologiekritik der Lehrinhalte – die wurde für die meisten Fächer von anderen Autoren wenigstens ansatzweise geleistet. Wir werden hier nur auf einige typische Auswirkungen der Verbindung von Unterrichtsinhalten und Unterrichtsorganisation hinweisen, die in der Ideologiekritik der Lehrbücher, der Lehrpläne und der Didaktik übersehen worden sind. Ein Tatbestand, der nicht gegen die Bedeutung dieser Auswirkungen spricht, sondern nur Ausdruck der Praxislosigkeit der Ideologiekritiker ist. Deren Isolierung von der Praxis kommt auch darin zum Ausdruck, daß sie sich meist nur auf die Inhalte der dem Augenschein nach ideologietragenden Fächer (Deutsch, Geschichte, Politische Bildung) beschränkt haben. Während auch über die scheinbar neutralen Fächer, wie zum Beispiel Musik, Mathematik, Sport,

Naturwissenschaften, Fremdsprachen oder Hauswirtschaft und Werken, auf wirksame subtile Art und Weise die bürgerliche Ideologie indoktriniert und konformes Verhalten eingeübt wird.

Wie die im ersten Kapitel genannten Lernziele der Klassenschule im Fachunterricht erreicht werden, soll hier verdeutlicht werden.

Deutschunterricht

Die Mehrzahl der Schüler lernt in jahrelangem Schreibdrill, die Wörter nach dem Dudendiktat zu schreiben und die Kommas einigermaßen korrekt in den Sätzen zu verstreuen. Man lernt aber auch, daß der Wert eines Menschen proportional mit der Zunahme seiner Rechtschreibfehler abnimmt.

Konkret: Hat man viele Fehler, bleibt man sitzen, kann man später seine Arbeitskraft nur gegen wenig Geld verkaufen, also ist man weniger wert. Die Kommafehler haben den Wert der Arbeitskraft gedrückt, obwohl man bei der Arbeit nicht unbedingt richtig gesetzte Kommas braucht.

Zum Beispiel: Der gute Rechtschreiber kommt ins Gymnasium, später wird er ein Chef, dessen Rechtschreibung «seine» Sekretärin erledigen muß. Aber er wurde Chef mit Hilfe richtiger Kommas.

Hier soll selbstverständlich nichts gegen Schreiben-, Lesen-, Sprechenlernen usw. gesagt werden. Im Gegenteil, hier geht es gegen die Sabotage des Lernens durch die bestehende Schule.

Ein Beispiel:

Diktat Nr. 10 20.1.73
Bei den Osterhasen
Vor Osten haben die Hasen |
fiel zu tun. Auch die Hasen- |
kinda müssen mithelfen |
Zotelohr findet das lustig. |
Übermütig hüpft er
zwischen den Farbtöpfen
herum.

Fehler: 4 3/ Ku.

Zu welchem Zweck soll man einen solchen Unsinn «richtig» schreiben?

Lehrerin: «Die Schüler lernen auf diese Weise richtig zu schreiben.» Schüler: «Damit man eine Note kriegt – fürs Zeugnis.»

An diesem Beispiel kann der Klassencharakter der Bewertung verdeutlicht werden:

Die Rückgabe von Aufsätzen und Diktaten in der Grundschule ist für die Bürgerkinder meist eine Stunde der Freude und Belohnung. Sie haben meist gute Noten. Sie passen sich schnell an.

Für die Arbeiterkinder ist sie meist eine Stunde der Angst und Bestrafung. Sie haben oft schlechte Noten. Sie passen sich nicht schnell an. In den weiterführenden Schulen fällt das nicht mehr so auf, da sind die Klassen weitgehend unter sich. Sie werden auf Grund ihrer «Leistungen» getrennt.

Auch im übrigen Sprachunterricht ist die Sprache kaum zur Verständigung oder Erkenntnisgewinnung da, sondern vor allem als Gegenstand der Zensur, zur Festsetzung des Wertes des Sprechers.

Über den Zusammenhang von Sprachbewertung und Schulerfolg ist viel geschrieben worden. Auch viel Unsinn, der im Konzept des kompensatorischen Sprachunterrichts gipfelt. Mit seiner Hilfe sollen die Schüler über die «Sprachbarrieren» wegturnen lernen, anstatt daß man die Barrieren wegräumt. Lieber ändern die Pädagogen die Menschen als die Verhältnisse (vgl. Abschnitt über die kompensatorische Erziehung im letzten Kapitel).

Man lernt beim Aufsatzschreiben in der Hauptschule zwar den Unterschied zwischen Schilderung, Reportage, Beschreibung, Bericht, Dialog, Besinnungsaufsatz usw. kennen, aber auch, daß deren Inhalt, Bedeutung und Folgen nicht so wichtig sind wie die Note, die man für das Produkt bekommt, für die man die Arbeit überhaupt nur verrichtet.

Später, wenn man lohnabhängig arbeitet, ist es genauso. Nicht was der Arbeiter herstellt, ist für ihn wichtig, sondern der Lohn, den er für den Verkauf seiner Arbeitskraft bekommt. Es ist für ihn nahezu gleichgültig, ob er Autos oder Kühlschränke zusammenbaut oder verwaltet, ihm gehört das Produkt nicht. Abstrakte Lernarbeit ist die Vorbereitung auf die abstrakte Arbeit in der Produktion.

Dabei werden noch andere Erfahrungen fürs Leben gesammelt, zum Beispiel, daß man sich überall – auch in seinen Gedanken und Äußerungen – an unsinnige Regeln halten muß, auch wenn es, wie beim Aufsatz, nichts von oben zu regeln gibt. Arbeiterkinder lernen dabei, daß sie diesen formalen Unsinn nicht so perfekt beherrschen wie die Bürgerkinder und daß sie deshalb «zu Recht» nicht weiterkommen, sondern die Regeln «bis zum Gehtnichtmehr» trainieren müssen. Sie lernen, die Schuld für diese Misere der Klassenschule bei sich zu suchen. «Wir sind halt dumm», sagen sie. «Wir sind ja auch besser», sagen die anderen. Beide Unwahrheiten haben sie in der Schule gelernt.

Ein Schüler der Scuola di Barbiana beschreibt das Problem auf Grund seiner Erfahrung:

«Im Juni, nach drei Jahren Barbiana, trat ich als Privatist zur Abschlußprüfung für die Mittelschule an.

Das Aufsatzthema hieß: ‹Die Eisenbahnwaggons erzählen›. In Barbiana hatte ich gelernt, daß für das Schreiben folgende Regeln gelten: etwas Wichtigeres zu sagen haben, und nützlich für viele oder alle. Wissen, für wen man schreibt. Alles zusammentragen, was nützt, einen logischen Faden herausfinden und danach ordnen. Jedes Wort streichen, das wir beim Sprechen nicht verwenden. Sich keiner Zeitbegrenzung unterwerfen . . .

‹Das Messer in Euren Händen›. Was sollte ich gegenüber einem derartigen Aufsatzthema mit den bescheidenen und gesunden Regeln der Kunst aller Zeiten anfangen? Wollte ich ehrlich sein, mußte ich das Blatt weiß abgeben. Oder das Aufsatzthema und den, der es mir gestellt hatte, kritisieren. Aber ich war vierzehn

Jahre alt und kam vom Berg. Um die Lehrerbildungsanstalt besuchen zu können, brauchte ich den Mittelschulabschluß. Dieser Fetzen Papier aber war in der Hand von fünf oder sechs Menschen, die meinem Leben und fast all dem, was ich liebte und wußte, fern standen. Zerstreute Leute, die aber den Messergriff in der Hand hielten. So strengte ich mich also an, so zu schreiben, wie Ihr es wollt. Ich glaube gern, daß mir das nicht gelang. Klar, daß das Geschreibsel Eurer jungen Herren flüssiger war, sie waren schon geübt, leere Worte zu dreschen und Gemeinplätze wiederzukäuen» (Scuola di Barbiana, S. 35f).

Man lernt natürlich auch etwas aus den Inhalten, den Texten, die im Deutschunterricht verwendet werden. Hier ein Beispiel aus dem Deutsch- und Sachunterricht eines vierten Schuljahrs in einem Arbeiterviertel einer mittleren Großstadt.

In der ersten Deutschstunde nach den großen Ferien verteilt der Lehrer das neue Sprachbuch «Unsere neue Welt». Das ist ein als besonders fortschrittlich und «umweltfreundlich» gepriesenes Lehrbuch, das beansprucht, die Trennung von Form und Inhalt, Sprach- und Sachunterricht durch seine Lebensnähe zu überwinden.

Der Lehrer läßt erst eine halbe Stunde lang Ferienerlebnisse erzählen. Natürlich erzählen nur die, die weiter weg waren, in Italien oder doch wenigstens im Spessart. Monika war nur am Main, «der fließt durch unser Stadtviertel; weil wir kein Geld haben zum in Urlaub fahren». Der spanienbraune Lehrer bedauert, korrigiert den Satzbau und sagt: «Schlagt im Sprachbuch die Seite 5 auf. Ihr kennt ja schon unsere Ute und den Hans Fröhlich aus dem letzten Schuljahr. Auch diesmal wollen wir sehen, was es Neues gibt in unserem Schönhausen.» Usw.

Unser Schönhausen? Die Schüler sollen drüber reden, lesen, sich zensieren lassen, schreiben, dichten, Sprachübungen machen, Vermutungen äußern über eine Stadt, die es nicht gibt, über eine Familie Fröhlich, die es auch nicht gibt, die in Verhältnissen lebt, die es hier nicht gibt. Hier sollen einige Seiten dieser «schönen, heilen Ersatzwelt» gezeigt werden:

«Ein Besuch in Schönhausen lohnt sich!

Jedes Kind in der weiten Welt hat seine Heimat – auch du. Dort kennst du dich aus. Hast du schon einmal darüber nachgedacht, was dir da besonders lieb und vertraut ist?

Hans und Ute Fröhlich wohnen in Schönhausen. Sie möchten dir gern die Stadt zeigen, in der sie leben. Da ist der Marktplatz mit der Kirche und dem Rathaus. Oft haben sie auf dem Heimweg von der Schule mit ihren Freunden unter den Bogengängen Verstecken gespielt. Und der steinerne Nachtwächter auf dem Marktbrunnen hat schon manchmal nasse Füße gehabt vom Spritzen und Patschen.

Da ist die Schule mit dem großen Sportplatz daneben. Unten im Bild ist eine Gärtnerei zu sehen. Dort wohnen Hans und Ute.

Willst du mehr über sie erfahren? Dann blättere nur um!

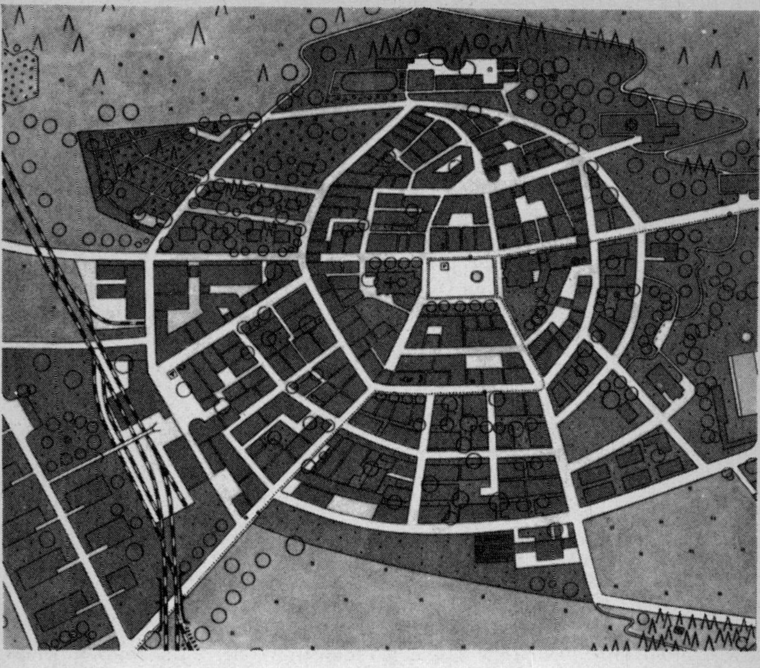

Vom Aussichtsturm sieht die Welt wie ein Spielzeug aus
Herr Vogt macht mit seiner Klasse eine Wanderung. Sie besuchen den Aussichtsturm auf dem Grünstädter Spitzhut. Die Schüler freuen sich, wenn sie ihr Haus, ihre Schule und bekannte Gebäude der Stadt gefunden haben. Ute ruft: ‹Unsere Gärtnerei sehe ich ganz genau; jetzt habe ich sogar den Bauernhof meines Onkels in Fischbach entdeckt!

Eines kann ich aber nicht verstehen: warum sieht man nicht noch mehr von der Welt, wenn man auf so einem hohen Aussichtsturm steht?› Die Jungen können diese Frage beantworten. Helmut erklärt: ‹Ute, wir können nur bis zum Horizont sehen, also bis zu der Linie, wo Himmel und Erde scheinbar zusammenstoßen.›

‹Du hast recht, Helmut. Aber nun will ich euch etwas Besonderes zeigen. Seht ihr die vier Tortürme? Das waren früher die Eingänge in die Stadt.› Hans wundert sich: ‹Was? Und die Siedlung, unsere Gärtnerei, der Bahnhof? Gehörte das alles nicht zur Stadt?›

‹Nein, Hans, das gab es damals noch nicht. Früher war Schönhausen viel kleiner als heute. Von den Türmen aus lief eine meterdicke Mauer rings um die Altstadt. Ein Stück von ihr ist sogar noch erhalten geblieben. Das kann man aber von hier aus nicht erkennen.

Unsere Stadt ist später gewachsen; bald gab es keinen Platz mehr innerhalb der

Stadtmauer. So entstanden neue Siedlungen außerhalb der Altstadt. Vergleicht einmal die Siedlungshäuser mit den Fachwerkhäusern am Marktplatz!›

Ruine Drachenstein	*Krankenhaus*	*Kläranlage*	*Haus der Großeltern*
Wasserturm	*Altersheim*	*Fischbach*	*Fröhlich*
Hasenberg	*Park*	*Hof von Onkel*	*Kirche*
Schulgrundstück	*Schwimmbad*	*Erwin*	*Westtor*
Rundturm	*Fluß Esch*	*Autobahn*	*Weberei*
Kloster	*Bootshafen*	*Gärtnerei*	*Obstplantage*

ansehen
aufhalten
beobachten
besichtigen
besteigen
besuchen
betrachten
entlangbummeln
fotografieren
herunterblicken
hinaufklettern
kennenlernen
wandern

1 *Suche alles, was in der oberen Wortreihe steht, auf dem Bild! Schreibe die Wörter ab, und setze die Zahlen dazu, die auf dem Plan (hinten im Buch) stehen!*

2 *Ordne und schreibe nun so:*
In der Altstadt liegen
das Kloster, der Rundturm, . . .
Außerhalb der Altstadt liegen
der Park, das Schwimmbad . . .

3 *Stell dir vor, du machtest einen Ausflug nach Schönhausen. – Wohin würdest du gehen? Beachte die beiden Wortreihen, und schreibe eine Geschichte auf!*
Ein Tag in Schönhausen

4 *Welche Sehenswürdigkeiten gibt es in deiner Stadt?*

Welche Schulen kennst du?

Ute steht mit ihren Freundinnen auf dem Schulhof. Auf der Straße geht eine Krankenschwester in einem hellblauen Kleid, mit weißem Häubchen und weißer Schürze vorbei. ‹Wenn ich groß bin, möchte ich Säuglingsschwester sein!› sagt Ute. ‹Ich würde gern Kindergärtnerin werden›, erzählt Erika, ‹aber mein Vater hat gesagt, ich solle auf die Handelsschule gehen und Maschineschreiben und Buchführung lernen, damit er im Geschäft eine Hilfe habe.› – ‹Nächstes Jahr komme ich in das Gymnasium›, berichtet Suse stolz, ‹dort lerne ich Latein und Englisch. Später gehe ich zur Hochschule und werde dann Lehrerin!› – ‹Du – eine Lehrerin? Hahaha! Dann mußt du dir erst einmal deine Faxen abgewöhnen, Suse!› – ‹Ihr braucht gar nicht so zu lachen! Vielleicht unterrichte ich später eure Kinder. Dann erzähle ich ihnen, daß ihr auch nicht brav gewesen seid!›

Abendschule
Aufbauschule
Baumschule
Berufsschule
Blindenschule
Fahrschule
Fremdsprachinstitut
Gehörlosenschule
Gewerbeschule
Grundschule
Gymnasium
Handelsschule

1 *Lies die Wörter der Wortreihe durch! Manche Namen verraten dir etwas. Abendschule bedeutet, daß nur abends Unterricht gehalten wird. Warum wohl?*

2 *Welche Schulen werden nicht von Kindern besucht?*

3 *Was für Schulen gibt es an deinem Wohnort?*

4 *Hast du Geschwister, die andere Schulen besuchen? Bringe ihre Hefte und Bücher mit!*

5 *Manche Namen sagen dir, was man in der Schule lernt: In der Fahrschule lernt man das Fahren. In der . . .*

6 *Einige Namen sagen dir, welchen Beruf die Schüler*

Hauptschule	*erlernen wollen:*
Hauswirtschaftsschule	*Die Maschinenbauschule bildet Maschinenbauer aus. Die . . .*
Hochschule	
Kindergärtnerinnen-seminar	
Maschinenbauschule	
Musikhochschule	
Polizeischule	
Privatschule	
Realschule	
Schauspielschule	
Sportschule	
Sprachheilschule	
Tanzschule	
Volkshochschule	

7 *Welchen Beruf übt dein Vater (deine Mutter) aus?*
8 *Hast du dir schon einmal überlegt, was du werden möchtest? Welche Schulen mußt du dann besuchen?*
9 *Lies die Wortreihe auf der rechten Seite! Wer einen dieser Berufe ergreifen will, muß tüchtig lernen. Zu jedem Beruf gehört eine ganz besondere Ausbildung. Erkundige dich, welche Schulen man besuchen muß, wenn man Arzt, Lehrer, Verkäuferin, . . . werden will!*
10 *Manche Berufe erfordern eine dreijährige Lehre. Welche? Aus den Schülern werden Lehrlinge und nach der Gesellenprüfung Gesellen. Später werden sie Meister.*
11 *Spielt einmal Beruferaten! Ein Kind steht vor der Klasse und zeigt Tätigkeiten, die zu einem bestimmten Beruf gehören. Wer ihn erraten hat, darf als nächster vor die Klasse treten.*

Apotheker
Architekt
Arzt
Automechaniker
Bäcker
Ingenieur
Kontoristin
Kraftfahrer
Krankenschwester
Lehrerin
Maler
Pfarrer
Verkäuferin

12 *Lies die Wortreihe! Schreibe zuerst die Frauenberufe, dann die Männerberufe auf! Manche Berufe werden auch von Frauen und Männern ausgeübt. Ergänze die Liste!*
Das können Frauen werden: Krankenschwester, . . .
Das können Männer werden: Kraftfahrer, . . .
13 *Schreibe zu jedem Beruf Einzahl und Mehrzahl!*

Einzahl	*Mehrzahl*
der Arzt	*die Ärzte*
. . .	

14 *Es gibt Leute, die sich besonders um den Menschen kümmern, die heilen, pflegen, erziehen, lehren, unterweisen.*
Leute, die Dienst am Menschen tun
Der Arzt kümmert sich um die Kranken. Der Lehrer . . .
15 *So war es früher in der Schule*
Oma Fröhlich erzählt: ‹Ich kann mich noch gut an meine Schulzeit erinnern, obwohl seitdem schon sechzig Jahre vergangen sind. So bequem wie die Schüler heute hatten wir es damals nicht. Wir saßen zu dritt auf steifen Holzbänken, die am Boden festgeschraubt waren. Damals mußten wir den Federhalter noch in das schwarze Tintenfaß eintunken, das in einer Vertiefung des Tisches stand. Manchmal fischten wir ein Stückchen Löschpapier heraus. Das gab dann einen dicken Klecks in das Heft!
Unser Lehrer hatte einen besonderen Platz im Zimmer. Sein Pult stand erhöht wie auf einer kleinen Bühne. So konnte er die fünfzig oder sechzig Kinder besser übersehen, die im Schulsaal beieinandersaßen. Wenn er durch die Reihen ging, knarrte der ausgetretene Holzboden bei jedem Schritt.
Es gab auch noch keine Zentralheizung. Ein großer, eiserner Ofen glühte im Win-

ter in der Ecke. Trotzdem bin ich gern zur Schule gegangen und habe viel gelernt!›

Wir pflegen unsere Zimmerpflanzen

Die Klasse 4 von Schönhausen erhielt einen Preis. Du denkst jetzt sicher an ein Spiel, an ein Sportfest oder an einen Zeichenwettbewerb. Falsch geraten! Diese Klasse hat das schönste Blumenfenster in der ganzen Schule. Herr Rektor Hegner lobt die Schüler dafür und überreicht ihnen ein Pflanzenbuch. Auch eine neue Blumenbank bekommen sie. Alle freuen sich darüber und bringen nach den Ferien wieder Ableger von daheim mit. Bernd Schulz hat sich von seiner Tante einen Steckling der Buntnessel geben lassen. Von seinem Taschengeld kauft er einen gelben Porzellanübertopf und pflanzt die Buntnessel ein. Seine Freunde loben ihn. Nur Hans und Ute Fröhlich, die Gärtnerskinder, sind nicht einverstanden. Hans möchte, daß Bernd die Buntnessel umpflanzt. Er bringt ihm aus der Gärtnerei einen einfachen braunen Tontopf mit einem Loch mit. Den Tontopf darf Bernd dann in den Übertopf stellen.

1 *Warum so umständlich? Oder hat Hans doch recht? Überlege!*

2 *Sicher habt ihr daheim oder in der Schule auch ein Blumenfenster. Wie heißen die Pflanzen? Vergleiche mit dem Bild!*

3 *Erzähle, wie die Pflanzen gepflegt werden!*
Mit welchem Wasser gießt du sie, mit kaltem oder warmem? Wie werden die einzelnen Pflanzen gedüngt?
Manche Pflanzen brauchen eine besondere Pflege. Denke an die Ranken des Efeus! Andere Pflanzen müssen gestützt werden. Weißt du, welche?
Wohin stellst du die Zimmerpflanzen? (in eine dunkle Ecke, an das Fenster, auf den Fußboden . . .)

4 *Wer sorgt für die Pflanzen in eurem Klassenzimmer?*
Berichte darüber!

5 *Schneide mit einem scharfen Messer einen Stengel der Buntnessel, des Fleißigen Lieschens, des Zebrakrautes oder des Efeus ab, und stelle sie in ein Glas mit Wasser!*
Beobachte täglich und berichte!

Weihnachtskrippen

Am Rundturm in Schönhausen hängt ein Plakat. Es lädt ein, die Krippenausstellung im Heimatmuseum zu besuchen. Hans, Ute und Bernd gehen heute nachmittag hin.

Am besten gefallen den beiden Jungen die geschnitzten Krippenfiguren.

‹Das ist sicher sehr schwer, aus einem Holzklotz einen knienden Hirten herauszuschnitzen. Wir bringen es ja kaum fertig, mit dem Taschenmesser in einen Stock ein Muster einzuritzen!› meint Bernd.

Ute ist bei den Krippenfiguren stehengeblieben, die richtige Kleider aus Stoff tragen und fein geformte Wachsköpfe haben. So eine bunte Krippe wünscht sie sich. Ihre Krippe daheim ist aus rötlichem Ton.

Und da sind Krippenfiguren ganz aus Stroh. *Gemeinschaftsarbeit Klasse V* steht auf dem Schild. ‹Ob wir das auch könnten?› fragt Hans.

4 *Hans und Ute dürfen jedes Jahr helfen, die Weihnachtskrippe aufzubauen. Dazu haben sie Rinde, glatte Steinchen, Ästchen und seltsam gewachsene Wurzeln gesammelt. Vater gibt ihnen Moos und Tannenzapfen. Nun geht es los.*
Die Weihnachtskrippe wird aufgebaut

Herr Fröhlich hat einen großen Kistendeckel mit brauner, abwaschbarer Folie beklebt. Diese Platte wird im Wohnzimmer in die Ecke gelegt. Frau Fröhlich ordnet Tannenzweige in die Bodenvase. Die Zweige hängen über das Dach des Stalles. Ein Strohstern dreht sich über dem Giebel . . .
Schreibe nun weiter!
Denke an die Schafe, die auf dem weichen Moospolster im Pferch liegen, an den Weg aus Rindenstückchen, auf dem die drei Weisen aus dem Morgenland daherziehen, an den Platz vor der Hütte, wo die Hirten knien! Und wie sieht es wohl in dem ärmlichen Stall aus?

5 *Geben macht Freude*
Am Heiligen Abend geben sich Eltern und Kinder Geschenke. Die Mutter gibt jedem ein Stück Christstollen. Unsere Tante kommt zu Besuch; sie gibt uns Süßigkeiten. Meine Freundin möchte Bücher von mir lesen; ich gebe sie ihr. Bei einer Sammlung für die Hungernden und Notleidenden in der Welt geben die Eltern. Dem Sieger wird ein Preis gegeben.
Was gefällt dir an den Sätzen nicht? Forme sie um, und verwende Wörter aus der Wortreihe!

6 *Was man gibt, hat einen Namen*
widmen – die Widmung; vererben – das —; . . .
Schreibe weitere Beispiele! Benütze die Wortreihe!

austeilen
bescheren
geben
leihen
mitbringen
opfern
schenken
spenden
stiften
überreichen
unterstützen
vererben
widmen

7 *Bald ist Weihnachten*
In ein paar Tagen haben wir Weihnachtsferien.
Die Leute tun mir leid, die an den Weihnachtsfeiertagen arbeiten müssen. Sie können nicht gemütlich am Christbaum im Weihnachtszimmer sitzen und Weihnachtsmusik hören oder Weihnachtslieder singen.
Ich habe meinen Wunschzettel für die Weihnachtsgeschenke schon geschrieben.
Schreibe diese Sätze fehlerlos ab! Unterstreiche das ‹h› und das eingeschobene ‹s› in den Wörtern, die mit Weihnachten zusammengesetzt sind!

8 *Die Wortfamilie Weihnachten*
die Weihnacht, die –geschenke, die –feier, der –gottesdienst, die –kerzen, der –braten, das –gebäck, der –baum; die Weihe, weihen, ein–, die Ein–ung, das –wasser, der –rauch, –voll, . . .
Setze die Wörter richtig zusammen!»

Was geht in so einem Unterricht vor sich? Keine Probleme, deren Lösungen für irgend jemanden wichtig wären, werden bearbeitet, sondern tiefsinnige Aufgaben, an denen sich im Bewußtsein der Schüler Sinnlosigkeit erfüllt. So erreicht die Schule ihr Ziel.

Wir fragten Arbeiterkinder aus der genannten Klasse, wozu die Familie Fröhlich da ist.
«Zum Groß- und Kleinschreiben.»
«Zum Tuwörter raussuchen.»
«Zum Abschreiben.»
«Damit man lesen lernt und schreiben und richtig sprechen».

Frage: «Aber du kannst doch sprechen!»
«Ja, schon, aber nicht so wie da im Buch.»
Frage: «Könnte das, was im Buch steht, auch bei euch sein?»
«Nein! Bei uns ist kein Schönhausen.»

Aber vier Jahre lang jeden Tag mit den Kleinbürgern Fröhlich aus Schönhausen indoktriniert werden, das nennt man lebensnahen, anschaulichen Unterricht.

Erfreulicherweise identifizieren sich die Kinder nicht mit diesen antiquierten Typen, sondern nehmen sie als groß und klein geschriebene Wörter. Diese Schüler sind viel besser als ihr Ruf und als die Schulbuchautoren. Die wenigsten Schüler fallen auf die billigen Motivationstricks herein. Sie wehren sich durch Passivität dagegen, daß ihre wirklichen Erfahrungen durch solche Schulbücher täglich mit Füßen getreten werden. Dabei liegen ihre Probleme buchstäblich auf der Straße, aber die gilt den Herrschaften als unanständig. Die Schule benachteiligt nicht nur Arbeiterkinder durch die Verweigerung von Schulerfolg, sie diskriminiert die Arbeiter im Unterricht, und das ist schlimmer. Sie ignoriert ihre Existenz und verleugnet ihre wirkliche Bedeutung als Produzenten des gesellschaftlichen Reichtums. Die Arbeiterkinder sollen sich ihrer Herkunft schämen, die objektive Bedeutung ihrer Klasse nicht erkennen, sich als Versager fühlen, die mit Recht den Dreck wegräumen müssen, der bei der «Emanzipation» derer abfällt, die ihre Befehlshaber und Ausbeuter sein werden. Sie sollen ihre Herren liebenlernen, mehr als sich selbst.

Diese Zumutungen steigern sich bei den Kindern ausländischer Arbeitsemigranten (auch «Gastarbeiter» genannt) zur Folter. Man stelle sich ein neunjähriges Mädchen aus dem schönen Kayseri in Anatolien vor, das zu all seinen Problemen nun auch noch die Familie Fröhlich aus Schönhausen bekommt. Depressionen, Resignation, Apathie sind die Folgen, wenn kein Ausweg sichtbar gemacht werden kann, der den Haß gegen seine Ursachen organisiert und nicht gegen sich selbst, das Opfer (vgl. dazu: Autonomie der Arbeiterklasse und Sprachverwirrung. In: *Ästhetik und Kommunikation* 11/1973).

Aber «Klassenkämpfe» gibt es im Deutschunterricht höchstens als Plural von Klassenkampf; das ist ein zusammengesetztes Hauptwort, und: «Hauptwörter schreibt man groß!» Das soll jetzt anders werden – durch eine Rechtschreibereform.

Im Deutschunterricht sollen die Schüler – laut Lehrplan – befähigt werden, sich klar auszudrücken sowohl mündlich als auch schriftlich. Dieses sinnvolle Ziel wird ebenfalls durch die dauernde Beurteilerei hintertrieben. Die Barbiana-Schüler haben das kritisiert:

«*die Urteile* Es gibt ein Fach, das in Eurem Programm nicht einmal vorkommt: die Kunst des Schreibens. Man braucht nur die Urteile anzusehen, die Ihr unter die Aufsätze schreibt. Ich habe hier eine Sammlung. Es sind Feststellungen, nicht Arbeitshilfen.
‹Kindlich. Jungenhaft. Unausgereift. Ungenügend. Banal.› Was nützt es dem Jungen, das zu wissen? Er wird den Großvater zur Schule schicken, der ist reifer.
Oder: ‹Wenig Gehalt. Bescheiden im Gedankengang. Farblose Ideen. Es fehlt die echte Anteilnahme an dem, was Du schreibst.› Dann war das Aufsatzthema falsch. Ihr durftet dann überhaupt nicht von ihm verlangen, darüber zu schreiben.
Oder: ‹Suche, die Form zu verbessern. Unkorrekte Form. Holprig. Unklar. Schlecht ausgearbeitet. Verschiedene falsch gewählte Ausdrücke. Suche, einfacher zu sein. Verworrener Satzbau. Im Ausdruck nicht immer glücklich. Du mußt Deine Art, die Gedanken auszudrücken, besser beherrschen.› Ihr habt ihm das nie beigebracht, glaubt nicht einmal, daß man es beibringen kann, akzeptiert keine objektiven Regeln der Kunst, seid auf den Individualismus des 19. Jahrhunderts festgelegt.
Bis man dann auf das Geschöpf stößt, das von den Göttern gesegnet ist: ‹Spontan. Dir fehlen die Ideen nicht. Arbeit mit eigenen Ideen, die eine gewisse Persönlichkeit verraten.› Wenn Ihr schon dabei seid, schreibt auch noch dazu: ‹Selig die Mutter, die Dich gebar.›
das Genie Als Sie mir einen Aufsatz mit einer Vier zurückgaben, sagten Sie zu mir: ‹Als Schriftsteller muß man geboren sein, das kann man nicht lernen.› Dennoch aber beziehen Sie Ihr Gehalt als Italienischlehrerin.
Die Theorie vom Genie ist eine bourgeoise Erfindung. Sie stammt aus einer Mischung von Rassismus und Faulheit» (Scuola di Barbiana, S. 117).

Mathematikunterricht (Rechnen und Raumlehre)

Was soll die Mehrheit der Schüler lernen? In der Hauptschulempfehlung des Deutschen Ausschusses für das Erziehungs- und Bildungswesen (1965) heißt es auf S. 39 zu Beginn des Abschnitts «Rechnen und Raumlehre»:

«Technik, Wirtschaft, Gesellschaft und Politik verlangen heute, daß ein möglichst großer Kreis von Menschen, besonders auch die Industriearbeiter und die in Handel und Wirtschaft tätigen Angestellten ein geschultes räumliches Anschauungs- und Vorstellungsvermögen besitzen, über Abstraktionsfähigkeit verfügen, zu funktionalem Denken fähig sind, graphische Darstellungen und die Grundzüge der mathematischen und technischen Formelsprache verstehen und in der Lage sind, alles auf die konkrete Wirklichkeit anzuwenden.
Die Hauptschule (7./9.) baut auf den Voraussetzungen auf, welche die Förderstufe (5./6.) geschaffen hat.»

Wie sieht das in der Praxis aus?
Ein Beispiel aus der Förderstufe, die jetzt auch den Namen Orientierungsstufe trägt: Die 39 Schüler einer fünften Volksschulklasse sitzen in einem Klassenzimmer, das 50 qm groß ist. Ein Toter hat im Grab wenig-

Praktische Mengenlehre

(Süddeutsche Zeitung)

stens 3 qm zum Stilliegen, für einen Kettenhund sind 10 qm vorgeschrieben, für einen Haushund 6–8 qm. Wir gönnen es ihnen. Die 39 Kinder und ihre freundliche Lehrerin haben für den halben Tag ganze 1,25 qm pro Mensch in ihrer demokratischen Hochleistungsschule «zur Verfügung». Den Bürgerkindern und den angepaßten Arbeiterkindern war das nicht mehr zuzumuten, deswegen hat man sie am Ende des 4. Schuljahrs auf ihre Sonderschule (Gymnasium) geschickt.

Nach einer Gemeinschaftskundestunde, einer Deutschstunde, 4 Klingelzeichen und einer großen Pause, in der die Schüler im Hof und die Lehrerin im Lehrerzimmer die Maske runterlassen konnten, geht es jetzt in der dritten Stunde mit Rechnen weiter. Die freundliche Lehrerin sagt: «Bitte, schlagt das Rechenbuch auf, Seite 11 (F. Drenckhahn: Arbeitsbuch für den Rechenunterricht, 5./6. Schuljahr). – Ja, Peter, du auch – nun macht schon, und alles mit etwas mehr Ruhe – Carmen! Bitte! So jetzt. Aufgabe 30. Ihr habt 20 Minuten Zeit. Wer alle in dieser Zeit schafft, dem schreibe ich 'ne Eins in mein Heft. Jeder arbeitet allein – für sich. Ich bin neugierig, wer heute als erster fertig ist. Ich rechne solange mit unseren Sorgenkindern – sollte jemand schon vor der Zeit fertig sein, fängt er schon mit der Kettenaufgabe 31 an. So, jetzt los!»

Gib im Ergebnis den *Rest* mit an!

26 31428 : 11
45637 : 14
65428 : 15
62004 : 16
80153 : 18

27 492304 : 16
306492 : 13
719005 : 17
827516 : 15
900258 : 19

28 1000000 : 24
1500000 : 33
5143278 : 62
7092546 : 75
9254300 : 81

29 11400000 : 12
20500719 : 55
35299460 : 48
57071800 : 72
84625007 : 91

30 Verwandle in Jahre und Wochen: 169 Wch., 237, 605, 905, 1000 Wch.!

	1	2	3	4	5		a	b	c
31	49382	60271	115628	437069	2571647	:	4	7	9
32	62037	47329	100354	391400	4190082	:	30	80	70
33	70918	58462	247100	608072	8057109	:	15	18	19
34	95274	89005	100000	990256	9105328	:	53	77	84

Eine Jugendherberge war an 200 Tagen geöffnet. In dieser Zeit übernachteten rund 5600 Personen. Wieviel Gäste kamen durchschnittlich jeden Tag?

35 7400 : 200
5100 : 300
8400 : 600
9800 : 700
9200 : 400

36 16400 : 200
21900 : 300
37500 : 500
63200 : 400
96300 : 900

37 247800 : 300
382200 : 600
613500 : 500
741300 : 700
956800 : 800

38 1465560 : 120
1745700 : 150
2391730 : 110
5950980 : 140
4383040 : 160

39 7840 : 220
9890 : 430
7140 : 510
8320 : 640
9460 : 860

40 75180 : 210
61880 : 340
57540 : 420
86250 : 750
95060 : 980

41 267704 : 109
536075 : 205
463896 : 408
716357 : 703
845240 : 904

42 5934000 : 400
1957340 : 620
2687171 : 307
3478140 : 810
7047614 : 509

Ein Schüler sagt: „Ich bin 4100 Tage alt". Wieviel Jahre und Tage sind das?

43 4235 : 264
5109 : 128
7361 : 209
8094 : 136
9007 : 472

44 19307 : 365
24814 : 127
36251 : 243
18046 : 561
30000 : 436

45 100000 : 253
181726 : 519
219305 : 672
546278 : 491
490057 : 345

46 1200650 : 176
1700000 : 263
3645082 : 428
8000000 : 742
9173468 : 913

	1	2	3	4	5		a	b	c
47	27300	32150	43084	70000	245800	:	200	700	900
48	51802	60492	87563	100000	502695	:	360	580	860
49	19351	28673	70159	356028	740819	:	402	607	909
50	40000	53700	69001	471615	900000	:	184	945	867

51 Teile 1000000 durch a) 2000, b) 4000, c) 5000, d) 8000, e) 7000, f) 9000!

52 Teile 4675239 durch a) 1016, b) 2025, c) 4008, d) 7015, e) 1320, f) 5208!

(aus: F. Drenckhahn: Arbeitsbuch für den Rechenunterricht. 5./6. Schuljahr)

10 Welchen Bruchteil des Kapitals machen die jährlichen Zinsen bei dem Zinsfuß
a) $3\frac{1}{3}\%$ b) $4\frac{1}{6}\%$ c) $6\frac{1}{4}\%$ d) $8\frac{1}{3}\%$ aus?

Fritz Holst will ein gebrauchtes Motorrad kaufen und leiht sich zu diesem Zwecke von einem Bekannten 300 DM zu 4%. Nach einem Vierteljahr will er seine Schuld tilgen.

a) Wieviel muß er an Zinsen zahlen?
b) Wieviel muß er mit den Zinsen zurückzahlen?

11 Wieviel Zinsen sind für ein am 1. April geliehenes Kapital von a) 800 DM b) 350 DM c) 1760 DM am 1. Juli bei einem Zinssatz von $4\frac{1}{2}\%$ zu zahlen?

12 Wieviel Zinsen geben 475 DM bei 4% Jahreszinsen in
a) 1 Jahr b) 2 Jahren c) 3 Jahren d) 5 Jahren?

13 Wieviel Zinsen bringen 4800 DM bei einem Zinssatz von $4\frac{3}{4}\%$ in
a) $\frac{1}{2}$ J. b) $\frac{3}{4}$ J. c) 1 Mon. d) 8 Mon.?

Schätze vor! Vergiß nicht, deine Ergebnisse richtig zu runden!

14 Wieviel Zinsen bringen:
a) 700 DM zu 6% in 1 J. 2 J. 3 J.
b) 970 DM zu 5% in $\frac{1}{2}$ J. $\frac{1}{4}$ J. $\frac{3}{4}$ J.
c) 600 DM zu 8% in 6 Mon., in 3 Mon.
d) 850 DM zu 7% in 1 Mon., in 4 Mon.

Von der Sparkasse

15 Lotte bringt ihre ersparten 48 DM zur Sparkasse. Wieviel erhält sie in einem Jahr an Zinsen bei einem Zinsfuß von $4\frac{1}{2}\%$?

16 Hans hat bei derselben Sparkasse ein Sparbuch über 126 DM. Rechne!

17 Gerda hat ein Sparbuch über 168 DM. Sie hebt den Betrag mit Zinsen nach 6 Monaten ab. Wieviel erhält sie bei $3\frac{1}{3}\%$ Jahreszinsen ausgezahlt?

18 Klaus Schön zahlt auf sein Sparbuch ein: am 1. Jan. 125 DM, am 1. April 80 DM, am 1. Aug. 60 DM. Der Zinssatz ist 4%. a) Wieviel DM Zinsen werden ihm zum Schluß des Jahres gutgeschrieben? b) Wieviel DM hat er zum Schluß des Jahres auf seinem Sparkonto?

---

19 Gib an, wie man a) eine ganze Zahl mit einer Dezimalzahl, b) eine Dezimalzahl mit einer Dezimalzahl malnimmt!

Übungstafel VI

	a	b	c		d	e	f	g
1	39,42	81,08	666,73	·	0,032	2,51	7,048	23,01
2	0,48	0,09	76,73	·	4,35	3,407	19,43	67,5
3	1,325	19,25	1,005	·	0,03	0,213	0,103	99,710
4	7,936	0,834	13,175	·	1,75	8,51	1,7	76,312
5	93,42	173,5	0,978	·	8,16	9,6	80,6	58,9
6	17,9	86,7	35,82	·	12,1	6,67	1,21	67,83
7	194,32	82,62	9,637	·	5,6	9,820	6,55	53,333

Wir sagen auch: wir multiplizieren die Faktoren.

(aus: F. Drenckhahn: Arbeitsbuch für den Rechenunterricht. 7./8. Schuljahr)

Hans war schon nach 15 Minuten fertig, Karin hat nur ein Päckchen und das falsch gerechnet. Die Lehrerin fragt, wer fertig ist. Zwei Drittel der Klasse melden sich. «Die anderen rechnen zu Hause fertig. – Jetzt wollen wir kopfrechnen!» Alle stehen auf. Die Lehrerin sagt die Aufgaben: $8 \times 23, 9 \times 9, 14 \times 56$ usw. Wer die Lösung am schnellsten brüllt und dabei von der Lehrerin ermittelt wird, darf sich setzen.

Noch ein Beispiel aus einer achten Hauptschulklasse: Die Bedingungen sind ungefähr genauso wie im vorhergehenden Beispiel.

Die Schüler arbeiten in Stillarbeit nach dem Rechenbuch (F. Drenckhahn, Arbeitsbuch für den Rechenunterricht, 7./8. Schuljahr, S. 49). Sie rechnen die Aufgaben 15–18, wer fertig ist, soll schon mit der Übungstafel VI anfangen.

Werden in diesem Unterricht die vom Deutschen Ausschuß in der Hauptschulempfehlung aufgestellten Ziele erreicht?

In diesen Stunden – und in ihrer permanenten Wiederholung in neun Schuljahren – werden die Lernziele erreicht, die auf allgemeiner Ebene schon formuliert worden sind (vgl. «Kapitalistische Lernziele» S. 33):

- Die Schüler lernen in diesem Rechenunterricht, daß das «Bitte» aus dem Munde der Chefin (Lehrerin) kein Wunsch ist, sondern ein Befehl.
- Sie lernen, daß man immer besser oder schlechter als die anderen ist; einer wird gewinnen, also wird auch einer der letzte sein, und daß das halt so ist im Leben.
- Sie lernen, daß man immer nach Zeit arbeiten muß («Wer's nicht schafft zur Arbeitszeit, soll selber sehen, wo er bleibt.»), daß man funktionieren muß.
- Sie lernen, daß man sich gegenseitig nicht helfen darf; daß der Nachbar, der Kollege der Gegner ist; daß man dumm ist, wenn man dem Kollegen hilft, denn erstens wird Vorsagen bestraft, zweitens drückt die bessere Note des Kollegen die eigene Note; gute Noten – hohen Lohn – kann man nur auf Kosten anderer bekommen.
- Sie lernen, Gebrauchsanweisungen anzuwenden – Automatisierung von Tätigkeiten, von denen man nichts hat außer den Noten (Lohn) und einem Lächeln der Chefin als Anreiz.
- Sie lernen malnehmen; teilen; zusammenzählen; abziehen; kürzen;

  $$Z = \frac{K \cdot P}{100}; \; P = \frac{100 \cdot Z}{K}; \; K = \frac{100 \cdot Z}{P};$$

  stumpfsinnige, ständig wiederkehrende Arbeiten in einer vorgegebenen Zeit gegen «Lohn» auszuführen (Lernarbeit als «Lohnarbeit», Lernarbeit als abstrakte Arbeit).
- Die Schüler lernen,
  – daß man immer kontrolliert und gehetzt wird – von oben und durch die Konkurrenz;

- daß Lernarbeit nichts mit dem wirklichen Leben zu tun hat (außer dieser Konditionierungen, die die Schüler nicht bewußt wahrnehmen);
- daß das Arbeitsergebnis keinem nützt; wer braucht schon ausgerechnete Päckchen?
- daß Schularbeit keinen Spaß macht;
- stillsitzen, durchhalten, maulhalten, nicht fragen, weitermachen – Apathie;
- die Schule hassen;
- daß einem die Schule die Zeit stiehlt, daß sie einen vom Leben ausschließt, indem sie einen den halben Tag einschließt (Schule als unbezahlte Zwangsarbeit, die in Wirklichkeit erzwungene «Arbeitslosigkeit» darstellt.).

• Sie lernen, daß man durch Sparen ein Vermögen bilden kann: «Wenn du deine 100 DM zur Sparkasse bringst bei einem Zinsfuß von 4½ %, wieviel DM Zinsen bekommst du nach einem Jahr? nach zwei Jahren?» Man lernt nicht, daß man 4 % verloren hat, weil Geldentwertung, Preissteigerung, Kaufkraftschwund, Inflationsrate gerade 8½ % im Jahr ausmachen. Man lernt auch nicht, daß die Bank das Geld für 10 % weiterverpokert hat.

Die Aufgabe müßte heißen: «Wenn du 48 % zur Bank bringst, bei einem Zinsfuß von 4½ % und einer Geldentwertung von 8½ %, a) wieviel Profit macht die Bank?, b) wieviel verlierst du?»

Folgerung: Wenn du 100 DM hast, mach dir ein paar schöne Stunden.

Man lernt nicht, daß man immer die falschen Zinsen ausrechnet. Dafür lernt man, daß das Geld sich selber vermehrt: «Er läßt sein Geld arbeiten.» Hat das jemand mal gesehen, wie Geld arbeitet?

Diese «Erfolge» des Unterrichts im mathematisch-naturwissenschaftlichen Bereich sind die Folge der Trennung des Lernens von der Praxis und des kapitalistischen Charakters der Lernarbeit. Extrem zeigt sich das im Gymnasium. Dort erlernen die Schüler zum Beispiel Differential- und Integralrechnung, nicht um zu «differenzieren» – sie werden schom im 4. Schuljahr von den Arbeiterkindern «differenziert» und auch integriert –, sondern damit sie etwas wissen, was andere nicht wissen. Einen anderen Sinn hat das für die meisten nicht. Mathematik erscheint hier als Herrschaftswissen ohne Verbindung zur Praxis. Das muß nicht so sein. Unter anderen Bedingungen haben chinesische Arbeiter die «höhere» Mathematik umgeformt und sich angeeignet:

«Wir trennten in der ‹höheren Mathematik›, die von bürgerlichen Spezialisten als ‹langerprobt und völlig fehlerlos› gerühmt wird, das Wesentliche vom Nutzlosen, indem wir ihr ‹axiomatisiertes› idealistisches und metaphysisches System kritisierten, während wir nutzbare Lehrsätze und Formeln übernahmen. Zum Beispiel, wir gingen von der Produktionspraxis aus, nahmen den Kampf, die Entwicklung und Umwandlung von Differential und Integral, diesen zwei Aspekten eines Widerspruchs, als Leitfaden, schufen ein neues System und trugen so neues Lehrmaterial über die ‹Differential- und Integralrechnung› zusammen. In der Vergangenheit wurde das Konzept von Differential- und Integralrechnung aus einem Haufen von Axiomen und Lehrsätzen abgeleitet und war geheimnisvoll und unergründlich. Jetzt wird das Konzept aus wohlbekannten Beispielen in der Produktion anschaulich gemacht. Zum Beispiel, wenn ein Maschinenschlosser ein Metallstück zu einem runden Gegenstand feilt, bildet jede einzelne Bewegung eine kurze Gerade, und endlich laufen alle Geraden in einer Kurve zusammen. Dieser Prozeß, ein Ganzes in seine Teile zu zerlegen und die Teile zu einem Ganzen zusammenzulegen, präsentiert sehr lebendig das Konzept von Differential- und Integralrechnung. Die Arbeiterstudenten erklärten, nachdem sie diese studiert hatten: ‹Differential- und Integralrechnung ist doch gar nicht geheimnisvoll. Mit einer bloßen Feile wird der Mythos durchstochen. Die höhere Mathematik kehrt in die Hände von uns Werktätigen zurück.›» (Aus: Nach der Errichtung einer sozialistischen Universität der Naturwissenschaft und Technik streben!, *Peking Rundschau* Nr. 32/1970, S. 26, auch abgedruckt in: Proletarische Schule und Universität in China. Berlin 1972, S. 137.)

Hierzulande kann eine so enge Verbindung von Theorie und Praxis nicht erreicht werden. Andererseits ist der absolute Realitätsverlust der Mathematik mit dem Verweis auf die Entwicklung der bürgerlichen Wissenschaft allein auch nicht zu rechtfertigen. Neue Mathematik und andere Formalisierungs- und Enthistorisierungstendenzen in den renovierten Lehrplänen können den Bruch zwischen Theorie und Praxis in der Schule noch erheblich verschärfen, wenn es nicht gelingt, deren Praxisrelevanz für alle Schüler zu verdeutlichen. Selbst die Frage nach der Verwertung der mathematisch-naturwissenschaftlichen Erkenntnisse wäre unter diesen Bedingungen schon ein Fortschritt.

Die Schüler von Barbiana schildern ihre Erfahrungen mit der Mathematik, ihrer Reform und ihren Lehrern:

«*Mathematik und Sadismus* Die Aufgabe in Geometrie erinnert an eine Skulptur der Biennale von Venedig: ‹Ein Körper besteht aus einer Halbkugel über einem Zylinder, dessen Oberfläche drei Siebtel jener der Halbkugel betragen . . .›

Es gibt kein Gerät, das Oberflächen mißt. Somit kann es im wirklichen Leben nie vorkommen, daß man die Oberflächenmaße kennt und nicht die Längen. Eine derartige Aufgabe kann nur im Hirn eines Verrückten entstehen.

neue Etiketten In der reformierten Mittelschule wird es solche Dinge nicht mehr geben. Die Aufgaben werden ‹von Erwägungen praktischer Art› ausgehen. Und tatsächlich wurde Carla in diesem Jahr bei der Mittelschulprüfung vor eine moderne Aufgabe gestellt, die von Heizkörpern ausging: ‹Ein Heizkörper hat die Form einer Halbkugel über . . .› und wieder beginnt man bei den Flächenmaßen.

Besser ein altmodischer Lehrer als einer, der glaubt, modern zu sein, weil er neue Etiketten verwendet.

eine Klasse von Schwachköpfen Unserer war altmodisch. Unter anderem passierte es ihm, daß keinem seiner Jungen die Lösung einer Aufgabe gelang. Von unseren schafften es zwei von vier. Ergebnis: sechsundzwanzig Zurückgewiesene von achtundzwanzig.

Er erzählte herum, daß ihm eine Klasse von Schwachköpfen zugefallen sei!

die Gewerkschaft der Väter Wem hätte es zugestanden, einem solchen Menschen Einhalt zu gebieten? Der Direktor hätte es tun können oder der Schulrat. Aber sie haben es nicht getan.

Die Eltern hätten es tun können. Aber solange Ihr das Heft des Messers in der Hand haltet, werden die Eltern still sein. Dann muß man also entweder Euch jedes Messer (Zensuren, Zeugnisse, Prüfungen) aus der Hand nehmen oder die Eltern organisieren.

Eine ordentliche Gewerkschaft von Vätern und Müttern, die imstande sein muß, Euch zu erinnern, daß wir Euch bezahlen, und daß wir Euch bezahlen, um uns zu dienen, nicht um uns hinauszuwerfen» (Scuola di Barbiana, S. 39f).

Geographieunterricht

Die Welt wird zum Museum. Das Leiden anderer – in der «Dritten Welt» – wird zum exotischen Schauspiel, das einen nicht betrifft. Für viele Geographielehrer wird es erst interessant, wenn es in der Gegend eine tolle Schichtstufenlandschaft, Verwerfung oder Flora gibt. Die Touristenperspektive durch den Fotosucher wird zur herrschenden Perspektive. Der Imperialismus kommt nicht ins Bild. Die Organisation dieses Unterrichts als Panoptikum und als Kreuzworträtsel im Kartennetz produziert die kolonialistischen Einstellungen.

«Nenne die Nebenflüsse der Donau! – Zeige sie auf der Karte!»
«Iller, Lech, Isar, Inn fließen rechts zur Donau hin. Wörnitz, Altmühl, Naab und Regen kommen ihr von links entgegen.»
«Brigach und Breg bringen die Donau zuweg.»
«Zähle die Staaten der USA auf!»
«Die Hauptstadt von Neuseeland?»
«Die Zeitalter der Erdgeschichte?»
usw.

Erdkunde, Geschichte und Sozialkundeunterricht erschöpfen sich meist in Gedächtnisübungen und Geschichten. Auch hier ist die Trennung des Unterrichts vom übrigen Leben der Hauptgrund für die Reduzierung der Welt aufs Klassenzimmer und aufs Fernsehen. Die Verhinderung der aktiven Beteiligung der Schüler am wirklichen Leben durch die Schule in ihrer jetzigen Form muß durch den passiven Voyeurismus kompensiert werden, durch Erfahrung aus zweiter Hand.

Sportunterricht

Seine Aufgabe sollte es sein, die allseitige körperliche Erziehung zu ermöglichen. Davon ist der Sportunterricht – die Leibeserziehung – weit entfernt. Hier lernen die Schüler nicht nur Turnen und «Trimm dich». Der Lernerfolg aus den anderen Fächern wird vertieft. Im Sport wird das Prinzip der Konkurrenz fast zum Naturgesetz. Hier kann es noch wirksamer verinnerlicht werden, weil die meisten Schüler – die körperlich fit sind – gerne Sport treiben. Hier wird Quälen für viele zur Lust. Die Strapazen und Versagungen der Lernarbeit können kompensiert werden bei ihrer Verdoppelung im Sport. Aber wehe denen, die nicht mitkommen. Die Schwächeren lernen leiden. Sie lernen, was die anderen schon wissen, daß man sich nicht blamieren darf. Lieber krank sein, als nie den Ball erwischen oder die Regeln nicht beherrschen.

Man lernt beim Sport auch, diszipliniert nach Regeln und Signalen zu funktionieren und durchzuhalten, als Rädchen im Getriebe einer Mannschaft, die aufgezwungenen Regeln gehorchen muß.

Die Schüler von Barbiana haben diese Erfahrung gemacht:

«*unglückliche Jungen* Bei der Turnprüfung warf uns der Lehrer einen Ball zu und sagte uns: ‹Spielt Korbball.› Wir konnten das nicht. Der Lehrer schaute uns mit Verachtung an: ‹Unglückliche Jungen.›

Auch er wie Ihr. Ihm schien es wichtig, in einem konventionellen Ritus Geschicklichkeit zu zeigen. Er sagte zum Direktor, daß es uns an ‹Leibeserziehung› fehle und wollte uns auf die Wiederholungsprüfung verweisen.

Jeder von uns konnte auf eine Eiche klettern. Oben die Hände loslassen und mit Axthieben auch einen zentnerschweren Ast herunterhauen. Ihn dann durch den Schnee bis nach Hause bis vor die Füße der Mutter schleifen.

Man hat mir von einem Herrn aus Florenz erzählt, der mit einem Aufzug seine Wohnung erreicht. Überdies hat er sich ein weiteres kostspieliges Gerät gekauft und tut damit so, als ob er rudere. Ihr würdet ihm in Turnen bestimmt eine Zehn geben» (Scuola di Barbiana, S. 42; Zehn ist in Italien die beste Note).

Sexualkunde

Das ist ein Fach, das es eigentlich gar nicht gibt, das aber nach diversen Erlassen und einer KMK-Vereinbarung unterrichtet werden muß.

Der Sexualkundeunterricht ist in besonderer Weise tabuisiert und ritualisiert. Wir untersuchen ihn deshalb unter diesem Gesichtspunkt.

Im Sexualkundeunterricht kommt Sexualität nicht vor, es sei denn, man zählt ihre Negation, die Formen ihrer Verdrängung noch zu ihr selber. Wenn liberale Sexualpädagogen wie Helmut Kentler meinen, nur in der Sexualerziehung würde die Pädagogik ihr altes postuliertes didaktisches

Prinzip Anschauung als Motivation – Experiment als Erfahrung – Übung für die Praxis unterschlagen, so irren sie. Diese Kunde reiht sich in die didaktische Schultradition der Verkündigungen zur Verhinderung von Praxis ein: In der politischen Bildung (Sozial-, Gemeinschafts-, Heimat-, Staatsbürgerkunde) kommt politische Praxis nicht vor, es sei denn, die Schüler machen sie selber. In der Spracherziehung wird nicht gesprochen, nur folgenlos verdinglicht geredet und geschrieben. Die Geschichte bleibt ein Aristokratenfriedhof, schon von den Totengräbern hört man nichts mehr. In der Leibeserziehung werden keine Leiber erzogen, sondern gedrillt. Und in den Naturwissenschaften fehlen schon die Lehrer, die die Praxis leiten könnten. Diese Praxis entspricht also durchaus der schlechten Theorie, die aus ihr hervorgegangen ist.

Über die Funktion der herrschenden Sexualmoral und auch über die Ideologie der herrschenden Sexualpädagogik in autoritärer und technokratisch liberaler Façon samt ihrer Funktion im Kapitalismus ist in letzter Zeit einiges geschrieben worden, was hier nicht zum vierundsiebzigsten Mal zusammengefaßt werden soll.

Aber alles, was man zum Beispiel über klassenspezifisches Sexualverhalten weiß, wird von der bürgerlichen Sexualpädagogik für die Schule konsequent ausgeklammert. Man geht weiterhin von der schlechten bürgerlichen Gymnasiastensexualpädagogik aus und überträgt sie auf die «unterprivilegierte Mehrheit» der Arbeiterkinder – wie in anderen Bereichen auch. Diese Sexualpädagogen scheinen noch nichts von Lehrlingen und Jungarbeitern gehört zu haben.

Was ebenfalls kaum zur Kenntnis genommen wird, ist die ritualisierte Form, in der das Unterrichtsprinzip Sexualerziehung in der Schule realisiert wird. Entsprechend sind auch die Funktionen und Möglichkeiten der Rituale selbst unbekannt, was nicht gegen ihre Bedeutung spricht.

Wie sieht dieses Unterrichtsprinzip in der Schule aus? Beispielsweise im neunten Schuljahr einer sogenannten Hauptschule:

Schrilles Klingeln!

«Als Hausaufgabe zu morgen werden die Aufgaben 5 bis 8 gerechnet – auf Wiedersehen!»

«Auf Wiedersehen, Herr Kortner.»

Der Klassenchor (geschlossener Jahrgang) rast auf den Hof. Dort stehen 15 Minuten Pause zur brüllenden Kompensation von 90 Minuten schweigender Zinseszinsrechnung zur Verfügung.

Schrilles Klingeln!

Der Jahrgang geht langsam und geschlossen – entsprechend Abs. 3 der Schulordnung – in die Klasse zurück, zum drittenmal an diesem Vormittag. Die 34 setzen sich.

Der Klassenlehrer ist schon da. An der Wand hängt eine Bildtafel mit aufgeschnittenen Geschlechtsteilen zur Sexualkunde. Das ist zwar ein Unterrichtsprinzip, aber irgendwann muß man's ja machen, meint er. Er macht es jetzt und selber. «Man muß seine Schüler dabei kennen, Vertrauen haben, sonst geht alles schief. Schließlich sprechen wir über alles; es gibt keine Tabus. Aber alles sachlich und bestimmt, damit nicht rumgelacht wird und so.» Es scheint also etwas Besonderes zu sein.

Warum er es nicht in Biologie macht? «Da bin ich froh, wenn ich mit dem Stoff so halbwegs hinkomme.»

Und in politischer Bildung? «Was hat das damit zu tun?»

Oder in der ästhetischen Erziehung? «Das machen wir nicht – oder meinen Sie Kunsterziehung?»

Und in der Leibeserziehung? «Da wird doch geturnt – da ist Bewegung.»

Und in Religion? «Gibt der Pfarrer.»

Sexualerziehung hat also nur mit sich zu tun, auch wenn sie in anderen Fächern vorkommt, was nur selten vorkommt. Oft gibt es sogar Speziallehrer: Psychologen, Ärzte, Kriminalkommissare, spezialtrainierte Sexuallehrer, Jugendrichter. Das unterstreicht den kriminellen Charakter dieser Disziplin:

«Wir haben jetzt Sexualkunde.»

«Zuerst einige Wiederholungsfragen:
Wie heißt...?
Wozu ist...?
Warum muß man...?
Warum darf man nicht...?»

Einige melden sich sogar. Die Antworten kommen langweilig, brav, wie gewünscht. Keiner freut sich – einige lachen nur verkrampft. Sexualkunde ist eben eine zu ernste Sache, um Spaß dran zu haben.

«Heute sprechen wir über die Gründe, die zur Vereinigung von Mann und Frau führen.»

Dann wird vom Willen zur Elternschaft, von Schwellkörpern, Perversionen, wertvollen Gefühlen, den drohenden syphilitischen Gefahren, wenn es Unverheiratete tun, Moral und Ehrfurcht vor dem Leben gesprochen. Nicht gesprochen wird beispielsweise von den 30000 Menschen, die täglich verhungern, weil Geburtenkontrolle eine Sünde sei, auch nicht über die Sexualität von Kindern, Jugendlichen und Lehrern, über die rigide Arbeitsteilung von Frauen und Männern, über Leichtlohngruppen, über die Verhinderung erotischer Beziehungen durch eine rigide Arbeits- und Schulpraxis mit Zensuren und Konkurrenz. Dafür sitzen die Mädchen und Jungen in geistiger Marschordnung geschlechtslos hintereinandergereiht. Wenn in dieser Sexualkunde so etwas wie Sexualität vorkommen sollte, dann heimlich – aber das geht in jedem Unterricht.

Gibt es auch Noten im Sexualunterricht?

«Nicht direkt, aber in den Kopfnoten, in Betragen und Ordnung wird das Verhalten schon beurteilt.»

Auch das sexuelle Verhalten der Schüler?

«Ja, natürlich – manche fühlen sich ja schon wie Erwachsene.»

Er scheint also zu wissen, daß die Schüler sich lieben und zärtlich sein können miteinander. Aber als gewissenhafter Schulmann muß er das für schlecht halten, zu früh, gar nicht mehr so richtig minderjährig; jugendgefährdend; denn Ordnung muß sein, und seinen Schülern sagt er: «Die Liebe ist etwas zu Großes, um sie schon in der Jugend zu vergeuden. Wenn ich jetzt noch einmal feststellen muß, daß der mit . . .»

Was halten die Schüler dieser Klasse vom Sexualkundeunterricht? Sie können es kaum sagen, aber immerhin:

«Kalter Kaffee – besser als Rechtschreiben – manchmal hört man sogar was Nützliches – langweilig – die reden nur drumherum – was interessiert mich der Eisprung, ich will was ganz anderes – der Lehrer tut mir leid, der kann ja nichts dafür – bei der Erziehung, die der gehabt hat – nix Neues – Moralin – jetzt wolln sie uns das auch noch vermiesen – . . .»

Dagegen ist die Sexualverkündigung für die Schule etwas Großes, Sauberes, Ernstes, Tiefes, bei dem man leise sein muß, in sich hineinhorchend, etwas Feierliches. Diese Sexualerziehung ohne Sexualität trägt die Zeichen der politisch pädagogischen Rituale, der Verhinderung und Triebabwehr durch Bombastik.

Die Frage von Karl Marx in der «Heiligen Familie» kann beantwortet werden: «Wer wird Orgeln zu einem Liebesrendezvous mitbringen?»

Die Sexualpädagogen.

Zusammenfassung: Der Schulritualmeister für technokratische Sexualkunde mit seinem geschlechtskranken Sexualkundeatlas verhält sich wie ein Chorleiter, der singen will, aber weder kann noch darf. Als Ersatz und aus Verzweiflung hält er seinen Sängern, die singen wollen und können, aber auch nicht dürfen, eine Lektion über die Funktion von Stimmbändern und die Gefahren des Kehlkopfkrebses. Dann verteilt er Noten, nach denen man weder singen kann noch mag.

Der übliche Sexualkundeunterricht ist ein Ritual zur Verhinderung befreiender Sexualität. Die politische Bildung ist ein Ritual zur Verhinderung befreiender Politik. Beides dient der Einübung von Funktionsgehorsam im Produktions- und Konsumbereich. Das gleiche gilt wieder für Spracherziehung, Leibeserziehung usw.

Wie wird das gemacht, welche Funktion hat es?

Man zerhackt den Lehrstoff in die Einzelteile der Fächer mit Hilfe des Lehr- und Stundenplans, isoliert voneinander, was zusammengehört, sagt, es sei alles sehr komplex und differenziert und wundert sich, daß Schüler keinen Blick für die Zusammenhänge haben. Die Schule zerstört sie durch Rituale; Lernen ist entfremdetes Lernen. Sexualität isoliert man zunächst von Politik und zerlegt sie dann rein schulorganisatorisch in Biologie und Religion und Brutalität: Die Menschen haben Geschlechtsorgane, aber nur zur «Arterhaltung».

Es gibt auch Liebe, aber nur als Gottesliebe. Es gibt auch Sexualität, aber nur als kriminalisierte Schweinerei.

Auf die Triebabwehr, die hinter den Ritualen steht, hat Peter Fürstenau hingewiesen (Zur Psychoanalyse der Schule als Institution. In: *Argument* 29/1964):

«Mit Hilfe von Zeremonien und Ritualen verschanzt sich das Ich vor den Trieben. Daß das auch ein Verstehensgesichtspunkt für den Schulunterricht ist, wird ersichtlich, wenn man fragt, was der Unterricht nicht vermittelt, nicht darstellt, ausläßt. Man bemerkt dann, daß das Triebleben des Menschen, insbesondere Trieblust und Triebgewalt, mit all ihren Implikationen in Gesellschaft, Geschichte und Kunst verleugnet, mindestens aber banalisiert werden.

Man kann den Aufwand an sexuell gereinigten, verharmlosten Unterrichtsstoffen direkt mit der Stärke der Triebverleugnung in Zusammenhang bringen, die Lehrgänge selbst in ihrer Breite und Umständlichkeit als zeremonielle Vermeidungen und Umwege um das Triebthema deuten.»

Diese Vermeidung des Triebthemas durch Rituale als stilisierte Kommunikationsformen – die immer auch einen masochistischen Lustgewinn erzeugt – wird mit scheinbar objektiven, nicht mehr hinterfragten Aussagen gerechtfertigt wie: Das tut man nicht, Ordnung muß sein, da könnte ja jeder kommen, wo kämen wir denn da hin?

Anpassung, Funktionsgehorsam, Herrschaft durch angebliche Sachzwänge als blinde Anerkennung des Bestehenden sind die tatsächlichen Erziehungsziele und gleichzeitig die Disziplinierungsmittel in den Schulritualen der herrschenden politischen Erziehung, zu der eben auch die Sexualerziehung gehört.

Mit der Triebabwehr durch ritualisierte Sexualerziehung kommt die verdrängte Sexualität allerdings verzerrt, regressiv und aggressiv wieder zurück als «saubere» Sexualität im Ritual selber.

Das Ordnung-muß-sein-Streben, die Zucht, der Kampf gegen den vermeintlichen sexuellen Schmutz, das Minderjährigkeitsgeschwätz, der dauernde Verweis auf die gesunde Volksmoral, auf Geschlechtskrankheiten, die Verteufelung der Lust, der sexuelle Gespensterglaube, aber auch die technokratische Sexwelle sind Regressionsformen des dominierenden Analcharakters, die im Ritual organisiert werden können.

Im eintrainierten Rollenverhalten, also im ritualisiert entfremdeten Verhalten, ist es möglich, die eigene unverarbeitet unterdrückte Sexualität mit dem Anspruch abendländischer Moralität oder sonstiger Normen als Herrschaftsausübung gegen Schwächere aggressiv zu kompensieren.

In der Schule bedeutet dieses Ritualverhalten die pädagogische Anpassung der Schüler an normiertes Rollenverhalten und damit an entfremdetes Verhalten. Das heißt dann beispielsweise, daß die alte repressive Arbeitsteilung zwischen Männern und Frauen als deren naturgewolltes Rollenverhalten eingeübt werden kann.

Solche bürgerlichen Entsagungsideologien werden über die Zeremonien des Unterrichts funktional verinnerlicht.

Der Unterricht erfüllt damit den Tatbestand der Forderung der «Empfehlungen der Kultusministerkonferenz zur Sexualerziehung»:

«Sexualerziehung in der Schule soll dazu beitragen, daß die jungen Menschen ihre Aufgaben als Mann und Frau erkennen, ihr Wertempfinden und Gewissen entwickeln und die Notwendigkeit der sittlichen Entscheidung einsehen.»

Anpassung, Disziplinierung und Unterdrückung unter dem freiheitlichen Mantel des Fortschritts und mit den liberalen Mitteln der technokratischen Erziehung soll den normen- und rollenbewußten Arbeiter und den manipulierbaren entpolitisierten Konsumenten produzieren, der die Entsagungen der «Tauschgesellschaft» auch sexuell kompensieren kann. Sie werden dann erträglicher. Insofern ist mittelständische ritualisierte Sexualerziehung, besonders wenn sie an Arbeiterkindern verübt wird, eine wirksame Form politischer Erziehung zum Objekt, zum Opfer der Herrschaft und Ausbeutung.

Was Lehrer und Schüler tun können, die den Zusammenhang von Sexualritual, Herrschaft und Ausbeutung erkannt haben, kann hier nicht so abstrakt gesagt werden. Die Betroffenen müssen das am Ort ihrer Praxis selbst entwickeln. Noch wirken die Schulrituale der Sexualerziehung weitgehend lächerlich auf die Schüler und sind von daher vielleicht harmlos. Das wird sich mit ihrer zunehmenden technischen Perfektion sicher ändern.

Zur Bekämpfung der Unterdrückung bedarf es der Solidarisierung der Opfer, also auch der Lehrer und auch Schüler. Aber gegenwärtig läßt sich darüber wenig sagen; denn das autoritäre vereinzelnde, selektive Leistungsprinzip der Konkurrenz mit seiner rituellen Organisation – beispielsweise in sogenannten Prüfungen und durch Zensuren – zerstört jede Zusammenarbeit.

Notwendig ist vielleicht eine «Negative Didaktik» der politischen Erziehung – Sprach- und Sexualerziehung gehören dazu – die von der zweckgerichteten Analyse der konkreten Schulsituation ausgeht. Solidarisierung in Lehrer- und Schülerorganisationen gegen die politische Unterdrückung und Vereinzelung ist die gegenwärtig beste Sexualerziehung. Sie hebt Vereinzelung auf und ermöglicht auch erotische Beziehungen im Kampf gegen die pädagogischen Verhinderer. Das geht aber nicht isoliert in der Schule, sondern nur gemeinsam mit der großen Mehrheit der Jugendlichen, die als Lehrlinge und Arbeiter in den Betrieben vereinzelt verwaltet werden.

Zusammenfassung zum Lehrplan:

1.

«*Dringlichkeitsstufen* Wenn man wenig Schulzeit zur Verfügung hat, muß man den Lehrplan so einrichten, daß man streng auf Dringliches Rücksicht nimmt. Der Doktorsohn Pierino hat Zeit, auch Novellen zu lesen. Gianni nicht. Er ist mit 15 Jahren Euren Händen entlaufen. Er ist in der Werkstatt. Für ihn ist es nicht wichtig zu wissen, ob Zeus die Athene geboren hat oder umgekehrt.

In seinem Italienischprogramm stünde lieber der Tarifvertrag der Metallarbeiter. Haben Sie ihn gelesen, Frau Lehrerin? Und Sie schämen sich nicht? Er ist das Leben für eine halbe Million von Familien. Daß Ihr gebildet seid, redet Ihr Euch selbst ein. Ihr habt alle dieselben Bücher gelesen. Es gibt niemanden, der Euch etwas anderes fragen würde» (Scuola di Barbiana, S. 41 f).

2.

«Schule der Nation» – Ausbildung in vier Lektionen

(nach Frankfurter Rundschau © Felix Mussil)

Was tun? – oder: Wo bleibt das Positive?

Für die fortschrittlichen Lehrer

Angesichts der geschilderten Sachlage stellt sich für den fortschrittlichen Teil der Lehrerschaft – also für die Lehrer, die für eine demokratische und sozialistische Gesellschaft und Schule arbeiten – die Frage: Was können wir tun?

In diesem Kapitel soll versucht werden, Kriterien zur Beantwortung dieser Frage in der Praxis aufzuzeigen, und es soll auf einige Beispiele hingewiesen werden.

Dieses Kapitel richtet sich vor allem an Lehrer und Lehrerstudenten, weil sie unter den Lesern dieses Buches in der Mehrzahl sein dürften. Sie sollen damit nicht zur wichtigsten Gruppe im Bildungswesen stilisiert werden. Die wichtigsten Gruppen sind Eltern und Schüler, besonders aus der Arbeiterklasse, also die wirklich Betroffenen. Sie sind Opfer der Schule und Träger ihrer möglichen Veränderung zugleich. Sie werden unter den Lesern eine Minderheit sein.

Die widersprüchliche Situation der Lehrer ist dadurch gekennzeichnet, daß sie objektiv als Agenten der herrschenden Klasse das Kapitalinteresse gegen die Mehrheit der Schüler zu vertreten haben, sich selber aber als Emanzipateure der Jugend verstehen – also als das glatte Gegenteil. Der Widerspruch hat seine Ursache in der widersprüchlichen Funktion der Schule als Qualifikations- und Untertanenfabrik in einem. Keinesfalls soll mit dieser Feststellung der undialektischen Behauptung das Wort geredet werden, daß Lehrer nichts als Kapitalagenten seien, über Schulerziehung nichts zu machen sei, bevor die Arbeiterklasse die Machtfrage nicht für sich, und zwar im Produktionsbereich entschieden hat. Daran ist richtig, daß die Basis der Arbeitermacht im Produktionsbereich liegt. Entschieden wird die Machtfrage dort und im Staat. Aber wie kommt es soweit? Und was dann?

Alle Erziehungsprozesse sind immer auch Prozesse der Bildung des Bewußtseins. Als solche sind sie ein wichtiger Faktor im Emanzipationskampf. Hält denn die herrschende Klasse nur deshalb den Daumen auf der Schule, weil sie so unwichtig ist?

In diesem Buch ist dargestellt worden, wie die institutionellen Bedingungen der Klassenschule die pädagogischen Emanzipationsbemühungen der Lehrer immer wieder zum Scheitern verurteilen. Die fortschrittlichen Lehrer – die solche Erfahrungen auch machen – sind am ehesten in der Lage, diese Erscheinungsformen der Kapitalherrschaft politisch zu interpretieren und Konsequenzen für ihre Praxis zu ziehen, die über die Zäune der pädagogischen Provinzen hinausführen. Sie vernebeln diese einfachen Tatsachen nicht mit Hilfe von Illusionen über ihre große Aufgabe der Menschenerziehung.

Die Lehrer sind die Gruppe in der Schule, die auf Grund ihres «Arbeitsvertrages» zum Handeln gezwungen ist. Zum Unterrichten, Aufsichtführen, Selektieren, Listenführen, täglichen Erscheinen usw. sind sie verpflichtet. Diskussionen der kritischen Kritiker der «Lehrerrolle» über die Frage, ob es nicht besser wäre, das alles nicht zu machen, sind für sie absurd. Aber es ist nicht unwichtig, wie diese abhängigen Tätigkeiten ausgeführt werden und wie die Lehrer sich dazu organisieren.

Die Widersprüche in der Lehrertätigkeit enthalten einige politische Eingriffsmöglichkeiten, die genutzt werden können, auch wenn die dem Lohnverhältnis unterworfenen Lehrer auf den Zweck ihrer Tätigkeit und ihre Arbeitssituation prinzipiell keinen anderen Einfluß haben, als den, den sie erkämpfen.

Die Massen können die Schule verändern

Man muß davon ausgehen, daß der in diesem Buch dargestellte Charakter des Lernens in der Klassenschule für den Kapitalismus notwendig ist. Bei der Einschätzung der Möglichkeiten sozialistischer Erziehungspraxis müssen diese Tatsachen immer berücksichtigt werden.

Aus diesem Grund ist die Hoffnung vieler Schulreformer, daß durch eine andere Pädagogik («Entschulung der Schule», neue Curricula usw.) an der Funktion der kapitalistischen Schule prinzipiell etwas geändert werden könnte, eine Illusion. Es ist auch zu bezweifeln, daß diese «andere» Pädagogik mit all ihren schönen, emanzipatorischen Zielen überhaupt möglich ist. Sicher ist, daß sie nicht von den Erziehern und schon gar nicht von den Schulbürokraten «im Interesse der Unterprivilegierten» gemacht werden kann und wird.

Die Geschichte der Arbeiterbewegung zeigt, daß Veränderungen, die den Massen nützen – egal in welchem gesellschaftlichen Bereich – nur von diesen selber erkämpft werden können und nicht von «Vertretern» oder Erziehern. Sie müssen erkämpft werden unter den vom Kapital bestimmten Bedingungen und unter Ausnutzung ihrer Widersprüche.

Gegenwärtig tritt die Arbeiterklasse in der BRD durch ihre Organisationen (Gewerkschaften usw.) dem dominierenden Einfluß des Kapitals im Ausbildungsbereich kaum entgegen (vgl. M. Baethge: Ausbildung und Herrschaft. Frankfurt 1970). Ihr Kampf um die Schule kann sich nur im Zusammenhang mit den Auseinandersetzungen im Produktionsbereich entwickeln, wenn die Bedeutung der Schule für die Lage der Arbeiterklasse von dieser selbst erkannt wird.

Solange das nicht der Fall ist, können fortschrittliche Lehrer nicht stellvertretend für die Massen handeln oder ihnen beibringen, was sie wollen sollen. Wer die Subjekte der historischen Entwicklung zu Objekten macht, steht nicht auf ihrer Seite.

Wo liegen die Ansatzpunkte für eine fortschrittliche Praxis der Lehrer?

Die Grundlage jeder fortschrittlichen Lehrerpraxis ist:
1. die gesellschaftlich organisierte Produktion der Arbeitskraft in ihrer für das Kapital notwendigen Deformation und Widersprüchlichkeit (vgl. Kapitel «Was ‹man› im Kapitalismus lernen soll»);
2. das objektive Interesse der Arbeiterklasse und aller der Lohnarbeit unterworfenen Menschen an der Produktion der Arbeitskraft als der Voraussetzung ihres Lebens und ihrer Befreiung;
3. die Lohnabhängigkeit der Lehrer und ihre Klassenlage.

Produktion der Arbeitskraft ist eine Aufgabe der Lehrer

Es ist die Aufgabe der Lehrer, bei der Produktion der Arbeitskraft mitzuwirken. Wie das in der Klassenschule in der Regel geschieht, ist schon dargestellt worden. Dafür werden sie bezahlt. Sind sie nicht in der Lage, die Qualifikationen zu vermitteln, die es den Schülern als späteren Lohnabhängigen ermöglichen, ihre Arbeitskraft zu verkaufen, damit sie leben können, sollten sie über sozialistische Erziehung, die Interessen der Arbeiterklasse usw. nicht reden. Die Fähigkeit der Arbeiter zur materiellen Produktion ist nicht nur die Bedingung des Kapitalismus, sondern auch die seiner Abschaffung und die Bedingung des gesellschaftlichen Lebens überhaupt. Der Beitrag zur Ausbildung dieser Fähigkeit bleibt deshalb Grundlage jeder Lehrerarbeit – auch im objektiven Interesse des Proletariats. Das gilt auch dann, wenn die Arbeiter und alle anderen Lohnabhängigen im Kapitalismus gezwungen sind, sich nur für die Eigenschaften ihrer Arbeitskraft (Gebrauchswert für den Kapitalisten) zu interessieren, die ihren Verkauf zu einem möglichst hohen Preis gestatten (Tauschwert für den Arbeiter).

Das Kapital hat aber nur Interesse an derjenigen Fähigkeit der Arbeitskraft, die dazu dient zu produzieren, wenn der Prozeß der Produktion zugleich Verwertungsprozeß ist, das heißt das Kapital vermehrt.

Die Eigenschaften der Arbeitskraft, die diesen Produktionsprozeß als Verwertungsprozeß sichern helfen, werden nach dem Prinzip «Teile und herrsche!» vor allem über die Organisation des Erziehungswesens erzeugt. (Das ist in den vorhergehenden Kapiteln dargestellt worden.) Die

Maßnahmen zielen also darauf, eine Arbeitskraft zu schaffen, die vom Kapital verwertet werden kann. Die Arbeiter interessiert in diesem Prozeß besonders die Tauschwertseite der Arbeitskraft, auf die sie aber als einzelne keinen Einfluß haben (Konkurrenz, Arbeitsplatzbewertung, Lohngruppe). Auch die Lehrer haben auf diese Seite der Arbeitskraftproduktion kaum Einfluß. Die Organisation der Arbeits- und Ausbildungsprozesse unterliegt fast vollständig der Kontrolle der herrschenden Klasse (vgl. Machiavell-Rede S. 40).

Etwas anders scheint das im Bereich der konkreten Ausformung des Bewußtseins und der geistigen Fähigkeiten der Arbeiter zu sein, also im Bereich der sogenannten Unterrichtsinhalte. Bei ihnen und ihrer Vermittlung scheint die herrschende Klasse die gesellschaftlichen Widersprüche nicht so leicht verschleiern zu können. Je mehr Lehrer und Schüler Einsichten in den Charakter des Kapitalismus und des Imperialismus gewinnen und verbreiten, desto schärfer versucht sie deshalb die Mittel der Organisation der Erziehung («Teile und herrsche!») gegen diese Entwicklung einzusetzen (Schulverwaltungsgesetze, Prüfungsordnungen, zentralisierte Leistungskontrollen etc.).

Viele der fortschrittlichen Lehrer haben die Hoffnung, daß es den Lernenden über die Vermittlung richtiger Inhalte möglich ist, Einsichten in die gesellschaftlichen Widersprüche und ihre Lage zu gewinnen, die in politisches Handeln umgesetzt werden. Auch wenn diese Möglichkeit im Korsett der jetzigen schulischen Verkehrsformen überschätzt wird, müssen solche Erkenntnisprozesse versucht werden. Aber die Unterordnung der schulischen Lernprozesse unter das Verwertungsinteresse des Kapitals, das bis in die subjektiven Interessen der Schüler und in deren Erfahrungen mit der Schule eindringt, behindert die Erkenntnis gerade dieses Zusammenhangs. Auch die Lehrer können sich nicht nur durch einen Akt der Überzeugung und durch progressive Reden von ihrer Rolle als Kapitalagenten – in der sie den Schülern objektiv gegenüberstehen – befreien; das können sie nur, indem sie sich selbst organisieren und mit den fortschrittlichen Kräften gegen diesen Zustand vorgehen, nicht nur im Unterricht.

Aus der Bildungspolitik, der Pädagogik und den Schulkämpfen der Arbeiterbewegung lernen

Ohne die Maschen der kapitalistischen Lernsteuerung wenigstens an einigen Stellen zu durchbrechen und ohne neue Verkehrsformen in der Schule ist die Erkenntnis der Widersprüche und der besseren Möglichkeiten der gesellschaftlichen Entwicklung kaum möglich. Von den Lehrern allein kann dieser Durchbruch nicht ausgehen. Es muß auch nicht in der Schule sein. Sie ist dazu einer der unwirtlichsten Plätze. Ohne das Interesse der

Arbeiterklasse an der Umwälzung ihrer Lebensbedingungen kann sie Einsichten in die Bedingungen und Möglichkeiten zur Entfaltung ihres Befreiungskampfes nicht gewinnen. Die jüngste Entwicklung in den westeuropäischen Ländern zeigt Ansätze einer Praxis, die die Lernenden selbst machen und die nicht bloß antiautoritär ist. Die bildungspolitischen Ziele, die die Arbeiterklasse im Laufe ihrer Geschichte verfolgt hat, gewinnen wieder Bedeutung als Perspektive für alle, die im Ausbildungsbereich arbeiten. Wer in diesem Bereich die Durchsetzung der Interessen der Arbeiterklasse unterstützen will, muß sie kennen.

Diese Kenntnis kann nicht aus den bürgerlichen Reformvorstellungen, Curriculumentwürfen, Rahmenplänen, oder dem Gerede von der Chancengleichheit gewonnen werden, sondern aus dem Studium der politischen Ökonomie, der Geschichte der Arbeiterbewegung und der gegenwärtigen Klassenkämpfe. Dabei sind auch die Kriterien herauszuarbeiten, an denen sich die Praxis zu orientieren hat. Praxis ist der Zweck des Studiums, und wenn sie von der Theorie geleitet ist, zugleich seine intensivste Form.

Dieses Studium ist für die Lehrer besonders wichtig: Als privilegierte Lohnabhängige stehen sie ständig in der Gefahr, ihre ständischen Sonderinteressen pädagogisch zu bemänteln und als Maßstab und Grundlage ihrer Praxis zu verwenden. Sie stehen dann objektiv und oft wider Willen auf der Seite des Kapitals bei ihrer Erziehung «im Interesse der Unterprivilegierten». Keinen anderen Zweck hat die Privilegierung der Lehrer, als sie als Ideologieträger bei der Stange zu halten. Die Existenz der Gewerkschaft Erziehung und Wissenschaft (GEW) neben der ÖTV als einer «ständisch» zusammengesetzten Gewerkschaft des öffentlichen Dienstes (fast alle Mitglieder sind Staatsbedienstete im gehobenen und höheren Dienst) ist von daher gesehen nicht unproblematisch. Die gewerkschaftliche Isolierung der pädagogischen Intelligenz in einer «Standesgewerkschaft» ist in der Vereinstradition der deutschen Lehrerschaft begründet und indirekt eine Folge der Trennung von Kopf- und Handarbeit, von Schule und materieller Produktion.

Hier ist nicht der Ort, die bildungspolitischen Grundsätze und Forderungen der Arbeiterbewegung ausführlich darzustellen und auf heute zu übertragen (vgl. dazu Literaturangaben zu den folgenden Abschnitten). Auch die Konsequenzen aus diesen Forderungen und der hier vorgelegten Untersuchungen für die konkrete Unterrichtspraxis können nur angedeutet werden.

Auf der wissenschaftlichen Grundlage der Marxschen Kritik der politischen Ökonomie und im Kampf gegen die Bildungspolitik der Kapitalistenklasse sind von der Arbeiterbewegung umfassende Prinzipien entwikkelt worden, deren wichtigste hier kurz zusammengefaßt werden sollen. Die entscheidenden Impulse gingen aus von der Pariser Kommune (1871), der deutschen Arbeiterbewegung von 1918 bis zum Faschismus, der frühen sowjetischen und heutigen chinesischen Kulturrevolution und heute von den italienischen Arbeitern, Schülern und Studenten.*

Die Forderungen der Arbeiterbewegung

Für die Vereinigung der Erziehung mit der materiellen Produktion
Im Kapitalismus ist der Zusammenhang von Ausbildung und materieller Produktion durch deren institutionelle Trennung (in Schule und Fabrik) wirklich zerstört und ideologisch verschleiert. Die Schuljugend wird auf ihre Rolle im Arbeitsprozeß vorbereitet, indem sie von ihm getrennt ist. Die Entsprechung von Lohn- und Lernarbeit auf abstrakter Ebene ermöglicht das. Institutionalisierte Arbeitsteilung, Konkurrenz, Entfremdung und abstrakte Arbeit wirken in der Schule als Trainingslager für die Produktion, ohne die Schuljugend mit dieser tatsächlich zusammenzubringen. Die wirkliche Erfahrung – zum Beispiel auch die Teilnahme an Arbeitskämpfen usw. –, die diese Programmierung gefährden könnte, bleibt von der Ausbildung ausgeschlossen.

Die kapitalistische Trennung von Erziehung und materieller Produktion verhindert die Erziehung allseitig ausgebildeter Persönlichkeiten. Die Verbindung von Erziehung und Produktion soll sie den Interessen der Arbeiterklasse entsprechend ermöglichen.

Zwei Texte von Karl Marx sollen dessen Begründungen und Vorschläge für die Verbindung von Erziehung und produktiver Arbeit vorstellen:

«Armselig wie die *Erziehungsklauseln* des Fabrikakts im ganzen erscheinen, proklamierten sie den *Elementarunterricht* als *Zwangsbedingung der Arbeit*. Ihr Erfolg bewies zuerst die Möglichkeit der Verbindung von Unterricht und Gymnastik mit Handarbeit, also auch von Handarbeit mit Unterricht und Gymnastik. Die Fabrikinspektoren entdeckten bald aus den Zeugenverhören der Schulmeister, daß die Fabrikkinder, obgleich sie nur halb soviel Unterricht genießen als die regelmäßigen Tagesschüler, ebensoviel und oft mehr lernen. ‹Die Sache ist einfach. Diejenigen, die sich nur einen halben Tag in der Schule aufhalten, sind stets

* Literatur zu diesen Forderungen: Marx/Engels: Über Erziehung und Bildung. Berlin 1968; Beiträge zur Bildungspolitik und Pädagogik der revolutionären deutschen Arbeiterbewegung 1918–23, Bd. 1 u. 2 (bes. Bd. 1); Monumenta Pädagogica. Berlin 1968; Materialien zur Geschichte der politischen Lehrerbewegung I (1789–1933). Offenbach 1973; Proletarische Schule und Universität in China. Berlin 1971; A. Gorz (Hg.): Schule und Fabrik. Berlin 1972; G. Krapp: Marx und Engels über die Verbindung des Unterrichts mit produktiver Arbeit und die polytechnische Bildung. Frankfurt 1971; K. H. Günther (Hg.) u. a.: Geschichte der Erziehung. (dazu Quellenband) Berlin 1965; H. Boehncke/J. Humburg (Hg.): Wer verändert die Schule? Schulkämpfe in Italien. Reinbek 1973; Scuola di Barbiana: Die Schülerschule. Berlin 1970.

frisch und fast immer fähig und willig, Unterricht zu empfangen. *Das System halber Arbeit und halber Schule* macht jede der beiden Beschäftigungen zur Ausruhung und Erholung von der andren und folglich viel angemeßner für das Kind als die ununterbrochne Fortdauer einer von beiden. Ein Junge, der von morgens früh in der Schule sitzt, und nun gar bei heißem Wetter, kann unmöglich mit einem andren wetteifern, der munter und aufgeweckt von seiner Arbeit kommt.›

Weitere Belege findet man in *Seniors* Rede auf dem soziologischen Kongreß zu Edinburgh 1863. Er zeigt hier auch u. a. noch, wie der einseitige unproduktive und verlängerte Schultag der Kinder der höhern und mittlern Klassen die Arbeit der Lehrer nutzlos vermehrt, ‹während er Zeit, Gesundheit und Energie der Kinder nicht nur fruchtlos, sondern absolut schädlich verwüstet›. Aus dem *Fabriksystem*, wie man im Detail bei *Robert Owen* verfolgen kann, entsproß der Keim der *Erziehung der Zukunft*, welche für *alle* Kinder über einem gewissen Alter *produktive Arbeit* mit *Unterricht und Gymnastik* verbinden wird, nicht nur als eine Methode zur Steigerung der gesellschaftlichen Produktion, sondern als die einzige Methode zur Produktion vollseitig entwickelter Menschen . . .

Die große Industrie zerriß den Schleier, der den Menschen ihren eignen gesellschaftlichen Produktionsprozeß versteckte und die verschiednen naturwüchsig besonderten Produktionszweige gegeneinander und sogar dem in jedem Zweig Eingeweihten zu Rätseln machte. Ihr Prinzip, jeden Produktionsprozeß, an und für sich und zunächst ohne alle Rücksicht auf die menschliche Hand, in seine konstituierenden Elemente aufzulösen, schuf die ganz moderne Wissenschaft der Technologie. Die buntscheckigen, scheinbar zusammenhanglosen und verknöcherten Gestalten des gesellschaftlichen Produktionsprozesses lösten sich auf in bewußt planmäßige und je nach dem bezweckten Nutzeffekt systematisch besonderte Anwendungen der Naturwissenschaft. Die Technologie entdeckte ebenso die *wenigen großen Grundformen der Bewegung*, worin alles produktive Tun des menschlichen Körpers, trotz aller Mannigfaltigkeit der angewandten Instrumente, notwendig vorgeht, ganz so wie die Mechanik durch die größte Komplikation der Maschinerie sich über die beständige Wiederholung der einfachen mechanischen Potenzen nicht täuschen läßt. Die moderne Industrie betrachtet und behandelt die vorhandne Form eines Produktionsprozesses nie als definitiv. Ihre technische Basis ist daher revolutionär, während die aller früheren Produktionsweisen wesentlich konservativ war. Durch Maschinerie, chemische Prozesse und andre Methoden wälzt sie beständig mit der technischen Grundlage der Produktion die Funktionen der Arbeiter und die gesellschaftlichen Kombinationen des Arbeitsprozesses um. Sie revolutioniert damit ebenso beständig die Teilung der Arbeit im Innern der Gesellschaft und schleudert unaufhörlich Kapitalmassen und Arbeitermassen aus einem Produktionszweig in den andren. Die Natur der großen Industrie bedingt daher *Wechsel der Arbeit*, Fluß der Funktion, allseitige Beweglichkeit des Arbeiters. Andrerseits reproduziert sie *in ihrer kapitalistischen Form* die alte Teilung der Arbeit mit ihren knöchernen Partikularitäten. Man hat gesehen, wie *dieser absolute Widerspruch* alle Ruhe, Festigkeit, Sicherheit der Lebenslage des Arbeiters aufhebt, ihm mit dem Arbeitsmittel beständig das Lebensmittel aus der Hand zu schlagen und mit seiner Teilfunktion ihn selbst überflüssig zu machen droht; wie dieser Widerspruch im ununterbrochnen Opferfest der Arbeiterklasse, maßlosester Vergeudung der Arbeitskräfte und den Verheerungen gesellschaftlicher Anarchie sich austobt. Dies ist die negative Seite. Wenn aber der Wechsel der Arbeit sich jetzt nur als überwältigendes Naturgesetz und mit der blind zerstörenden Wirkung eines Naturgesetzes durchsetzt, das überall auf Hindernisse stößt, macht die große Industrie durch ihre Katastrophen selbst es zur Frage von Leben oder Tod, den Wechsel der Arbeiten und daher möglichste Vielseitigkeit der Arbeiter als allgemeines gesellschaftliches Produktionsgesetz anzuerkennen und seiner normalen Verwirklichung die Verhältnisse anzupassen. Sie macht es zu einer Frage von Leben oder Tod, die Ungeheuerlichkeit einer elenden, für das wechselnde Exploitationsbedürfnis des Kapitals in Reserve gehaltenen, disponiblen Arbeiterbevölkerung zu ersetzen durch die absolute Disponibilität des Menschen für wechselnde Arbeitserfordernisse; das Teilindividuum, den bloßen Träger einer gesellschaftlichen Detailfunktion, durch das total entwickelte Individuum, für welches verschiedne gesellschaftliche Funktionen einander ablösende Betätigungsweisen sind. Ein auf Grundlage der großen Industrie naturwüchsig entwickeltes Moment dieses Umwälzungsprozesses sind polytechnische und agronomische Schulen, ein andres sind die ‹*écoles d'enseignement professionnel*› (Berufsschulen), worin die Kinder der Arbeiter einigen Unterricht in der Technologie und praktischen Handhabe der verschiednen Produktionsinstrumente erhalten. Wenn die Fabrikgesetzgebung als erste, dem Kapital notdürftig abgerungene Konzession nur Elementarunterricht mit fabrikmäßiger Arbeit verbindet, unterliegt es keinem Zweifel, daß die unvermeidliche Eroberung der politischen Gewalt durch die Arbeiterklasse auch dem technologischen Unterricht, theoretisch und praktisch, seinen Platz in den Arbeiterschulen erobern wird» (Das Kapital I, Bd. 23, Berlin 1962, S. 506 ff).

In der Genfer Resolution der Internationalen Arbeiterassoziation von 1866 hat Marx folgende auf die damaligen Verhältnisse bezogenen Vorschläge gemacht (MEW Bd. 16, Berlin 1962, S. 193 ff):

«Wir betrachten die Tendenz der modernen Industrie, Kinder und junge Personen, von beiden Geschlechtern, zur Mitwirkung an dem Werk der sozialen Produktion herbeizuziehen, als eine progressive, heilsame und rechtmäßige Tendenz, obgleich die Art und Weise, auf welche diese Tendenz unter der Kapitalherrschaft verwirklicht wird, eine abscheuliche ist.

In einem rationellen Zustande der Gesellschaft, *jedes Kind ohne Unterschied* vom 9. Jahre an, sollte ein produktiver Arbeiter werden; auf gleiche Weise sollten keine erwachsenen Personen von dem allgemeinen Gesetz der Natur ausgenommen sein; nämlich zu arbeiten, um imstande zu sein zu essen, und zu arbeiten nicht bloß mit dem Gehirn, sondern auch mit den Händen. Im gegenwärtigen Augenblick jedoch haben wir nur mit den Kindern der arbeitenden Klasse zu schaffen.

Aus physischen Gründen halten wir es für notwendig, daß die Kinder und jungen Personen von beiden Geschlechtern in drei Klassen geteilt und verschieden behandelt werden. Die erste Klasse soll sich über die Kinder vom 9. bis 12. Jahre erstrecken, die zweite vom 13. bis 15. Jahre und die dritte soll die Jünglinge und Mädchen von 16 bis 17 Jahren in sich fassen. Wir schlagen vor, daß die Beschäftigung der ersten Klasse in irgendeiner Werkstelle oder häuslichen Arbeit gesetzlich auf zwei Stunden beschränkt wird, die der zweiten auf vier, und die der dritten auf sechs Stunden. Für die dritte Klasse muß eine Unterbrechung der Arbeitszeit von wenigstens einer Stunde für Mahlzeiten und Erholung stattfinden.

Es mag wünschenswert sein, daß der Elementarschulunterricht des Kindes vor dem Alter von 9 Jahren anfangen sollte, aber wir haben es gegenwärtig nur mit solchen Maßregeln zu tun, die absolut notwendig sind, als Gegenwirkung der

Tendenz eines Systems der sozialen Produktion, welche den Arbeiter herabwürdigt zu einem bloßen Instrument für die Anhäufung von Kapital, und die durch ihre Notdurft zu Sklavenhändler und Verkäufer ihrer eigenen Kinder werden. Das Recht der Kinder und jungen Personen muß geschützt werden. Sie sind nicht imstande, für sich selbst zu sorgen. Es ist deshalb Pflicht der Gesellschaft, für deren Behuf zu handeln.

Wenn die Mittel- und höheren Klassen ihre Pflichten gegen ihre Abkömmlinge vernachlässigen, so ist es ihre eigene Schuld. Teilnehmend an den Vorrechten jener Klassen, ist das Kind verurteilt, unter ihren Vorurteilen zu leiden.

Mit der Arbeiterklasse steht es ganz anders. Der einzelne Arbeiter kann den Scheußlichkeiten, welche ihm durch seine Notdurft aufgebürdet werden, nicht entgegenwirken. Er ist in zu vielen Fällen selbst zu unwissend, das wahre Interesse seines Kindes oder die moralischen Bedingungen der menschlichen Entwikkelung zu verstehen. Jedoch der aufgeklärteste Teil der Arbeiter versteht vollständig, daß die Zukunft seiner Klasse und daß deshalb die Menschheit durchaus von der Ausbildung der werdenden Generation abhängt. Er weiß, daß vor allem andern die Kinder und jugendlichen Arbeiter von den erdrückenden Wirkungen des gegenwärtigen Systems gerettet werden müssen. Dieses kann nur bewirkt werden durch die Verwandlung sozialer Vernunft in politische Gewalt, und unter gegebenen Umständen haben wir mit keiner andern Methode es zu tun, ausgenommen durch allgemeine Gesetze, durchgesetzt durch die Macht des Staates. In der Durchsetzung solcher Gesetze befestigt die Arbeiterklasse nicht die regierende Macht. Im Gegenteil, sie verwandelt jene Macht, die jetzt gegen sie gebraucht wird, in ihre eigene Agentschaft. Sie bewirkt durch eine allgemeine Akte, was durch eine Anzahl von isolierten individuellen Bestrebungen sich als nutzlose Versuche erweisen würde.

Von diesem Standpunkte ausgehend, sagen wir, daß keinen Eltern und keinen Arbeitgebern durch die Gesellschaft Erlaubnis gegeben werden darf, die Arbeit von Kindern oder jungen Personen zu gebrauchen, außer unter der Bedingung, daß jene produktive Arbeit mit Bildung verbunden wird. Unter Bildung verstehen wir drei Dinge:

Erstens: Geistige Bildung.

Zweitens: Körperliche Ausbildung, solche, wie sie in den gymnastischen Schulen und durch militärische Übungen gegeben wird.

Drittens: Polytechnische Erziehung, welche die allgemeinen wissenschaftlichen Grundsätze aller Produktionsprozesse mitteilt, und die gleichzeitig das Kind und die junge Person einweiht in den praktischen Gebrauch und in die Handhabung der elementaren Instrumente aller Geschäfte.

Mit der Einteilung der Kinder und jungen Personen vom 9. bis 17. Jahre in drei Klassen, sollte ein allmählicher und progressiver Lehrlauf der geistigen, gymnastischen und polytechnischen Erziehung verbunden sein.

Mit Ausnahme vielleicht der ersten Klasse sollten die Kosten der polytechnischen Schulen teilweise gedeckt werden durch den Verkauf ihrer Produkte.

Die Verbindung von bezahlter produktiver Arbeit, geistiger Bildung, körperlicher Übung und polytechnischer Abrichtung wird die Arbeiterklasse weit über die höhern und mittlern Klassen heben.

Es ist selbstverständlich, daß die Beschäftigung aller Personen vom 9. bis 17. (einschließlich) in Nachtarbeit und der Gesundheit verderblichen Geschäften in kurzer Zeit verboten werden muß.»

Die Schulprogramme der proletarischen Organisationen haben in der Forderung nach Vereinigung von Erziehung und Produktion einen gemeinsamen zentralen Kern. Die entschiedensten Programme – wie auch bereits Karl Marx – gehen davon aus, daß es sich dabei nicht um Zukunftsmusik einer sozialistischen Gesellschaft handelt, sondern um eine programmatische Forderung, für die im Kapitalismus gekämpft werden muß. Zur vollen Entfaltung kann dieses Prinzip aber erst in einer sozialistischen Gesellschaft kommen (vgl. dazu die Untersuchungsberichte in: Proletarische Schule und Universität in China. Berlin 1971).

Die Forderung richtet sich auch gegen pseudo-humanistische Vorstellungen der bürgerlichen Arbeitserziehung von Kerschensteiner bis zur modernen Arbeitslehre. Unter dem Vorwand, gegen Kinderarbeit zu sein, halten sie die Kinder von der Produktion fern und liefern sie ihr so mit dem Berufseintritt um so brutaler aus. Diese Pädagogen verstehen nicht die Dialektik des richtigen Kampfes gegen Kinderausbeutung und der Verbindung von Erziehung und produktiver Arbeit.

Diese Verbindung ist eine Voraussetzung richtiger – das heißt an der Praxis ansetzender und diese verändernder – Lernprozesse, weil sie die Verbindung von Kopf- und Handarbeit ermöglicht. Sie ermöglicht zugleich die aktive Teilnahme der Arbeiterjugend am Befreiungskampf ihrer Klasse. Sie tritt der Privilegierung der bürgerlichen Jugend entgegen, indem sie den proletarischen Lebenszusammenhang in die Ausbildung einbezieht. Sie kann den Charakter der schulischen Lernarbeit in der schulischen Isolieranstalt durchbrechen und verändert so die Grundlage der Unterrichtsprozesse.

Mit dem Erstarken der Arbeiterbewegung kann über den Kampf für die Verbindung von Schule und Fabrik (d. h. durch die Teilnahme der Arbeiterjugend an den Kämpfen im Produktionsbereich und der Arbeiter im Schulbereich) der Einfluß der Massen – besonders der Arbeiterklasse – auf die Ausbildungsprozesse vergrößert werden.

Die Schwierigkeiten der Pädagogen mit diesem Prinzip rühren daher, daß sie es für eine pädagogische Methode halten. Sie kritisieren die Forderung moralisch, ohne die Ursache der «Unmoral» des Kapitalismus zu kritisieren, und begreifen nicht, daß sie ein Programm zur Beseitigung der Ursachen der Ausbeutung (auch der Kinder) kritisieren.

Für die Einheitlichkeit des Schulwesens (Einheitsschule)
Durch die hierarchische Gliederung des Schulsystems (sogenannte Dreigliedrigkeit und «Leistungs»differenzierung) gelingt es der herrschenden Klasse, die bürgerliche Jugend von der proletarischen zu trennen und so die Teilung von Kopf- und Handarbeit auch über die Art der Produktion der Arbeitskraft zu sichern. Entgegen den Beteuerungen der bürgerlichen Bildungsideologen gelingt es durch diese Aufsplitterung (Leistungsdifferenzierung nach kapitalistischer Norm) und die dazu erforderlichen Selek-

tionen, die Eltern und Schüler zu spalten, zu disziplinieren und die Arbeiterklasse mit einer minderen Bildung abzuspeisen. Auch die Lehrerschaft wird gespalten, diszipliniert, in Konkurrenten dividiert, genau wie die Schüler, die Arbeiter, Angestellten, Lehrlinge und «Gastarbeiter».

«Teile und herrsche!»: mehr Phantasie brauchen die teilenden Herrscher nicht. Mehr Phantasie müssen die geteilten Massen aufbringen.

«La scuola ci divide – la lotta ci unisce!» Die Schule spaltet uns – der Kampf vereint uns! Unter dieser Parole demonstrierten im Herbst 1969 Tausende von Turiner Arbeitern, Studenten, Lehrer und Schüler gegen die Selektion, Disziplinierung und Verdummung in den Untertanenfabriken. Sie haben den Zusammenhang zwischen Schule und Fabrik erkannt.

«In der Schule haben sie (die Arbeiter, J. B.) die Erfahrung gemacht, daß das System diejenigen in technische Disziplinen und Berufe lenkt, die es für unfähig hält, ‹etwas Besseres zu machen›. . . .

Ihre Revolte gegen das stupide und repressive Schulsystem weist schon auf die spätere Revolte gegen die repressive Organisation und hierarchische Teilung der Arbeit hin. Sie wissen, daß ihnen ihre technischen Qualifikationen – die ohnehin innerhalb von 5 Jahren veraltet sind – gegenüber der traditionellen Handarbeit kaum Vorteile bringen und nicht zu der Hoffnung berechtigen, sie könnten der Eintönigkeit und Unterdrückung, welcher die Arbeiter ausgesetzt sind, entgehen.

Damit werden die objektiven Grundlagen für eine politische und ideologische Vereinigung von technischen und manuellen Arbeitern im gemeinsamen Kampf gegen die kapitalistische Arbeitsteilung und die kapitalistischen Produktionsverhältnisse sichtbar. Jedoch muß die objektive Möglichkeit dieser Vereinigung noch durch die Bestimmung des Kampfterrains und der Kampfziele deutlich gemacht werden. Die Ziele müssen zwangsläufig die einer ‹Kulturrevolution› sein: Zerstörung der Unterscheidung, Hierarchisierung und Trennung von manueller und intellektueller Arbeit, von Planung und Ausführung; Freisetzung der kreativen Fähigkeiten aller Arbeiter. Das Kampfterrain muß die Fabrik sein, wo die Arbeiter unterdrückt und geistig verstümmelt werden, und zugleich die Schule, in der das für die Fabrik erforderliche ‹Menschenmaterial› geformt wird.

Der Kampf gegen die Hierarchie in der Fabrik muß als Kampf gegen die Matrix dieser Hierarchie – das Schulsystem – fortgeführt werden, weil erst dadurch die Grundlagen für die Reproduktion der gesellschaftlichen Verhältnisse des Kapitalismus und seiner hierarchischen Arbeitsteilung erschüttert werden. Umgekehrt kann der Kampf gegen das repressive und selektive Schulsystem erst dann wirklich erfolgreich geführt werden, wenn er sich mit dem Kampf gegen Hierarchie und Klassifizierung im Betrieb verbindet» (A. Gorz: Schule und Fabrik. S. 46f).

Gegen die Spalterei im Ausbildungsbereich richtet sich die Forderung nach Einheitlichkeit des Schulwesens, nach der Einheitsschule.

Die deutsche Arbeiterbewegung hat diese Forderung seit Anfang dieses Jahrhunderts mit Nachdruck vertreten. Sie ist in abgeschwächter Form auch im Bildungsprogramm des DGB enthalten.

Auf der sozialdemokratischen Frauenkonferenz in Bremen 1904 forderte Clara Zetkin in ihrem berühmten Referat «Die Schulfrage» «die obligatorische einheitliche Elementarschule ..., die alle Kinder ohne Unterschied der Klasse und des Geldbeutels der Eltern besuchen müssen» (C. Zetkin: Ausgewählte Reden und Schriften. Bd. 1, Berlin 1957, S. 259). Dieses Referat enthält alle wesentlichen bildungspolitischen Forderungen der Arbeiterbewegung und wird die Grundlage späterer Schulprogramme, zum Beispiel der Mannheimer Leitsätze vom SPD-Parteitag von 1906. Die bereits 1904 aufgestellten Forderungen zeichnen sich nicht nur durch eine richtige Einschätzung der Schulsituation aus, sondern auch durch die Formulierung realisierbarer Ziele. In einer von Clara Zetkin und Heinrich Schulz vorgelegten Resolution des SPD-Parteitages von 1904 in Bremen werden die Mittel der Durchsetzung benannt:

«Die Befreiung der Volksschule aus ihrer heutigen unwürdigen Stellung als Magd der herrschenden Klassen und der Kirchen kann nur das Werk der Arbeiterklasse vermittels des Klassenkampfes sein.»

Auch der die Traditionen des demokratischen Bürgertums fortführende Deutsche Lehrerverein – der Vorgänger der GEW – fordert 1918 «die Einheitsschule vom Kindergarten bis zur Hochschule und in ihr das unbeschränkte Recht jedes Kindes auf Bildung und Erziehung nach Maßgabe seiner Fähigkeiten und seines Bildungswillens ohne Rücksicht auf vermögen, Stand und Glauben der Eltern» (nach: Die Volksschule. Dezember 1918).

Weiter als bis zur Einführung der Einheitsgrundschule (1920) bis zum vierten Schuljahr ist es nicht gekommen. Die SPD hat im «Weimarer Schulkompromiß» die Grundsätze der Einheitlichkeit und Weltlichkeit der Schule faktisch aufgegeben.

Die heutigen Pläne einer Gesamtschulreform in der BRD und anderen kapitalistischen Ländern tragen nur in wenigen Punkten den Grundsätzen der Einheitsschule Rechnung (vgl. Abschnitt über Reformen).

Die Einheitsschulforderung der Arbeiterbewegung ist niemals mit dem nebulösen, illusorischen Gerede von der «Herstellung der Chancengleichheit» begründet worden. So gut haben die Proletarier doch rechnen gelernt, daß ihnen klar ist, daß es in einer Klassengesellschaft für sie keine gleiche Chance geben kann. An der Chancengleichheit zur Ungleichheit haben nur Kapitalisten und Kleinbürger Interesse. Arbeiter wollen keine Kapitalisten werden, sondern sie abschaffen. Der Kampf um die Einheitsschule sollte eines der Mittel dazu sein. Er zielt gegen die Diskriminierung der Arbeiterklasse, gegen die Teilung von Kopf- und Handarbeit als Bedingung der Klassenherrschaft, gegen die Reproduktion der ganzen Hierarchie des Lohnsystems, gegen «die kapitalistische Arbeitsteilung, die die Spezialitäten, die auf ein enges Spezialgebiet beschränkten Fachleute und mit ihnen den Fachidiotismus hervorbrachte» (nach: Die kommunistische Schule 5, Berlin 1919).

Der Kampf um die Einheitsschule geht weiter. Er ist untrennbar verbunden mit dem von den Lehrern seit 1848 geführten Kampf um ihre Einheitlichkeit und um ihre einheitliche wissenschaftliche Ausbildung. Alle Lehrer sind Lehrer!

Die Gegner der Einheitsschule wissen, daß die Spaltung der Lehrerschaft in Ober-, Mittel-, Unterlehrer usw. mit einfachen, erweiterten und sonstigen, möglichst verschiedenen Lehrämtern und Problemen eine wirksame Waffe gegen sie ist. Gegen «Teile und herrsche!» hilft nur die Solidarität der Geteilten.

Für die Wissenschaftlichkeit des Unterrichts
Für die Trennung von Schule und Kirche

Die Trennung von Kirche und Staat war eine wichtige Forderung des revolutionären Bürgertums. Das an die Macht gekommene Bürgertum plappert diese Forderung bestenfalls noch vor sich her und macht ein Komplott mit dem Klerus, der zu einer Stütze seiner Macht geworden ist.

Die geistliche Oberaufsicht – der Horrortraum der deutschen Schullehrer – konnte erst von der Arbeiterklasse in der Revolution von 1918 beseitigt werden. Die siegreiche Reaktion sicherte im Weimarer Schulkompromiß der Kirche ihren Einfluß, der über Konkordate, Kirchenverträge, religiös durchsetzte Lehrpläne und Lehrmittel in den «christlichen Gemeinschaftsschulen» und im Religionsunterricht bis heute fortlebt. Dieser Einfluß ist noch immer eines der größten Hindernisse auf dem Weg zur Durchsetzung der Wissenschaftlichkeit des Unterrichts. Die Bedeutung des Religionsunterrichts als Mittel der Bewußtseinsverkleisterung ist gering – die Schüler lachen nur darüber. Aber im übrigen Unterricht, in der Auswahl der Lehrbücher, in den Lehrplänen, in der Lehrerbildung wirkt der klerikale Einfluß noch immer. Zudem muß man bedenken, daß ca. 80 % (sic!) aller Kindergärten der BRD in der Hand der Kirche sind – auch wenn sie z. T. aus Steuermitteln finanziert werden (indirekte Kirchensteuer). Der Kampf für die Trennung von Kirche und Staat geht weiter.

Eine Resolution des SPD-Parteitags in Preußen 1904 fordert:

«Die Trennung der Schule von der Kirche, d. h. die gänzliche Beseitigung des Einflusses der Geistlichkeit in der Schule und die Ausscheidung jedes religiösen Unterrichts aus dem Lehrstoff der Schule. Die religiöse Unterweisung der Kinder ist für diejenigen Eltern, die sie für wünschbar halten, deren Privatangelegenheit.»

Und im gleichen Jahr erklärt Clara Zetkin beim Bremer SPD-Parteitag:

«Der Religionsunterricht trägt vor allem das Brandmal der Aufgabe, den Interessen der herrschenden Klasse zu dienen. Er soll nicht das religiöse Empfinden fördern, er soll die wirtschaftliche und soziale Sklaverei der arbeitenden Klassen aufrechterhalten. Er dient ... dem mechanischen Einbläuen von Dogmenformeln, die im schreiendsten Widerspruch zu den Ergebnissen der Wissenschaft und zur Wirklichkeit stehen.»

Er dient noch zu etwas anderem, wie ein Leserbrief (*Frankfurter Rundschau* v. 3. 9. 1973) zeigt:

Wertung der Religionsnote

Religionsunterricht in Schulen hätte schon längst abgeschafft werden müssen. Nur eine Minderheit hat noch Interesse daran, daß ihre Kinder die Lehren der Kirchen lernen. Das zeigen die Besuchszahlen freiwilliger kirchlicher Lehrveranstaltungen wie der Kindergottesdienste. Das Interesse der Minderheit aus den Taschen aller Steuerzahler zu finanzieren, ist durch nichts zu rechtfertigen. Daß Religionsunterricht noch dadurch aufgewertet wird, daß seine Zensur für die Versetzung Bedeutung haben soll, ist ein Schritt in die falsche Richtung.

Irene Krämer, Göttingen

Die Wissenschaftlichkeit des Unterrichts und die Verbindung des Unterrichts mit der produktiven Arbeit gehören engstens zusammen. Wissenschaftlicher Unterricht geht von den wirklichen Grundlagen der Gesellschaft aus und dient der Emanzipation der Massen, indem er notwendige wissenschaftliche Erkenntnisse und darauf aufbauende Fertigkeiten ermöglicht, insofern ist er parteilicher Unterricht auf der Seite der Arbeiterklasse. Es gibt keinen unparteilichen Unterricht. Auch der Unterricht, der die Erscheinungsformen für das Wesen hält und angeblich wertfreies Tatsachenwissen vermittelt, ist Weltanschauungsunterricht wie der Religionsunterricht und parteilich auf der Seite der herrschenden Klasse.

Teil des Kampfes für die Wissenschaftlichkeit des Unterrichts – der auch gegen die herrschende bürgerliche Wissenschaft und Didaktik geführt werden muß – ist die Durchsetzung der Wissenschaftlichkeit der Lehrerausbildung.

Für die Stärkung des Einflusses der Arbeiterklasse und der anderen Lohnarbeiter auf die Schule

«Ganz verwerflich ist eine ‹Volkserziehung durch den Staat› . . . (es) bedarf umgekehrt der Staat einer sehr rauhen Erziehung durch das Volk» (Marx).

Wieweit die bildungspolitischen Forderungen der Arbeiterbewegung durchgesetzt werden können, hängt von deren Stärke und Politik ab. Die Einführung der einheitlichen Grundschule und das Scheitern der Einheitsschule 1920 zeigen das deutlich. Die Einwirkung der arbeitenden Bevölkerung auf das Schulwesen als Ganzes ist nur über ihre Organisationen möglich (Gewerkschaft, Partei usw.). Durch Eltern-, Lehrer- und Schülerräte zum Beispiel erfolgt die Einwirkung auf die einzelnen Schulen und den

Streit um Konfirmandenbrief

Evangelische Schüler solidarisieren sich mit Braunroth

Von unserem Korrespondenten Gerhard Bökel

GIESSEN. Der Streit um den „Konfirmandenbrief" des Lehrers und Förderstufenleiters an der Gesamtschule Laubach (Kreis Gießen), Helge Braunroth, geht weiter. Während das hessische Kultusministerium eine interne Untersuchung gegen den Pädagogen, der die Konfirmanden im Laubacher Vorort Wetterfeld über die Religionsmündigkeit und die Möglichkeiten zum Kirchenaustritt informierte, eingeleitet hat, haben sich 31 Kollegiaten des evangelischen Studienkollegs in Laubach sowie Schüler der evangelischen Paul-Gerhardt-Schule mit Helge Braunroth solidarisiert.

In einer Erklärung verurteilten die Schüler vor allem das Verhalten des Grüneberger Dekans Grünewald, der sich sowohl bei der Kirchenleitung in Darmstadt als auch beim hessischen Kultusministerium über das Verhalten Braunroths beschwert hat. Braunroth habe nichts anderes getan, als die jungen Christen über ihre Rechte zu informieren, eine Aufgabe, die von der Kirche selbst versäumt werde. Mit seinem Brief an den Kultusminister habe der Dekan diesen zum Verfassungsbruch animiert, da sowohl das Grundgesetz als auch die hessische Verfassung das Recht der freien Meinungsäußerung garantieren. Völlig unverständlich sei es, daß sich Grünewald als Geistlicher beschwerdeführend an eine staatliche Stelle wende.

Die Schüler und die Arbeitsgemeinschaft der Laubacher Jungsozialisten protestieren auch, wie der Sprecher Willi Heinrich sagte, gegen das „geradezu unmögliche Verhalten" des Laubacher SPD-Bürgermeisters Alfred Funk, der in einem Brief an den stellvertretenden Landrat eine Versetzung Braunroths beantragt habe. Damit habe Funk die Möglichkeit wahrgenommen, sich eines „unbequemen Parteifreundes und Stadtverordneten" zu entledigen.

(Frankfurter Rundschau vom 26. 5. 1971)

Braunroths Brief

Laubach/Wetterfeld, 9. 5. 1971

Lieber . . .

Durch die Taufe haben Deine Eltern Dich ohne Deine Zustimmung zum Mitglied der ev. Kirche gemacht.

Dieses Recht steht ihnen nach einem Gesetz (Reichsgesetzblatt, S. 939) vom 15. 7. 1921 zu.

Dafür haben sie sich Deine Konfirmation etwas kosten lassen. Vielleicht hast Du außerdem bei Verwandten und Bekannten ordentlich „abkassiert".

Nach Paragraph 5 des genannten Gesetzes bist Du mit 14 Jahren religionsmündig, d. h. ab jetzt wirst Du zur Kasse gebeten.

Das merkst Du zum erstenmal, wenn Dir von Deinem Arbeitslohn zehn Prozent der Lohnsteuer als Mitgliedsbeitrag einbehalten werden. Du hast erfahren, was Du tun mußt, wenn Du ein Mitglied der Kirche sein willst.

Man hat Dir vielleicht nicht gesagt, was Du tun mußt, wenn Du kein Mitglied der Kirche sein willst!

Du erklärst Deinen Austritt beim Amtsgericht in Gießen.

Mit frdl. Gruß Helge Braunroth

Unterricht. Wenn das mehr werden soll als «mitdenken und mitverantworten», was Schulleitung und Schulverwaltung bestimmen, müssen Entscheidungsrechte dieser Räte durchgesetzt werden. Die Voraussetzung ist die selbständige Organisation der fortschrittlichen Kräfte an den Schulen. Eine Möglichkeit ist die Bildung von Schulräten. Gemeint sind nicht «Schulräte» aus den Amtsstuben, sondern aus Lehrern, Eltern und Schülern bestehende und durch sie gewählte Schulräte.

Die Forderungen der Arbeiterbewegung bilden eine Einheit, keine steht für sich allein
Sie können den Lehrern in gewisser Weise als Kompaß zur Orientierung im kapitalistischen Reformdschungel der Illusionen dienen.

Alle schulischen Maßnahmen – einschließlich des eigenen Unterrichts – sollten anhand dieser Kriterien daraufhin überprüft werden, ob ihre Durchsetzung auch den Interessen der Massen nützt.

Kapitalistische Schulreform: Viele Meilensteine, aber kaum eine Meile!

Viel mehr ist von der «demokratischen Schulreform» für die «unterprivilegierten (von wem?), bildungsfernen Schichten» bisher nicht zu berichten. Die Lage in den Schulen ist bekannt.

«Aber wir haben doch Gesamtschulen, Curriculumrevisionen, kompensatorische Erziehung, einen Strukturplan, einen Bildungsgesamtplan, Hauptschule, Orientierungsstufe, objektive Leistungsmessung, Differenzierung» und und und . . ., werden die Reformpädagogen sagen. «Diese Herren glauben, die Sache verändert zu haben, wenn sie deren Namen verändern. So machen sich diese tiefen Denker über die Welt lustig» (Engels). – Vermutlich tun sie es nicht mit Absicht.

Wem nützt die Reformarbeit?

Gerade fortschrittliche Lehrer müssen sich mit den Reformen befassen. Das hat zwei Gründe.

1. Veränderungen im Ausbildungsbereich sind nicht beliebig und zufällig, sondern in der BRD überfällig. Die herrschende Klasse muß die Ausbildungsverhältnisse den sich ändernden Produktions-, also auch Verwertungsbedingungen anpassen, um eben diese Verwertung, das heißt die Vermehrung des Kapitals, zu sichern. Solche Reformen im Ausbildungsbereich sind für das Kapital notwendige Veränderungen und nicht nur Willkür der herrschenden Klasse. Eingriffe in die Veränderungen der Ausbildungsprozesse sind deshalb von Veränderungen der Arbeitsprozesse

abhängig. Sie erhalten von daher ihre Bedeutung.

2. Viele Lehrer sind von der Notwendigkeit der Reformen überzeugt. Die tägliche Erfahrung der Schulmisere ist für sie bedrückend. Sie erwarten von den Reformen eine tiefgreifende Änderung dieser Verhältnisse. Sie engagieren sich in der Reformarbeit mit viel Zeit- und Kraftaufwand.

Sie verkennen dabei häufig den Charakter der kapitalistischen Schulreform. Sie sehen nicht, daß die wenigen fortschrittlichen Ansätze der Gegenreform zum Opfer zu fallen drohen. Sie sehen nicht, daß die Reformversprechen und die wenigen Reformversuchsmodelle Alibifunktionen haben, um die Massen bei der Stange zu halten und die Fortschrittlichkeit der jeweiligen Politik zu beweisen. Außerdem haben die Modelle für die herrschende Klasse den Vorteil, daß sie viele fortschrittliche, aber mit Illusionen bestückte Lehrer separieren, mit Gremienarbeit und Planungen beschäftigen und so aus dem politischen Verkehr ziehen.

Dieses Problem ist nicht neu. Edwin Hoernle hat bereits 1922 dazu festgestellt:

«Wir erklären mit aller Bestimmtheit: Unter den heutigen Verhältnissen hat die ganze pädagogische Experimentiererei an einzelnen wenigen Volksschulen keinen anderen Erfolg, als Lehrer wie Eltern abzulenken, von dem was not tut, nämlich dem Kampf um die Schule. Während man da und dort eine Versuchsschule gründet, bleiben 99 % aller Volksschulen im argen. Während 100 Kinder alle Finessen ausgesuchtester Pädagogen nach neuesten Systemen zu genießen bekommen (von Kerschensteiner bis Montessori), werden Millionen Tag für Tag, Stunde für Stunde geprügelt, gequält, gedrillt, verwahrlost. Indem die Behörden da und dort eine Versuchsschule zulassen, entheben sie sich ihrer Pflicht, eine brauchbare Gesamtreform aller Schulen durchzuführen. Mehr noch! Sie entledigen sich gleichzeitig aller vorwärtsstrebenden und deshalb der Schulbürokratie unbequemen Lehrkräfte, die sich nun mit Feuereifer der Illusion hingeben, an ‹ihrer› Schule eine Insel der Zukunft, ein Paradies des ‹vorurteilsfreien, selbständigen Menschen, der sein Gesetz in sich trägt› schon heute, aller Ausbeutung und Profitsucht zum Trotz, schaffen zu können. Natürlich bleibt es immer bei Versuchen» (aus: *Das proletarische Kind* 10/1922).

Die Beschäftigung mit den Reformen ist für die Lehrer auf Grund widersprüchlicher Tatsachen notwendig: Einerseits gibt es vom Kapital durchgesetzte Veränderungen im Ausbildungsbereich, die als Teil der Produktivkräfteentwicklung progressiven Charakter haben, und solche, die zur Erhaltung oder Verbesserung der Lebensbedingungen der Massen gefordert und erkämpft werden müssen. Auf der anderen Seite muß der Verschleiß fortschrittlicher Kräfte in der Sisyphosarbeit illusionärer Reformwerkelei verhindert werden. Die obengenannten Grundsätze einer sozialistischen Bildungspolitik und Erziehung sind Maßstäbe bei der Beurteilung aller Maßnahmen im Ausbildungsbereich. Auch bei der Bestimmung der eigenen Praxis muß deshalb gefragt werden:

- Welches sind Reformillusionen in der Schule, die von den wichtigen Aufgaben ablenken und den Grundsätzen der Arbeiterbewegung entgegenstehen?
- Welche Veränderungen entsprechen diesen Grundsätzen, für welche muß gearbeitet werden?
- Wie können fortschrittliche Lehrer unter den jeweils konkreten Bedingungen arbeiten?

Die Reformen sind widersprüchlich

Keine der bildungspolitischen und pädagogischen Forderungen der Arbeiterbewegung ist gegenwärtig voll erfüllbar. Weil diese Forderungen nicht willkürliche Forderungen einer machthungrigen Arbeiterklasse sind, sondern u. a. in der Entwicklungstendenz der Produktivkräfte begründet sind, muß auch das Kapital eine Antwort darauf finden. Es muß seine Bildungsreform mit Hilfe des Staates durchsetzen, um den bestehenden Zustand zu erhalten, um die Profite und den «sozialen Frieden» zu sichern. Die Kapitalisten sind bereit, alles zu ändern, damit sich nichts ändert. Die kapitalistische Bildungsreform,

«das ist eine echte Reform im alten englischen Sinne des Wortes. Sie bringt weder etwas Neues hervor, noch beseitigt sie etwas Altes. Sie zielt darauf hin, das alte System zu erhalten, indem sie ihm eine vernünftige Form gibt und ihm sozusagen neue Manieren beibringt. Das ist das Geheimnis der ‹ererbten Weisheit›. . . . Es besteht einfach darin, Mißbräuche erblich zu machen, indem man sie von Zeit zu Zeit, wie es geschehen ist, durch eine Transfusion frischen Blutes auffrischt» (Marx/Engels, 1853, MEW, Bd. 9, Berlin 1960, S. 52).

Damit ist aber nur eine Seite der Reformen genannt: In den *kapitalistischen Reformen* stecken im ökonomischen Zwang zur Veränderung immer *auch* progressive Aspekte, auch dann, wenn die reaktionären Momente überwiegen, zum Beispiel

- In der Forderung nach *Praxisnähe* und *Arbeitslehre* steckt der Grundsatz der Verbindung von Lernen und produktiver Arbeit, aber vor allem die frühe Bindung der zukünftigen Arbeitskraft an die Interessen und Bedingungen des Kapitals.
- In der Forderung nach interdisziplinärer, problemorientierter *Projektarbeit* drückt sich die Unmöglichkeit aus, mit der kapitalistischen Wissenschaft und ihrer Arbeitsteilung die komplexen Probleme und Schwierigkeiten des Kapitalismus zu lösen. Sie soll ein Weg sein, die Mängel der fachidiotischen Spezialisierung zu überwinden, ohne deren Vorteile für die Bourgeoisie aufzugeben. Sie bietet aber zugleich neue Formen der Kooperation und damit die Chance, die zerrissenen Zusammenhänge im Bewußtsein der Lernenden zu rekonstruieren. (Für die

Produktion gilt das in gleicher Weise.)

- In der *Gesamtschulreform* kommt die notwendige Vereinheitlichung des Bildungswesens zur Geltung, aber vor allem die Verschärfung der Selektion und Aufspaltung der Schüler und Lehrer.
- Die *Curriculumreform* bringt eine «Verwissenschaftlichung» des Unterrichts – aber vor allem seine Steuerung und Kontrolle.
- Die *Berufsverbote* führen zur Politisierung der Ausbildungsprozesse, aber vor allem zur Disziplinierung der Lehrer.
- Die *Verlängerung der Schulzeit* (9./10. Schuljahr, Ganztagsschule und Vorschule) zeigt eine Tendenz zur Vereinheitlichung und Vergesellschaftung der Ausbildung, aber auch zur Verlängerung der schulbedingten «unproduktiven Zwangsarbeitslosigkeit» (Schule als «Parkplatz für Arbeitslose», vgl. Boehncke/Humburg [Hg.] : Wer verändert die Schule? S. 29 ff).
- Die *Verwissenschaftlichung und Professionalisierung der Lehrertätigkeit* im Sinne der Spezialisierung usw. steigert deren Effizienz, führt aber zugleich zur Entqualifizierung der Lehrertätigkeit (vgl. USA) – ein ähnlicher Vorgang wie in der materiellen Produktion: Die Verwissenschaftlichung der Produktion (Industrialisierung) führte zur Steigerung der Produktivität der Arbeit, aber zugleich zur Minderung des Wertes der Arbeitskraft und zu ihrer Entqualifizierung.
- Die Verlagerung von *Entscheidungsprozessen an die Basis* (Bildungsratgutachten über die Selbständigkeit der Schulen) entspricht den demokratischen Forderungen und zieht die Schüler und Eltern in die Entscheidungsprozesse hinein. Sie dient gleichzeitig zur ideologischen Integration der Basis. Da die Kompetenz der übergeordneten Verwaltung gleichzeitig erweitert wird, werden die «Basisentscheidungen» zur Farce.
- Als letztes ein historisches Beispiel: Die *Einführung der allgemeinen Schulpflicht* durch die damals herrschende Klasse lag durchaus in ihrem Interesse: Sie war Legitimation zur Finanzierung der höheren Schulen aus Steuermitteln; sie sollte die zukünftigen Rekruten vor der «Untauglichkeit» als Folge der Kinderarbeit bewahren und ihnen die zum Militärdienst, zur Arbeitsleistung und Vaterlandsliebe notwendigen Kenntnisse und Fertigkeiten beibringen (wie Lesen und Schreiben und körperliche Geschicklichkeit). Aber:
  - gelesen haben die Massen nicht nur den Katechismus, sondern auch sozialistische Schriften;
  - geschrieben haben sie nicht nur Bittbriefe, sondern auch Flugblätter und Plakate;
  - körperlich fit sein mußten sie nicht nur auf dem Exerzierplatz, sondern auch auf den Barrikaden.

Da Veränderungen (auch Reformen) im Ausbildungsbereich im historischen Zusammenhang zu sehen sind und ihre Wirkungen oftmals erst in Jahrzehnten sichtbar werden, müssen ihre Widersprüche sehr gründlich untersucht werden, bevor man den notwendigen «Abschied von den Reformillusionen» nimmt.

Es sollen schon Kinder mit dem Badewasser ausgeschüttet worden sein; außerdem ist zu bedenken: «Ratten, die das Schiff verlassen haben, nehmen es ihm übel, wenn es nicht versinkt» (Brudzinski).

Welche Seite des Widerspruchs in den Veränderungsprozessen siegt, ist keine «Sachfrage», sondern eine Machtfrage. Die Widersprüche zeigen das unüberbrückbar gegensätzliche Interesse der Kapitalistenklasse und der Arbeiterklasse an den gesellschaftlichen Veränderungen. Was für die Massen ein Mittel der Befreiung ist, das ist für die radikale Minderheit der Großkapitalisten ein Mittel zur Sicherung «ihrer» Profite.

An einigen Beispielen soll dieser *Charakter der kapitalistischen Reformen* kurz erläutert werden:

1. *Integrierte Gesamtschulreform*

Man muß diesen Abschnitt leider mit dem Grabgesang auf die Geburtsanzeige eines ausgesetzten Wunschkindes beginnen. In einer Schulstatistik könnte man die Gesamtschulen vernachlässigen. Sie liegen noch unter der «statistischen Fehlerquote». Weit weniger als 1 % der Schüler in der BRD haben die Ehre, das heißt die Chance, der Gesamtschulchancengleichheit teilhaftig zu werden und in einer Gesamtschule «beschult» zu werden. Gesamtschulen sind nicht neu. Neuerdings hat vor allem die GEW Gesamtschulen gefordert. Die SPD hat sie als Regelschulen angekündigt und in den von ihr verwalteten Ländern eine Reihe von Versuchsschulen aufgebaut. Der Deutsche Industrie- und Handelstag (DIHT-Unternehmer) hat eine Aussetzung der Gesamtschuleinführung verlangt. Es scheint so, als würde der Ausbau gestoppt.

Was nicht gestoppt wird, ist das Reformversprechen der Gesamtschulreform und das Versprechen der Chancengleichheit an die Massen. Das kostet den Staat nichts, schadet den Kapitalisten nicht, nützt den Massen nichts, hält sie aber wahrscheinlich bei der Stange.

Die Gesamtschulreform greift die Forderung der Einheitsschule auf und faßt die Schüler aller Klassen institutionell zusammen. Auf Grund der Entwicklung der Arbeitsprozesse ist die tendenzielle Vereinheitlichung der Ausbildungsgänge notwendig (Flexibilität, Kooperation usw.). Aus diesen Gründen ist die Gesamtschule ein Fortschritt gegenüber dem alten Zustand.

Als kapitalistische Variante der Einheitsschule teilt sie die zusammengeführten Schüler weiterhin rigoros nach Klassenzugehörigkeit. Die Mittel dazu sind sogenannte leistungshomogene Gruppen (weil man in ihnen angeblich besser lernt), die nach «objektiven» Testergebnissen zusammengestellt werden. Individualisierung, Differenzierung, Trennung von Kopf- und Handarbeit, Hierarchisierung des Lehrstoffs in der Gesamtschule dienen dem gleichen Zweck. Daß diese Mittel in dem genannten Sinn wirken, zeigen die schwedischen und US-amerikanischen Erfahrungen.

Die fortschrittlichen Kräfte fordern die Gesamtschule als wissenschaftliche Einheits- und Arbeitsschule ohne Klassendiskriminierung und ohne Spalterei der Schüler und Lehrer in viele Kategorien. Besonders die Lehrer an Gesamtschulen müssen sehr darauf achten, daß sie nicht im betriebsamen Getto der Reformwerkelei versacken.

(Literatur: V. Hoffmann: Der Klassencharakter der Gesamtschule. Berlin 1972; E. Altvater, F. Huisken: Materialien zur politischen Ökonomie des Ausbildungssektors. Erlangen 1971; J. Beck: Demokratische Schulreform in der Klassengesellschaft? In: J. Beck u. a.: Erziehung in der Klassengesellschaft. München 1970)

2. *Kompensatorische Erziehung*

Seit die Soziolinguisten entdeckt haben, daß Arbeiterkinder angeblich wegen ihrer Sprache in der Schule benachteiligt werden, weil sie auf «Sprachbarrieren» stoßen, versuchen gutgläubige Pädagogen Sprachtraining mit den «Benachteiligten» zu machen, zur «Herstellung von Chancengleichheit». Man nennt das «kompensatorische Erziehung». Anstatt die Barrieren zu bekämpfen, will man den Opfern das Turnen beibringen. Mit den Trainigsprogrammen ist man gescheitert. Die Arbeiter brauchen keine Verbesserung ihrer Sprache, sondern eine reale Verbesserung der Lebensbedingungen, die auch die Sprache hervorbringen.

Das Progressive der kompensatorischen Erziehung liegt einmal im Eingeständnis der Klassenschule, daß sie eine ist – sonst wäre das ja überflüssig. Zum anderen ermöglicht das Konzept, außerhalb der Trainingsprogramme an der Lebenserfahrung der proletarischen Kinder anzusetzen und so den Einfluß der kleinbürgerlichen Ideologien und Verkehrsformen im Unterricht zurückzudrängen.

Was aber bei der schulnormorientierten kompensatorischen Erziehung «im Interesse der Unterprivilegierten» herauskommt, ist das Gegenteil ihrer reformerischen Absicht:

Selbst die menschenfreundlichen Förderkurse im Rahmen der kompensatorischen Erziehung haben Selektionsfunktion – wen fördern sie, und was machen die anderen zur gleichen Zeit? Mit dem subjektiv ehrlichen Argument, Arbeiterkinder (man sagt «sozial Schwache» oder «bildungsferne Schichten») müßten besonders gefördert werden, hat man den Grund, sie von den anderen Schülern zu separieren – und das ist die Funktion der Förderkurse. Während dann die «schlechten Schüler» mit Rechtschreibeübungen gefördert oder, besser gesagt, mit stumpfsinnigen Übungen gedrillt werden, schlafen die «guten Schüler» nicht. Sie erhalten zugleich die höheren Weihen. Erfolg: der Abstand vergrößert sich durch Förderung nach der bürgerlichen Erfolgsnorm. Man kann eben einen Mangel, der ökonomische Ursachen hat und den die Klassenschule überhaupt erst hervorbringt, nicht mit noch mehr Klassenschule beseitigen, ohne die wirklichen (sozialen) Ursachen des Mangels anzugeben.

Biblisch gesprochen: Kompensatorische Erziehung ist wie ein Versuch der Höllenleitung, den Teufel mit dem Beelzebub auszutreiben; worüber der Herrgott nur lächeln könnte, wenn es ihn und den Teufel gäbe.

(Literatur: M. du Bois-Reymond: Strategien kompensatorischer Erziehung. Frankfurt 1971; *Kursbuch* 24.)

3. *Curriculumreform – Lehrplanreform*

Die Curriculumreform gilt vielen als Herzstück der Bildungsreform. Das ist vermutlich so, weil sich hier die Ideologen munter tummeln und harte Scheingefechte austragen können (vgl. Streit um die meisten Rahmenrichtlinien). Die herrschende Klasse sorgt derweil dafür, daß die wichtigen organisatorischen Regelungen über den Staat in ihrer Hand bleiben. Über sie ist auch das Curriculum zu steuern (Prüfungen, Schulaufsicht usw.).

Die richtige Tendenz in der Vergesellschaftung der Erziehung, es nicht dem Zufall in Lehrergestalt zu überlassen, was die Schüler lernen sollen, geht in der Gestalt der Curriculumrevision an den Interessen und Möglichkeiten derer, die lernen sollen, vorbei. Sie kommen nur als Objekte der Schule ins Blickfeld. Ihre konkrete Lebenssituation wird ausgeblendet. Dabei sind die Lernenden die einzigen, die dem Oberanspruch der Curriculumrevisoren «Selbsttätigkeit, Emanzipation usw.» zur Durchsetzung verhelfen können – auch gegen die zentrale Curriculumplanung. Die Tendenz geht zur Konzentration und Monopolisierung der Curriculumentwicklung und Lernerfolgskontrolle durch die weisungsberechtigte staatliche Schulaufsicht. Lernen für den Testfall wird zur wichtigsten Motivation. Abgesehen davon, daß eine solche Lernsteuerung der Struktur richtiger Erkenntnisprozesse entgegensteht, wird die Lehrplanfrage durch die Möglichkeit der Lernsteuerung und Kontrolle immer weniger ein pädagogisches Problem (was sie nie ganz war) als eine Machtfrage: Entscheidend ist, wer die Kontrolle ausübt.

Für die Lehrer ist diese Entwicklung folgenreich: Wie die Verwissenschaftlichung der industriellen Produktion (Taylorismus, Automation usw.) zur Steigerung der Produktivität der Arbeit der Arbeiter führte, führte sie gleichzeitig zu zunehmenden Spezialisierungen und zur Durchorganisierung der Arbeit als repetitive Teilarbeit, zur Entqualifizierung der Arbeit und zur Entwertung der Arbeitskraft. Im Vergleich dazu sind die Verfahren zur Produktion der Arbeitskraft in der Schule bisher auf einem «vorindustriellen Stand» geblieben. Der Allroundlehrer in den

Grund- und Hauptschulen verrichtet fast alle in diesem Prozeß notwendigen Arbeiten. Die «Professionalisierung» der Lehrertätigkeit und die Verwissenschaftlichung der Ausbildungsprozesse führt aber auch hier zur Spezialisierung und Reduzierung der Lehrerarbeit auf begrenzte, vorgeplante Teilarbeiten und deren Steuerung im Rahmen der Schulorganisation. Die dadurch mögliche Steigerung der «Produktivität» bedeutet zugleich eine Entqualifizierung der Lehrertätigkeit. Die damit verbundene Entwertung der Arbeitskraft der Lehrer (weniger Arbeitskraft erreicht höhere Produktivität) wird durch die zunehmende Differenzierung der Lehrerschaft in unterschiedliche Lohngruppen und die Einstellung niedrig bezahlter Lehrkräfte (pädagogische Assistenten, Sozialarbeiter, Vorschulerzieher, Tester, Verwalter) verschleiert. Die Spaltung der Lehrerschaft wird durch diese Entwicklung vertieft, und ihre Disziplinierung wird erleichtert. (Vgl. die Entwicklung in den USA oder auch die Tendenz in der BRD bei den neuen Lehrerbildungsgesetzen und Besoldungsregelungen.)

Ein Fortschritt ist die Öffnung des Lehrplans für gesellschaftliche Probleme. Ziel ist die «soziale Integration» in «unsere demokratische und pluralistische Industriegesellschaft». Wenn auch der geforderte Pluralismus der Ansätze bei der Behandlung solcher Probleme die Aufforderung enthält, auf die Unterscheidung von richtig und falsch, also auf die Wahrheit, zu verzichten, so besteht doch die Möglichkeit, die Widersprüche darzustellen. Man darf die Schüler nicht für dumm halten.

Die Curriculumreformer fordern zwar abstrakt die Verbindung des Lernens mit der Praxis und mit dem Leben überhaupt, fordern aber zugleich schulinstitutionelle Regelungen, die diese Verbindung unmöglich machen, von den sowieso bestehenden Schranken zwischen Schule und Leben gar nicht zu reden. D. h., man holt das Leben in die Schule anstatt umgekehrt. Comics, Schlager, Sexualität in der Schule sind für die Schüler nicht mehr das, was sie ihnen sonst bedeuten: «Jetzt wolln sie uns das auch noch vermiesen.» Die Schüler weisen diese Zumutungen mit einem gewissen Recht mit Lärm und Apathie zurück. Was auch an Leben in die Schule gelangt, wird Schule.

Beispielsweise haben die Curriculumplaner in der Schule die Schule neuerdings als Schule entdeckt, d. h. als Lebensproblem der Schüler. Was machen sie mit ihrer Entdeckung? Schule! Selbstreflexion als Selbstzweck. Zweck der Übung (Lernziel): Die Schüler sollen erkennen, daß für alles die Schule notwendig ist. Sie sollen lernen, daß die Schule, so wie sie ist, zwar nicht ideal, aber doch besser als keine Schule ist. Sie sollen erkennen, daß sie die Mängel ihrer Schulbildung nur durch mehr Schulbildung ausgleichen können.

Münchhausen will sich am eigenen Schopf aus dem Sumpf ziehen und muß feststellen, daß er eine Glatze hat.

Jetzt untersucht er in einem Projekt, ob es besser ist, den Sumpf auszusaufen oder sich ein Haarwuchsmittel zu kaufen. Problem: Im Sumpf gibt es kein Haarwuchsmittel; um eins zu kaufen, müßte er aus dem Sumpf raus, aber dann braucht er keins mehr. Was tun?

Lösung: Münchhausen bleibt im Sumpf und versucht zu schwimmen, richtet sich auf einer Insel ein und wartet auf Sonne.

Die Schüler können in diesem Unterricht über Schule lernen, daß Schule 100 Prozent Schule ist, auch dann, wenn sie gerade das von sich behauptet, um zu beweisen, daß sie doch gar nicht so ist. So leicht lassen sich die Schüler aller Klassen nicht hinter die Schule führen.

4. *Tests und Lernzielkontrolle*
Um die Erfüllung von Lernzielen kontrollieren zu können, muß man sie so aufstellen, daß das geht. Man nennt das Operationalisierung. Man zerlegt einen großen Schritt in viele kleine und kontrolliert jeden extra mit einem Test:

«Alle diese Versuche erinnern an jenen Turnlehrer, der als die beste Methode des Springunterrichts vorschlug, den Schüler an eine große Grube zu bringen und ihm nun durch einzelne Zwirnfäden anzuzeigen, wie weit er über die Grube springen dürfe. Versteht sich, der Schüler sollte sich erst im Springen üben und durfte den ersten Tag nicht über die ganze Grube wegsetzen, aber von Zeit zu Zeit sollte der Zwirnfaden weitergerückt werden. Leider fiel der Schüler bei der ersten Lektion in die Grube, und bisher ist er in der Grube liegengeblieben. Der Lehrer war ein Deutscher, und der Schüler nannte sich: ‹Freiheit›» (Marx 1842, in MEW Bd. 1, S. 32).

Angeblich sollen die Tests den Schüler in die Lage versetzen, den Stand seines Lernprozesses selbst zu kontrollieren. Die Pädagogen waren nie verlegen, wenn es galt, administrative Maßnahmen pädagogisch zu legitimieren. Den wahren Charakter der «objektiven Messungen» offenbaren die Bildungspolitiker mit der Einführung eines «Normenbuches» zur Bewertung der Schulleistungen. Seine Notwendigkeit begründen sie mit dem Numerus clausus. Es soll zur «gerechten» Vergabe der Studienplätze führen – zur Chancengleichheit. Ein neues Übel wird mit der Existenz eines alten Übels gerechtfertigt. Auf die Folgen der zur «objektiven Leistungsmessung» und Lernzielkontrolle angewendeten Tests für den Lernprozeß haben wir ausführlich hingewiesen. Die politischen Folgen der Standardisierung von Lernzielen und Tests sind: Disziplinierung, Konkurrenz, Kontrolle, Verhinderung von Phantasie und Selbsttätigkeit. Damit steht die Testentwicklung im Widerspruch zu den Lernzielen, die getestet werden sollen. Deshalb kann man Tests an den allgemeinbildenden Schulen nicht verbessern, sondern nur noch bekämpfen oder wenigstens ihre verheerende Wirkung mildern, indem man sie zum Beispiel übt.

Eskalation

SPD-Lehrer aus dem Schuldienst entlassen

Die Regierung von Niederbayern hat den 27jährigen Lehrer Reinhard Kordatzki – seit einem Jahr Volksschullehrer im niederbayrischen Patersdorf – aus dem Schuldienst entlassen. Das allzeit parate Zauberwort „Verfassungsfeind" war auch hier der bekannte Allzweckknüppel aus dem Sack.
Der „Fall" Kordatzki ist zur Überprüfung eines solchen inzwischen geläufigen Berufsverbotsvorganges besonders aufschlußreich und alarmierend. Denn wenn sich bisher wohl nicht wenige fälschlich damit beruhigten, daß es sich ja „schließlich um Kommunisten" handele, so müssen sie sich von der Regierung Niederbayerns über die weitere Eskalation der Berufsverbotspolitik belehren lassen: Der aus dem Schuldienst gewiesene Kollege Kordatzki ist Mitglied der SPD.
Also war der – in jedem Fall unzulässige – quasi automatische Befund „Verfassungsfeind" in diesem Fall selbst in Niederbayern (vorerst) nicht möglich. Folglich mußte man auf andere Delikte sinnen, um Kordatzki in die Wüste zu schicken. Man sann – und fand:

1. „Vor dem Hause Nr. 171 in Auerkiel, in dem Kordatzki seit 18. 9. 1972 wohnt", so Patersdorfs Bürgermeister schriftlich ans Schulamt des Landkreises Regen, sei „die rote Fahne ausgehängt". (Kordatzki hat sie übrigens nicht mal selbst ausgehängt, er wohnt nur in diesem Haus. Aber dies nur nebenbei.)
2. Außerdem, petzte der Bürgermeister weiter, werde in Kordatzkis Klasse kein Schulgebet gesprochen.

Mit derlei „Delikten" hatte sich Kordatzki hinreichend verdächtig gemacht. Der Verfassungsschutz übernahm, und eruierte prompt:

3. Kordatzki habe vor Jahren während seines Studiums in München bei den „Roten Zellen" mitgearbeitet.

Für Niederbayerns Regierung schloß sich damit die „Beweis"-Kette. Daß SPD-Mitglied Kordatzki „entgegen seiner Behauptung" (!) seine damalige Einstellung nicht geändert habe, werde dadurch deutlich, daß er „freiwillig" in einem Haus mit roter Fahne wohne – und daß er in der Schule nicht mehr bete. Die „Ehrfurcht vor Gott" aber, so interpretierte die Regierung auf ihre ganz spezielle Art die Verfassung, gehöre zu den „obersten Bildungs- und Erziehungszielen". Wer dies nicht anerkenne, sei ein Verfassungsfeind. Und Reinhard Kordatzki wurde entlassen.

*

Willkürliche, mißbräuchliche Berufung auf die Verfassung also, um unbequeme Leute auszuschalten. Eskalation der Berufsverbote hinein in die Mitgliedschaft der SPD.
Engagierte, tatsächlich verfassungstreue Kritiker des Ministerpräsidentenerlasses hatten von Anfang an darauf hingewiesen, daß es schon einmal anfangs „nur" Kommunisten, sehr bald aber auch Sozialdemokraten und schließlich überhaupt unliebsame, kritische Leute getroffen hat. Schon einmal: Das war 1933.
P. S.: Wer sich damit beruhigen möchte, hier handele es sich „nur um einen Einzelfall", sei an Regierungsdirektor Stender von der Regierung Mittelfranken verwiesen. Als sich die aus dem Dienst entlassene Lehrerin Ingelore Priesing (DKP) in ihrer Argumentation auf August Bebel berief, beschied Stender: August Bebel sei kein Demokrat gewesen und müsse heute als Verfassungsfeind gelten. Über August Bebel, den Vorsitzenden der Sozialdemokraten im Kaiserreich, schreibt Willy Brandt derzeit ein Buch. Der Kanzler trägt bis heute August Bebels goldene Uhr. **P. A.**

(aus: Erziehung und Wissenschaft 9/73)

Ein Beamtenanwärter wird auf seine Einstellung zur freiheitlich-demokratischen Grundordnung untersucht.

5. *Berufsverbot gegen Lehrer – Rausschmisse von Schülern*
Diese «Reform» besteht darin, die Parteilichkeit des Unterrichts für die herrschende Klasse durchzusetzen, ihre Gegner von der Erziehung der Jugend auszuschließen und so einen politisch einseitigen Unterricht zu sichern. «Kein Pluralismus für die Feinde des Pluralismus!»

Der Fortschritt dieser «Reform» besteht in der Politisierung von Schule und Unterricht. Mit dieser «Reform» geben die Herrschenden den politischen Charakter der Ausbildung zu, den sie sonst verleugnen. Die Vorgänge der letzten Jahre eröffnen damit neue politische Lernprozesse: Da werden demokratisch gesinnte Lehrer und Schüler gemaßregelt, weil sie zum Beispiel während der Schulzeit gegen die Notstandsgesetze, das Berufsverbot oder gegen den imperialistischen Völkermord in Vietnam demonstrieren, aber sie bekommen schulfrei zum Jubeln, wenn der dafür zuständige Präsident Nixon bei einem Staatsbesuch durch die Straßen fährt. Die Maßregler sagen, es geht um das «Recht auf Schule», das sie sichern müßten, und deswegen dürfe die Schule nicht ausfallen. Wo waren die Maßregler mit dem Recht auf Schule bei den Schulausfällen des Nixon-Besuchs, beim CDU-Mißtrauensantrag gegen Bundeskanzler Brandt? (Vgl. Kapitel über Unterrichtsinhalte.)

Die Herrschenden haben niemals darauf verzichtet, die Schule als Instrument ihrer Macht einzusetzen.

Die «Reform» des Unterrichts durch Berufsverbote soll die Schule «befreien», und zwar von fortschrittlichen Demokraten, Sozialisten und Kommunisten. Der sogenannte Radikalenerlaß der Ministerpräsidenten vom 28. 1. 1972 (und seine «Neufassung» 1973) ist lediglich eine neue Vereinbarung der Herrschenden für eine Praxis, die so alt ist wie die Klassenschule. Die preußischen Regulative nach 1848, die Sozialistenverfolgung der Jahrhundertwende, das KPD-Verbot und der Ministerpräsidentenerlaß markieren eine Spur, die im Zickzack immer geradeaus führt. Gegen die Berufsverbote müssen die Lehrer vor allem den gewerkschaftlichen Kampf führen – genau wie die Arbeiter in den Betrieben nur gemeinsam die politischen Rausschmisse ihrer Kollegen verhindern können.

Was tun – in der Schulpraxis?

Die fortschrittlichen Lehrer werden versuchen, für die Forderungen der Arbeiterbewegung zu arbeiten. Das bedeutet:

- Sie werden für die Einheitlichkeit der Schule, der Schüler und der Lehrerschaft und gegen ihre Aufspaltung durch «Differenzierung», Lehrerbildungsgesetze, Studien- und Prüfungsordnungen, Schulgesetze, «objektive» Selektionsverfahren usw. arbeiten.

- Sie versuchen, den Unterricht mit den Problemen der Arbeiter und der produktiven Arbeit zu verbinden und den fachidiotischen Fächersalat zu überwinden; wohl wissend, daß das im Kapitalismus positiv nur gegen die Klassenschule geht, in der man als Lehrer zugleich arbeiten muß, um den Lebensunterhalt zu verdienen.

- Sie werden bei ihrer Arbeit mit den Schülern – ausgehend von ihrem Wissen über diese Gesellschaft (also von der Theorie geleitet) – an den wirklichen Problemen, Bedürfnissen und Interessen der Schüler, also an ihrer tatsächlichen Lage ansetzen und nicht in Schönhausen.

- Um das Wissen und die Leistungen der Schüler zu fördern, werden sie sich umfassende Kenntnisse in allen Fragen ihres Unterrichts aneignen und die Lebensbedingungen der Schüler untersuchen.

- Sie werden gegen die reaktionären Inhalte und Verkehrsformen die richtigen fortschrittlichen stellen und die Diskriminierung der arbeitenden Klasse und ihrer Geschichte bekämpfen. In diesem Zusammenhang werden sie gegen die Disziplinierung fortschrittlicher Lehrerkollegen und Schüler vorgehen (Schülerrausschmisse, Berufsverbote usw.).

- Sie werden alle Reformen unterstützen, die dazu beitragen, die genannten Ziele der Arbeiterbewegung zu erreichen. Aber sie werden ihre Kraft nicht in illusionären Reformversuchen vergeuden, sondern ihr Interesse immer auf die Umgestaltung der Schulen für alle Schüler richten – vor allem aber im Interesse der Arbeiterjugend auf die Grund-, Haupt-, Berufsschulen.

- Sie werden gegen die Konkurrenzerziehung arbeiten, gegen die idiotische, leistungshemmende, konkurrenz- und angsttreibende Zensiererei und Prüferei, gegen die noch immer verbreiteten Lohn- und Strafaktionen bis hin zur Prügelei. Gegen Selektion und «Sitzenlassen» in den allgemeinen Schulen.

- Sie werden für die Verbesserung der materiellen Situation vor allem in den Grund-, Haupt- und Berufsschulen eintreten (kleine Klassen, Lehrmittel, Werkstätten, Labors, Spielplätze, Sportanlagen usw.).

- Um die Rechte der Schüler und ihre eigenen Rechte zu vertreten, werden sie sich Kenntnisse des Schul- und Beamtenrechts sowie der anderen von der Schulverwaltung erlassenen Bestimmungen aneignen (Dienstanweisungen der Lehrer und der Vorgesetzten usw.).

- Sie werden versuchen, Eltern, Schüler und Kollegen für diese Forderungen zu gewinnen, und mit ihnen zusammenarbeiten.

- Als Lohnabhängige werden sie sich in der Gewerkschaft organisieren und dort für diese Forderungen eintreten. Sie werden versuchen, diese Forderungen in der gewerkschaftlichen Bildungspolitik klarer zu verankern, als das gegenwärtig der Fall ist.

Das sind alles Forderungen, die unter den bestehenden Bedingungen realisierbar sind und auf die Verbesserung der Kampf- und Lebensbedingungen vor allem der Arbeiterjugend abzielen und nicht aufs Nirwana einer pädagogischen Provinz.

Harte Bildungspolitik der Gewerkschaft (GEW):

(aus: Erziehung u. Wissenschaft 9/73)

Wir müssen davon ausgehen, daß die meisten der fortschrittlichen Lehrer in den Kollegien zur Zeit noch in der Minderheit sind, daß die Elternbeiräte meist aus aufstiegsbeflissenen, kleinbürgerlichen Eltern bestehen, daß die proletarischen Eltern und Schüler den Kampf gegen die kapitalistische Klassenschule nicht organisieren, sondern durch Passivität und Apathie («Schulmüdigkeit» genannt) führen. Die Einsicht der Arbeiter und ihrer Kinder, daß sie von der Schule nicht viel mehr als Diskriminierung zu erwarten haben, kann durch die Existenz einiger fortschrittlicher Lehrer, die sie zum Mitmachen in ihrem «fortschrittlichen» Unterricht überreden wollen, nicht widerlegt werden. Sie wissen genau, daß eine Schwalbe keinen Sommer macht, und mißtrauen zu Recht jedem, der behauptet, «in ihrem Interesse» zu handeln. Sie wissen, daß sie selbst das Risiko tragen.

Sozialistische Lehrer werden diese richtige Einschätzung nicht als persönliche Beleidigung verstehen, sondern als Ausgangsbasis für den Kampf gegen die kapitalistische Klassenschule.

Daß sich diese Einstellung schnell ändern kann, zeigen einige Schulkonflikte, zeigen die Schulkämpfe in den zwanziger Jahren und heute, zum Beispiel in Italien.

Trotzdem müssen linke Lehrer jeden Tag unterrichten und können sich dabei nicht dauernd über die Apathie oder Rebellion der Schüler freuen. Sie werden versuchen müssen, in diesen Situationen wenigstens die richtigen Probleme in entsprechenden Arbeitsformen zu bearbeiten. Doch kann die Funktion der Erziehung und der Schule durch den Austausch der Lehrinhalte allein nicht verändert werden, aber richtige Erkenntnisse sind die Voraussetzung der Veränderung.

Auch die fortschrittlichen Lehrer vergessen oft, daß sie die richtigen Inhalte im Rahmen der Klassenschule vermitteln müssen. Deren Widersprüche gehen in die stoffliche Seite des Unterrichts ein und können sie in ihrer Wirkung bis ins Gegenteil verkehren. Das versuchten wir zu zeigen (vgl. Kapitel über die Unterrichtsinhalte).

Wie sollen die Lehrer die oben angeführten Grundsätze in ihrem Unterricht anwenden?

Diese Frage kann hier nicht so konkret beantwortet werden, daß ihre Antwort einfach im Unterricht angewendet werden könnte. Die Schüler sind jeweils konkrete, bestimmte Schüler, die in bestimmten Situationen mit jeweils konkreten Problemen und nicht in Schönhausen leben. An diesen Problemen muß jeder Unterricht – ausgehend von der Klassenlage der Schüler – ansetzen.

«Von der lebendigen Anschauung zum abstrakten Denken und von diesem zur Praxis – das ist der dialektische Weg der Erkenntnis der Wahrheit, der Erkenntnis der objektiven Realität» (Lenin: Werke. Bd. 38, Berlin 1964, S. 160).

Das gilt für die Lehrer bei ihrer Unterrichtsplanung genauso wie für die Lernprozesse der Schüler.

Nicht zuletzt aus diesem Grund können hier an Lehrer und Schüler keine schlauen Ratschläge und Praxisrezepte ausgeteilt werden. Es kann nur auf Beispiele und auf Materialien aus der Praxis hingewiesen werden, aus denen zu lernen ist oder die man in der eigenen Arbeit verwenden kann:

Eine Zusammenstellung und Kurzbeschreibung wichtiger, meist neuerer Unterrichtsmaterialien hat ein Autorenkollektiv aus Göttingen zusammengestellt; sie ist in der Zeitschrift *Ästhetik und Kommunikation* 9/1972, S. 90–107 zu finden (ca. 80 Titel). Außer diesen und den im Text bereits genannten Titeln möchte ich noch auf folgende Arbeiten hinweisen:

Nr. 83/1972 der Zeitschrift *alternative.*

Peter Schneider: Bericht über eine Berliner Volksschule. In: *Kursbuch* 24, 1971.

J. Beck, M. Berg: Wygotskis Sprachtheorie in der Schulpraxis (Projekt zur Sprachförderung). In: *Ästhetik und Kommunikation* 2/1970.

W. Dahle: Deutschunterricht und Arbeitswelt. Reinbek bei Hamburg 1972 (Taschenbuch).

H. Boehnke (Hg.): Vorwärts und nicht vergessen – Ein Lesebuch. Reinbek bei Hamburg 1973 (Taschenbuch).

K. Wünsche: Die Wirklichkeit des Hauptschülers. Köln 1972.

W. Raith (Hg.): Handbuch zum Unterricht, Modelle emanzipatorischer Praxis – Hauptschule. Starnberg 1973 (ausführl. Literaturverzeichnisse).
Ch. Trautmann, K. Rosenthal: Deutsch für ausländische Arbeiter. Hamburg 1973.
Schulkampf 1, Frankfurt 1970.
Schulbücher aus der DDR (als Materialsammlungen).

Außerdem auf alle reaktionären Schulbücher, die in der Schule eingeführt sind. Verwendet man sie, indem man untersucht, was nicht drin steht, was drin steht, was Falsches drin steht, warum sie Schulbücher sind, indem man sie als das nimmt, was sie meistens sind, nämlich als bürgerliche Indoktrinationsversuche, dann geben sie oft besseres Unterrichtsmaterial ab als die halbherzigen und halbkritischen sogenannten «Gegenschulbücher». Sie haben außerdem noch den Vorteil der offiziellen Empfehlung und lernmittelfreien Bereitstellung durch die Schulverwaltung. Dieses Verfahren ist außerdem von der Arbeitsbelastung her eher zu bewältigen als das dauernde Basteln an eigenen «Unterrichtseinheiten». Gründliche Kenntnis der Kritik der politischen Ökonomie erleichtert und verbessert diese Arbeit erheblich.

Diese Texte können helfen, einen etwas anderen, besseren Unterricht zu machen als der in diesem Buch untersuchte. Weil er aber notwendigerweise in der Klassenschule verbleibt, erfahren die Schüler auch in ihm ihre Deformation als Objekte schulischen Lernens. Aber dieser Vorgang steht dann wenigstens im Widerspruch zu den vermittelten Inhalten, und darin besteht eine Chance für die Lernenden, ihr Lernen selber in die Hand zu nehmen, es mit ihrem wirklichen Leben zu verbinden und zum Teil ihre eigene Schule zu machen. Wie das im Kampf gegen die Klassenerziehung von oben durch die Lernenden selbst zu machen ist, haben die Schüler der Schülerschule von Barbiana gezeigt. Aber das ist nicht etwa ein «Modell fortschrittlicher Erziehung», sondern ein Beispiel des notwendigen und erfolgreichen Kampfes der Schüler gegen die bürgerliche Klassenerziehung und ihre Institutionen. Das Beispiel ist – im Gegensatz etwa zu dem bourgeoisen Summerhill – ein Teil des Kampfes der arbeitenden Klassen um ihre Befreiung. Jeder Fall ist konkret und kein Modell (vgl. Unterrichtskapitel).

Fünf Texte

Fünf Texte sollen die Richtung zeigen, die einzuschlagen ist, damit die Lernenden ihr Lernen selber in die Hand nehmen

Der erste Text ist eine kurze Beschreibung der Alphabetisierungsmethode Paulo Freires (Pädagogik der Unterdrückten. Reinbek bei Hamburg 1973) aus dem Band «Mit Maschinengewehr und Kreuz» (Reinbek bei Hamburg 1971, S. 50f).

Sie sitzen im Halbdunkel des Genossenschaftshauses, neunzehn Männer und Frauen. Auf der Leinwand erscheint das Bild eines Landarbeiters. Er trägt eine Axt in der Hand und geht auf einen Baum zu. Die Gruppe wird aufgefordert, das Bild zu beschreiben. Einfache, stimulierende Fragen des Hilfslehrers – hier Koordinator genannt, weil er kein Wissen vermittelt, wie es der traditionelle Lehrer tut, sondern nur einen Gruppenprozeß anstößt und koordiniert – führen zur Entdekkung immer neuer Aspekte. Er fragt: «Was tut dieser Bauer? Warum? Wer machte die Axt? Was ist der Unterschied zwischen dem Ursprung des Baumes und der Axt? Warum machten sich Menschen Äxte? Wozu benutzen sie das geschlagene Holz?» usw.

An die Leinwand ist jetzt das Bild eines typischen Landarbeiterhauses dieser Gegend projiziert. Davor steht eine vielköpfige Familie. Im Gruppengespräch finden die Genossenschaftler die Bedeutung des menschlichen Hauses heraus, den Unterschied zwischen Haus und Stall, das Mißverhältnis zwischen Herrenhaus und Arbeiterhütte. Sie lernen: Eine Lebenswirklichkeit kann man im Bild ausdrücken, in kritischer Distanz reflektieren, in Sprache übersetzen und schließlich – in Schrift. Jetzt konzentriert sich die Gruppe auf das über das Bild geschriebene Wort: casa – Haus. Sie liest es, schreibt es, zerlegt es in seine Silben: ca-sa. Man kombiniert die Anfangsbuchstaben mit anderen Vokalen. Und formt neue Worte. Die gemeinsam gefundenen klangähnlichen Silben werden kopiert. Nicht vorgefertigte Leseübungen, sondern Silbenmaterial nehmen sie mit, aus dem sie daheim neue Worte bilden, Worte aus ihrem Alltagsvokabular, die dann wiederum gemeinsam entschlüsselt werden.

Paulo Freire sagt über seine «Pädagogik der Unterdrückten»: «Diese Alphabetisation ist eine Art kollektiver Psychoanalyse.»

Sie beginnt mit der Erforschung der Denkweise, der vordringlichen Probleme und Erwartungen der jeweiligen Lerngruppe. Im zweiten Arbeitsgang trägt das Soziologen- und Pädagogenteam das Grundvokabular zusammen. Paulo Freire: «Jene sechzehn bis zwanzig Schlüsselworte, in denen sich die Existenzprobleme am klarsten manifestieren und die am direktesten zur Konfrontation mit der sozialen, kulturellen und politischen Realität führen:»

Zum Beispiel?

Die erste Schlüsselwortliste, zusammengetragen in einem Elendsviertel von Rio de Janeiro enthielt dieses Grundvokabular.

Favela	–	Elendsviertel;
Chuva	–	Regen;
Terreno	–	Grundstück;
Comida	–	Essen;
Batuque	–	Name eines Volkstanzes nach afrikanischem Rhythmus;
Poço	–	Brunnen, Zapfstelle;
Bicicleta	–	Fahrrad;
Trabalho	–	Arbeit;
Salário	–	Lohn;
Mangue	–	Name eines Prostituiertenviertels in Rio;

Governo	–	Regierung;
Engenho	–	Zuckersiederei;
Enxada	–	Hacke;
Tijolo	–	Ziegelstein;
Riqueza	–	Reichtum.

Mit diesen Worten kann im Verlauf der Alphabetisation das ganze System entlarvt werden, dem sich diese Menschen bislang schweigend unterordneten. Slumbewohner, die größtenteils dem Notstandsgebiet des brasilianischen Nordostens entflohen, sich in der Hauptstadt ohne Genehmigung Hüttenviertel aufbauten, die plötzlicher Gußregen, um den man in der tödlichen Dürre seiner Heimat vergeblich flehte, den Berg herunterschwemmt, schwarze Brasilianer, die keine oder nur die schlechtbezahlteste Gelegenheitsarbeit finden, von der sie ihre Familie nicht ernähren können, deren Frauen als Prostituierte dazuverdienen, die in afrikanischen Kulten und Tänzen ihre Identität suchen und für die ein Fahrrad und ein Haus aus Stein unerreichbarer Reichtum sind – sie lernen mit jedem Schlüsselwort ihre Lebenswirklichkeit entziffern. Sie wurden sich ihrer Lage bewußt, gewannen eine kritische Distanz zur herrschenden Gesellschaftsordnung und entwickelten den Willen, sie von Grund auf zu verändern.

Der zweite Text einer Frankfurter «Gastarbeiter»-Gruppe aus Italien ist eine materialistische Kritik dieser Methode. Nach dem Motto «Wer stellt hier eigentlich die Fragen?» stellen die Lernenden selbst diese Methode vom Kopf auf die Füße (zitiert nach: Autonomie der Arbeiterklasse und Sprachverwirrung – deine Sprache, meine Sprache, unsre Sprache. In: *Ästhetik und Kommunikation* 11/1973, S. 48–53).

Was heißt es, wenn die Arbeiter uns sagen: «Das Leben ist unsere Schule», oder auch: «Aus allem kann man etwas lernen», oder: «Im Kampf lernt man»? Liegt hier nicht die bis in die Ausdrucksweise gleiche Art und Weise, seinen Platz zu bestimmen, vor wie bei dem brasilianischen Landarbeiter, der sagte: «Ich hab die Welt als Schule» (Freire, Conscientisação, INODEP, S. 33)? Müssen wir uns nicht die Frage stellen, die sich Jomard de Brito stellte, als er diesen Bauern hörte: «Was kann man einem erwachsenen Menschen anbieten, der versichert: ‹ich habe die Welt als Schule›»?

Wenn man diese Frage ernst nimmt, so kommt man zu folgendem:

1. Die Initiative – nicht des Unterrichtens, aber des *Lernens* – liegt und soll bei demjenigen liegen, der lernt.

2. Derjenige also, der dem, der schon durch sich selbst lernt, etwas beibringen will, ist seinerseits – und soll es auch bleiben – Teil der Welt, von der der andere lernt, er ist und soll es bleiben, ein Element dieser Welt.

3. Niemand anders als die Arbeiter hat das Recht zu bestimmen, in welcher Richtung und wie sie zu lernen haben.

Hiermit hatten wir ausreichende Kriterien, um die Techniken, die wir bis dahin angewendet hatten, von vorn bis hinten in Frage zu stellen.

Der tragende Teil dieser Techniken war in dem Frage- und Antwortespiel zu sehen; in diesem Spiel des Lehrers formulierte er, indem er Fragen stellte, ebenso die kodierte Situation als Problem wie die Antworten der Schüler, wodurch er sie dazu bringen wollte, diese Probleme zu lösen.

Eine Umkehrung der Rollen in diesem Frage- und Antwortespiel heißt, daß die Fragen von nun an systematisch von den ‹Lernenden› kommen mußten (‹Lernende› und nicht mehr ‹Schüler›); die Antworten auf diese Fragen mußten von demjenigen oder denen kommen, die etwas Bestimmtes darüber wußten; was nicht impliziert, daß dies unbedingt immer die gleichen Personen sein müssen; sehr gut kann dies ein anderer ‹Lernender› sein.

Auf diese Weise, durch eine Serie von Fragen der ‹Lernenden›, konnten diese dahin gelangen, zu lernen, was sie über ein bestimmtes Thema wissen wollten, und zwar in der Richtung und in genau dem Maße, wie sie es wünschten.

Bei der praktischen Umsetzung dieser umgekehrten Technik tauchte natürlicherweise eine bestimmte Anzahl von damit verbundenen Problemen auf.

Das erste bestand darin, wie die ‹Lernenden› dahin gelangen konnten, die Initiative des Lernens zu ergreifen in einer Sprache, die nicht die ihre war, und die sie, nach allgemeiner Beurteilung, wenig oder gar nicht kannten.

Das zweite Problem bestand darin, daß die ‹Lernenden› dahin gelangten, die einer ausgearbeiteten Situation inhärenten Probleme so zu formulieren, daß eine Hebung ihres Bewußtseinsstandes möglich war. Bei Freire wird ebenso wie bei «PLELV» das Problem so gelöst, daß der Pädagoge die von den Schülern gegebenen Antworten neu als Problem formuliert. Offensichtlich ist es den Lernenden hier möglich, dasselbe zu machen, das heißt, die Antworten, die der ‹Wissende› des Augenblicks gibt, als Problem neu zu formulieren. Damit dies jedoch nicht wiederum eine von außen gemachte Auflage wird, muß dies heißen:

a) daß diese Problematisierung der Äußerungen eines anderen etwas ist, das die Arbeiter gewohnt sind und das sie zumindest unbewußt auf ihre spontane Art zu lernen und zu diskutieren schon praktizieren (das mußte man verifizieren);

b) daß sie sich darüber bewußt werden (was nur in einer Diskussion geschehen kann);

c) daß sie die Bereitschaft äußern, danach das bewußt tun, was sie vorher unbewußt taten;

d) daß ihnen eine Methode zur Verfügung steht, die ihnen erlaubt, dies im Laufe des Erlernens einer für sie fremden Sprache zu praktizieren.

Das dritte Problem schließlich bestand in der Frage, wie all dies zu systematisieren sei, so daß es keine Verwirrung geben würde, sondern konstruktive Arbeit möglich wäre.

Das erste Problem war relativ leicht zu lösen.

Alle «Gastarbeiter», die seit einer gewissen Zeit in Deutschland sind, sind in der Lage, eine bestimmte Zahl von Grundfragen zu stellen, in der Art von «was ist das?», «was bedeutet . . .?», «wie sagt man . . .!?», «wie heißt das?» etc. . . . Die ‹Lernenden›, die über diese Fragestrukturen verfügen, können also diese von vornherein sehr gut gebrauchen vor irgendeiner Kodierung, die Teile darstellt, deren deutsche Verbalisierung unbekannt ist. Die Antwort des zufällig ‹Wissenden› wird in dem Maße verstanden, in dem das Bild klar ist, das die Frage hat auftauchen lassen. Die anderen, die noch nicht die in Frage und Antwort implizierten Strukturen beherrschen, können, aufgrund der Kenntnis der Frage, um die es geht – und die so gewählt ist, daß jeder sie kennt –, sowohl die Frage als auch die Antwort verstehen. Sie werden also ihrerseits eine Frage stellen können, wobei sie dieselbe Struktur benutzen, ja sogar eine weitere Antwort geben können, wobei sie die Struktur und möglicherweise das Vokabular der unmittelbar vorher gehörten Antwort benutzen können, wenn diese ihnen nicht gefällt.

Hierbei könnte der ‹Koordinator› die Funktion haben, darauf zu achten, daß nicht immer dieselben die Fragen stellen oder antworten, so daß alle aktiv am ‹Austausch› teilhaben, der nun für jedermann nutzbringend wäre, selbst vom Standpunkt des Spracherwerbs aus. ‹Koordinator› und ‹Wissender› müssen in diesem Augenblick nicht dieselbe Person sein, es können auch die ‹Lernenden› selbst sein.

Das zweite Problem, also das der Problemformulierung sowohl der kodierten Situation als auch der Interpretationen, die von den anderen Lernenden geliefert werden, impliziert, wie wir gesehen haben, vorab die Lösung einiger anderer Probleme:

Zuerst haben wir versucht, herauszukriegen, ob dies eine der normalen Vorgehensweise der «Gastarbeiter» völlig fremde Technik war oder ob sie ihnen im Gegenteil vertraut war. Leicht war es festzustellen, daß jede Frage, die auf die Aussage von jemand anderem folgte, ja sogar jede gegensätzliche Aussage, die mit einem «aber . . .» – der meistgebrauchten Konjunktion der «Gastarbeiter» mit den anderen «Ma come?», «che cazzo dici?» etc. – die Problemformulierung dessen, was soeben angeschnitten wurde, darstellt. Wir stellen jedoch fest, daß dies immer unbewußt blieb; und daß dies außerdem einem klischierten Schema verhaftet blieb: die Problematik erneuerte sich kaum. (Diese Untersuchungsarbeit wurde jedoch nicht genügend bis ins Detail geführt, so daß man eine Liste mit der Problematik der «Gastarbeiter» aufstellen könnte, noch gibt es eine Liste mit ‹problematischen› – ein besseres Wort fiel uns nicht ein – Strukturen, wie sie die Gastarbeiter bei den Diskussionen verwenden. Diese Arbeit muß noch gemacht werden.)

b) Blieb noch zu sehen, ob es möglich war, daß die «Gastarbeiter» sich der Tatsache bewußt wurden, daß sie jedesmal, wenn sie eine Frage vertiefen wollten, sich auf die Problemformulierung zurückbezogen dessen, was sie über eine solche Frage sicher zu wissen glaubten. Wir haben also eine Diskussion organisiert mit dem Thema:

«Fragen und Antworten: ihre Funktion.»

Es bedurfte keiner Mäeutik, um den Arbeitern begreiflich zu machen, welche Rolle die Frage bei der Vertiefung eines Problems spielt; noch mehr, sie bemerkten die Tatsache, daß derjenige, der die Fragen stellt, in Wirklichkeit seine eigene Problematik zur Sprache bringt: er führt die Diskussion in dem Sinn und in der Richtung, die er wünscht. Von dort her entlarvten sie die ganze Zweideutigkeit des sokratischen «Dialogkonzepts» (das von Freire aufrechtgehalten wird: hier liegt übrigens der Ausgangspunkt für unsere ideologische Kritik an der Methode von Freire, siehe weiter unten).

Das Ergebnis der Diskussion war die Erkenntnis, daß «derjenige, der die Fragen stellt, der Herr der Lage ist». An Beweisen, die diese These stützten, war kein Mangel. Es genügt zu betrachten, was die Polizei beispielsweise macht: Fragen und Verhöre; dann, was Formulare von Behörden sind: unendliche Reihen von Fragen; und dann noch, was die Bosse im Betrieb bei der Einstellung, die Hausbesitzer beim Vermieten machen: noch mehr Fragen; die «Meister» schließlich in der Fabrik, wenn man nicht spurt oder die Maschine gerade defekt ist: Fragen über Fragen und immer nur Fragen.

Der Übergang von der Erkenntnis dieser Tatsache zur Aktion war unmittelbar: «*Wir* stellen die Fragen: niemals antworten, auf jede Frage mit einer Gegenfrage antworten.» Hier lag die Umkehrung der Situation und des Prinzips vor: «Wenn der ‹Meister› die Frage stellt, dann macht Fragen stellen, Fragen stellen zu wissen und zu können, zum Meister.»

Die Bewußtseinsbildung war so groß, daß, wenn es uns in der Folgezeit unterlief, unsererseits eine Frage zu stellen (anläßlich von Bagatellen übrigens), wir sofort die Antwort erhielten: «Erst mal, wer stellt denn hier die Fragen?» (Auch dies als Frage formuliert!)

Blieb nur noch das Problem d)

d. h. ein Mittel zu finden, dies in eben der Sprache zu praktizieren, die die «Gastarbeiter» lernen sollen, und die sie per definitionem noch nicht kennen.

Wir haben folgende Lösung gefunden:

Eine Situation wurde auf einem Schild bildlich dargestellt. Einer der Lernenden fängt an, eine Frage dazu zu stellen. Derjenige, der zufällig Bescheid weiß, antwortet. Diese Antwort wiederum mußte als Frage formuliert werden mit Hilfe einer der schon bekannten Interrogativstrukturen, und so geht sie als Frage an den zurück, der geantwortet hatte, oder an einen anderen. Es folgt eine neue Antwort, auch diese wird als Frage umformuliert etc. Das zwingt jeden Lernenden, nicht nur auf den Sinn zu achten, sondern auch auf die Wörter und die Strukturen, mit Hilfe deren die Antworten formuliert werden, denn eben diese Wörter und Strukturen der Antworten müssen bei der Formulierung neuer Fragen benutzt werden.

Der deutliche Trennungsstrich zur traditionellen Technik des Sprachunterrichts besteht darin, daß man hierbei den natürlichen Rhythmus einer alltäglichen Diskussion wiederfindet.

Wichtig ist zum Beispiel die Tatsache, daß in den traditionellen Sprachkursen (auch in denen, die audiovisuelle Methoden benutzen) vor allem am Anfang der Kurse die Antworten der Schüler immer genau nach dem Muster der Frage des Lehrers sein müssen. So enthalten die Antworten semantisch im allgemeinen nicht mehr als die Fragen. Beispiel: «Ist das ein Bleistift?» «Ja, das ist ein Bleistift.» Oder auch: «Nein, das ist kein Bleistift.»

Der Schüler ist niemals imstande, z. B. zu antworten: «Nein, das ist ein Arschloch», aus dem guten Grund, daß er den Ausdruck, der die zur Debatte stehende Sache definiert, nicht kennt und nicht kennen kann. Die Situation ist absurd. Derjenige, der antworten muß, ist ausgerechnet derjenige, der nichts weiß und der folglich nicht antworten kann. Daher rührt die absurde Technik:

1) Frage des Lehrers; 2) Modell der Antwort, gegeben vom Lehrer; 3) Wiederholung der Frage von seiten des Lehrers; 4) Antwort des Schülers durch Wiederholung der ersten Antwort, wie sie vom Lehrer gegeben wurde. In der Technik, die wir mit den «Gastarbeitern» ausgearbeitet haben (man könnte fast sagen, die sie uns aufgezwungen haben, auch wenn unsere Beteiligung dabei aktiv war), wird mit alledem aufgeräumt. Man findet z. B.: 1. Frage eines Lernenden: «Was ist das?»; 2. Antwort eines zufällig Wissenden: «Das ist ein Bleistift»; 3. Neue Frage eines Lernenden angesichts eines neuen Objekts: «Ist das ein Bleistift?»; 4. nächste Antwort des neuen Gelegenheitssachverständigen: «Nein, das ist ein Hammer.» Es ist auch relativ unwichtig, ob er sich beim Stellen der zweiten Frage ‹irrt› (was heißt das schon) und sagt: «Das ist ein Bleistift?????», wobei die Frage nur durch die Intonation deutlich wird. Diese Technik bleibt dennoch effektiver und ‹alltäglicher›.

Vom Gesichtspunkt des Verstehens und des Ausdrucks her sind die Resultate dieser Technik beachtlich. Selbst vom Gesichtspunkt des Behaltens sind sie denen der traditionellen Methoden überlegen, da hier ein wirklich aktiver Gebrauch der Strukturen und Ausdrücke, die behalten werden müssen, vorliegt, vorausgesetzt, daß bei dieser Art von Strukturübungen nicht nur der Sinn des Satzes sich ändert, sondern auch die Sinnebene.

Andererseits wird deutlich, daß die Wendung, die die Sache durch die Diskussion nimmt, vollkommen von der Art der Strukturen abhängt, die benutzt werden, um die Fragen zu formulieren.

Nehmen wir z. B. ein Foto, wo man ein Kind am Fenster sieht. Nehmen wir an, die erste Frage sei gewesen: «Was ist das?», und die Antwort «Das ist ein Kind am Fenster».

Die neue Frage kann sein:
«*Was macht* das Kind am Fenster?»
«*Ist* das Kind *wirklich* am Fenster?»
«*Ist das Kind allein* am Fenster?»
«*Warum* ist das Kind am Fenster?»
«*Wie* ist das Kind am Fenster?»
etc.

Die Wahl der einen oder anderen Antwort bestimmt offensichtlich den Diskussionsverlauf in völlig verschiedener Weise: die fünfte Frage führt zu einer deskriptiven Antwort der Art «Das Kind steht» zum Beispiel; die vierte Frage kann im Gegensatz dazu eine Antwort wie «Das Kind ist am Fenster, weil beide Eltern arbeiten» führen (eine Antwort, die wir wirklich erhalten haben). Den Unterschied kann man ermessen.

Die Lernenden brauchen nicht lange, um auf diese Sache aufmerksam zu werden, vor allem, da sie – weil die Interrogativstrukturen auch eine nach der anderen zu lernen sind – dazu neigen, immer die gleiche Struktur zu benutzen (z. B. das Warum-Spiel zu betreiben). Die Übung wird nun zu einer kollektiven Studie der Möglichkeiten, die jede Struktur anbietet: dies gibt von vornherein dem Erlernen der Sprache eine ganz andere Ebene als die normalen Sprachkurse.

Nach einiger Zeit werden die Lernenden selbst erkennen können, welche Fragestrukturen eine Vertiefung der Diskussion ermöglichen und welche im Gegensatz dazu in Sackgassen führen.

Dies erlaubt eine neue Konzeption des dialektischen Verhältnisses «Conscientição»-Lernen. Wenn ein bestimmtes Bewußtseinsniveau es ermöglicht, bestimmte Fragen zu stellen, die dieses Bewußtsein zum Ausdruck bringen und darstellen, so erlauben das In-Gang-Setzen von bestimmten Fragen und die Reflexion darüber eine Hebung des Bewußtseinsniveaus. Wenn die Bewußtwerdung ausreicht, um zu der Entscheidung zu gelangen, alle Fragemöglichkeiten systematisch umzusetzen und auf ihre Möglichkeiten hin zu überprüfen, dann kann das Bewußtsein einen echten qualitativen Sprung machen.

Zudem stellen sich mit dieser neuen Technik keine spezifischen Probleme mehr, was das Erlernen des Lesens oder der Schrift betrifft. Es genügt, wenn man die Schlüsselwörter, die im Laufe solcher Diskussionen auftauchen, herausnimmt und an die Tafel schreibt, von diesen Wörtern beim Lesen- und Schreibenlernen ausgeht, entsprechend der Methode, die für das Deutsche am besten geeignet ist.

Hier muß man anmerken, daß die sogenannte «Silbenmethode», die Freire in Brasilien und PLELV in Frankreich benutzen, für das Deutsche überhaupt nicht geeignet ist; gut wäre es, eine gemischte Methode auszuprobieren. Zuerst muß man den Stamm herausfinden (der meistens einsilbig ist); dann diese verschiedenen Stämme global lesen; dann, beim Schreiben, Variationen vorzugsweise mit den Konsonanten, nicht nur mit den Vokablen machen (da das Deutsche im Gegensatz zum Portugiesischen und Französischen eine Sprache ist, die hauptsächlich auf den Konsonanten beruht und nicht auf den Vokalen).

Wir sind noch nicht zum praktischen Versuch des Lesen- und Schreibenlernens auf dieser Grundlage gekommen.

Das dritte Problem, das gelöst worden muß, das der Systematisierung dieser Art von Lernen, bleibt noch zu bewältigen.

Es scheint uns jedoch, daß man schon sagen kann, daß eine Systematisierung des ganzen Prozesses des Lernens von Anfang an – in der Form eines Arbeitsplans etwa – auszuschließen ist, ebenso wie ‹straffe Stufung der Lernschritte› (progression rigoureuse) sowohl bei der Sprache als auch beim Lesen und Schreiben.

Was mit einer gewissen Straffheit durchgeführt werden kann, ist wahrscheinlich der Ablauf eines ‹Austauschs›: das ist aber eine Straffheit, die nur das Ergebnis einer von allen Lernenden gemeinsam geleisteten Arbeit sein kann.

Man wird z. B. bei der Suche nach den Themen, über die man arbeiten will, systematisch vorgehen können. Es scheint uns jedoch, daß in bezug auf die Vorbereitung und Aufarbeitung dieser Themen Straffheit kein Kriterium ist.

Was rigoros sein kann und muß, ist die Systematisierung *hinterher*, von dem, was jeder ‹Austausch› gebracht hat, so daß man jeden Augenblick weiß, wo man steht, und daß man besser eine Richtung findet bei den folgenden ‹Austauschen›, und auch daß man denjenigen überflüssige Arbeit erspart, die danach lernen.

Systematisierung wird also keine Arbeit sein, die vorab zu erledigen wäre, sondern eine kontinuierliche Arbeit.

Straffheit wird weniger im Material oder im Fortschritt des Lernens als vielmehr in der Reflexion zu suchen sein, die ihrerseits wieder abhängt von dem je augenblicklichen Stand der Organisation der Arbeit der Gruppe.

Die Änderungen, die an unseren anfänglichen Techniken (die von der Methode der PLELV inspiriert waren, die ihrerseits von den Prinzipien von Freire inspiriert waren) vorzunehmen wir angeleitet worden waren (im wahrsten Sinn des Wortes), sind so wichtig, daß wir durch sie sehen, wie sich die Umrisse einer neuen Methode daraus ergeben. Aber:

– Handelt es sich überhaupt noch um eine Methode, Deutsch zu lernen?

– Handelt es sich überhaupt noch um eine Alphabetisierungsmethode?

Und außerdem:

– Was sind die Implikationen dieser Änderungen auf theoretischer Ebene?

– Was sind die ideologischen Implikationen?

– Was sind die politischen Implikationen?

Auf diese drei Fragen zu antworten heißt eine fundamentale Kritik an der Theorie, der Ideologie und den politischen Konsequenzen der Methode der PLELV und vor allem Freire zu formulieren.

«Die Methode ist in Wirklichkeit die äußere Form des Bewußtseins, das sich in Handlungen manifestiert . . .» (Pädagogik der Unterdrückten, S. 71: Zitat aus Alvaro Viera Pintos in Vorbereitung befindlichem Werk).

Dank der kritischen Erprobung, der wir seine Methode unterzogen haben, können wir jetzt sogar sein wirkliches Bewußtsein bestimmen.

Freire beginnt das Exposé seiner Theorie mit zwei verblüffenden Grundsatzerklärungen, denen man zuerst nichts entgegenhalten kann:

S. 60: «Das Vertrauen in das Volk ist die unverzichtbare Vorbedingung für einen revolutionären Wandel.»

S. 51: «Im Kampf um ihre Erlösung müssen die Unterdrückten ihr eigenes Vorbild sein.»

Er zieht daraus die Konsequenzen, daß die Unterdrückten bewußt den Akt ihrer Befreiung «mitbestimmen» sollen (S. 66–67, vgl. unsere Zitate weiter oben); daß folglich die Pädagogik eine Pädagogik *mit* den Unterdrückten und nicht eine *für* sie sein soll (S. 44); und daß also konsequent zu Ende gedacht die richtige Methode eines revolutionären Führers, der die Aufgabe der Befreiung der Unterdrückten hat, im Dialog besteht (S. 68).

Diese Konsequenzen werden durch unsere kritische Erprobung direkt in Frage gestellt.

Freires Konzeption des Dialogs wurde von den «Gastarbeitern» selbst direkt in Frage gestellt bei der Diskussion über die Funktion von Frage und Antwort (vgl. oben). Die «Gastarbeiter» haben ohne Zögern und sehr explizit die Macht der Manipulation erkannt, die demjenigen gegeben ist, der die Fragen stellt, d. h. der den «Dialog» führt. Sie sind sich sehr wohl klar darüber geworden, daß mit Hilfe der sokratischen Hebammentechnik ebensogut ein Berg von einer Maus entbunden werden kann wie eine Maus von einem Berg. *Sie haben deutlich gesehen, daß, wenn die richtige Methode der Führer der «Dialog» ist, der «Dialog» das Mittel par excellence der Direktion ist.*

Wenn man im Prozeß des Lernens selbst die Initiative, und noch dazu die Kontrolle zurückfordert, so heißt das gleichzeitig, daß man den Begriff der «Mitbestimmung» ablehnt. Es handelt sich sehr viel weniger darum, mitzubestimmen als vielmehr «autonom» zu sein. Das heißt, es handelt sich nicht darum, eine Pädagogik *für* die Unterdrückten zu machen, nicht einmal darum, eine *mit* ihnen zu machen, wie Freire glaubt, sondern vielmehr darum, daß die Unterdrückten eine Pädagogik machen.

Aber kann man dann noch von Pädagogik reden?

Die Methode von Freire ist Pädagogik im strengsten Sinn des Wortes, sogar etymologisch: Päd-ago-gik, Führung der Kinder.

Sicher hat Freire Vertrauen in das Volk, aber nur in dem Maße, in dem es akzeptiert, daß er mit ihm «dialogisiert», daß es bewußtgemacht («conscientisiert») wird. Wenn man von «Conscientição», von «Bewußtmachung» spricht, so spricht man von einem, der bewußt*macht* («conscientiseur») und einem, dem bewußtgemacht *wird* («conscientisé»), das heißt, alles, was mit dem Bewußtsein zu tun hat, wird von dem Pädagogen in Beschlag genommen.

«Gib mir dein Bewußtsein, und ich werde Vertrauen in dich haben», scheint Freire zu sagen.

Das ist Päd-agogik par excellence.

Und in dem Maße, in dem es sich hier nicht darum handelt, Kinder zu «conscientisieren» (bewußtzumachen), sondern Erwachsene, sogar ein Volk (auf griechisch demos), handelt es sich also um Demagogie: und dies ist leider kein Wortspiel.

Nach dieser Einsicht klingt der Stützpfeiler der Freireschen Theorie «Das Vertrauen in das Volk» etc. (S. 60, s. o.) lachhaft: hat man jemals einen Demagogen gesehen, der nicht Vertrauen in das Volk gehabt hätte.

Diese Ausführungen können zu stark erscheinen, die Schlüsse zu schnell und nur etymologisch fundiert. Leider ist dies nicht der Fall. Es genügt, daran zu erinnern, wie die Methode Freires in Brasilien von der augenblicklichen ultrareaktionären Regierung benutzt wird; eine Regierung, die sich sofort im klaren war über die Benutzbarkeit dieser Methode des «Dialogs», der «Mitbestimmung», des «Vertrauens» und der «Conscientição». Und das brasilianische Volk sieht sich inzwischen «im Dialog mit», «mitbestimmend mit» und «bewußtgemacht» von der Regierung: die Regierung kann jetzt erneut «Vertrauen» in ihr Volk haben.

Es genügt auch, sich anzusehen, wie in Frankreich das Konzept der «Mitbestimmung» (de Gaulleschen Angedenkens) benutzt wird, wie die Arbeiteremigranten von allen Seiten aufgefordert werden, mitzubestimmen, teilzuhaben, um sich darüber klarzuwerden, daß diese Konzepte keine Garantie in sich selbst haben.

Nach diesen Prämissen sind wir nun in der Lage, wieder kritisch auf das Schlüsselkonzept von Freire zurückzukommen: dem *Vertrauen in das Volk*.

Die revolutionären Führer müssen «Vertrauen in das Volk haben», sagt er uns, «das ist die unverzichtbare Voraussetzung für einen revolutionären Wandel».

Ist dies wirklich etwas so Außerordentliches, dies Vertrauen in das Volk? Wie soll ein Führer kein Vertrauen in ein Volk haben, das er kennt und das er führen kann? Wie sollte ein Pädagoge kein Vertrauen in das Volk haben, das er kennt und das er nach seinem Geschmack «bewußtmachen» kann?

Das große Problem der unteren Klassen, schreibt Renzo del Carria in «Proletari senza rivoluzione», war immer das der Dualität der Ziele. Es gibt einerseits das Ziel der unteren Klassen, und das war immer der Bruch, die Revolte, ja die Revolution; und es gibt auf der andern Seite das Ziel der Klassen, die in diesem Moment die unteren Klassen anführen. Diese führende Klasse kann von Garibaldi in Sizilien 1860 repräsentiert werden, oder von der KP während der Résistance 1943–48. Das Drama der unteren Klassen bestand immer darin, daß sie trotz dieser Dualität der Ziele immer ihr *Vertrauen* in die augenblicklichen Führer behalten hat, es erst nach der Niederlage einer neuen Führungsschicht übertragen hat, die sie regelmäßig einige Jahre später verraten sollte.

Das «Vertrauen», das die Führungsschichten in das Volk haben, war niemals ein Problem; es rührt aus ihrer jahrhundertealten Erprobung der Manipulationsmöglichkeiten. Das wirkliche Problem besteht in dem Vertrauen, das die unteren Klassen in ihre augenblicklichen Führer haben.

Um auf uns zurückzukommen: das Problem besteht nicht darin, daß der Pädagoge Vertrauen in das Volk habe oder nicht: dieses Vertrauen hat er auf alle Fälle, selbst wenn er es auf verschiedenen Ebenen und aus verschiedenen Gründen hat.

Man müßte also den Satz von Freire umkehren und sagen, daß «das Mißtrauen des Volkes jedem gegenüber, der sich ihm als Diener anbietet, die unverzichtbare Voraussetzung für einen revolutionären Wandel ist».

Die Synthese dieser beiden Aussagen wäre also: *«Das Vertrauen des Volkes in sich selbst und nur in sich selbst ist die unverzichtbare Voraussetzung für einen revolutionären Wandel.»*

Dies wurde wirklich treffend von einem «Gastarbeiter» formuliert, der uns während einer Diskussion über die Avantgarden sagte:

«Die Avantgarden kommen zu uns, den Proletariern, und sagen genau das, was wir sagen würden und nicht sagen können.

Sie sprechen in unserem Namen, Sie gewinnen unser Vertrauen.

Und ohne daß man es merkt, beginnen sie, in ihrem Namen zu reden, nicht mehr in unserem, aber sie haben unser Vertrauen . . .

Aber schon von Anfang an, als sie noch wirklich in unserem Namen redeten, gab es etwas, das nicht hinhaute: nämlich, daß sie redeten und nicht wir.»

Damit die Proletarier zur Autonomie gelangen können, müssen sie sich zum Mißtrauen erziehen.

Das erste, was derjenige zu tun hat, der am Werk der Proletarier in Hinblick auf ihre kulturelle Autonomie mitarbeiten will, ist es, mit ihnen das tödliche Risiko zu diskutieren, das sie eingehen, wenn sie ihm vertrauen, das heißt, wenn sie ihm die Initiative zur Hebung ihres Bewußtseins überlassen. Er muß mit ihnen die unverzichtbaren Bedingungen dafür diskutieren, daß das, was sie lernen, wirklich Werkzeug im Dienste ihrer Befreiung ist und keine Ketten, die sie nur um so mehr fesseln werden.

Der dritte Text – aus «Die Mutter» von Bertolt Brecht – ist die mögliche Praxis mit dieser «Wer-stellt-hier-eigentlich-die-Fragen-Methode» in der Klassenschule. Dabei hört diese Praxis auf, nur eine «Methode» zu sein.

DER LEHRER *vor einer Schultafel:* Ihr wollt also lesen lernen. Ich begreife zwar nicht, wozu ihr das in eurer Lage brauchen könntet, einige von euch sind auch schon etwas alt dafür. Aber ich will es Frau Wlassowa zuliebe versuchen. Habt ihr alle was zum Schreiben? Also ich schreibe jetzt drei einfache Wörter an: Ast, Nest, Fisch. Ich wiederhole: Ast, Nest, Fisch.
Schreibt.
SIGORSKI: Wozu solche Wörter?
PELAGEA WLASSOWA *sitzt mit drei anderem am Tisch:* Bitte, Nikolai Iwanowitsch, muß es eigentlich gerade Ast, Nest, Fisch sein? Wir sind alte Leute und müssen doch rasch die Wörter lernen, die wir brauchen!
DER LEHRER *lächelt:* Sehen Sie: woran Sie das Lesen lernen, ist völlig gleichgültig.
PELAGEA WLASSOWA: Wieso? Wie zum Beispiel schreibt man «Arbeiter»? Das interessiert unsern Pawel Sigorski.
SIGORSKI: «Ast» kommt doch nie vor.
PELAGEA WLASSOWA: Er ist Metallarbeiter.
DER LEHRER: Aber die Buchstaben kommen darin vor.
ARBEITER: Aber in dem Wort «Klassenkampf» kommen doch auch die Buchstaben vor!
DER LEHRER: Ja, aber ihr müßt mit dem Einfachsten anfangen, nicht gleich mit dem Schwierigsten! «Ast» ist einfach.
SIGORSKI: «Klassenkampf» ist viel einfacher.
DER LEHRER: Es gibt doch gar keinen Klassenkampf. Das wollen wir zunächst einmal feststellen.
SIGORSKI *steht auf:* Dann kann ich von Ihnen nichts lernen, wenn es bei Ihnen keinen Klassenkampf gibt!
PELAGEA WLASSOWA: Du sollst hier lesen und schreiben lernen, und das kannst du auch hier. Lesen, das ist Klassenkampf!
DER LEHRER: Ich halte das alles für Unsinn. Was soll das jetzt wieder heißen. Lesen ist Klassenkampf! Wozu dieses Gerede überhaupt? *Schreibt.* Also das heißt: Arbeiter. Nachschreiben!

PELAGEA WLASSOWA: Lesen ist Klassenkampf, damit meinte ich: wenn die Soldaten in Twer unsere Transparente hätten lesen können, hätten sie vielleicht gar nicht auf uns geschossen. Es waren lauter Bauernsöhne.
DER LEHRER: Seht ihr, ich selber bin Lehrer, und ich lehre lesen und schreiben seit achtzehn Jahren, aber ich will euch mal was sagen: im Innersten weiß ich, es ist alles Unsinn. Bücher sind Unsinn. Davon wird der Mensch immer nur schlechter. Ein einfacher Bauer ist schon einfach dadurch ein besserer Mensch, weil er nicht durch die Zivilisation verdorben ist.
PELAGEA WLASSOWA: Und wie schreibt man also «Klassenkampf»? Pawel Sigorski, du mußt die Hand fest auflegen, sonst zittert sie, und dann wird die Schrift undeutlich.
DER LEHRER *schreibt:* Klassenkampf. *Zu Sigorski:* Sie müssen in einer geraden Linie schreiben und nicht über den Rand. Wer über den Rand schreibt, der übertritt auch die Gesetze. Da haben nun Generationen und Generationen Wissen auf Wissen gehäuft und Bücher auf Bücher geschrieben. Und die Technik ist weiter, als sie je war. Und was hat es genützt? Die Verwirrung ist auch größer, als sie je war. Man sollte den ganzen Krempel ins Meer werfen, wo es am tiefsten ist, alle Bücher und Maschinen ins Schwarze Meer. Widersteht dem Wissen! Seid ihr fertig? Manchmal habe ich Stunden, wo ich ganz in Melancholie versinke. Was, frage ich dann, sollen solche wirklich großen Gedanken, die nicht nur das Jetzt, sondern das Immer und Ewig, das allgemein Menschliche schlechthin umfassen, mit Klassenkampf zu tun haben?
SIGORSKI *murmelnd:* Solche Gedanken nützen gar nichts. Während ihr in Melancholie versinkt, beutet ihr uns aus.
PELAGEA WLASSOWA: Sei still, Pawel Sigorski! Bitte, wie schreibt man eigentlich «Ausbeutung»?
DER LEHRER: Ausbeutung! Das steht ja auch nur in Büchern. Als ob ich schon einmal jemand ausgebeutet hätte! *Schreibt.*
SIGORSKI: Das sagt er nur, weil er von der Beute nichts bekommt.
PELAGEA WLASSOWA *zu Sigorski:* Das «A» bei «Ausbeutung» ist genau wie das «A» bei «Arbeiter».
DER LEHRER: Wissen hilft ja nicht. Güte hilft.
PELAGEA WLASSOWA: Gib es nur her, dein Wissen, wenn du es nicht brauchst.

Der vierte Text – «Von der Autorität» – soll einem Irrtum vorbeugen (F. Engels, aus: MEW Bd. 18, S. 305–308).

Einige Sozialisten haben in letzter Zeit einen regelrechten Kreuzzug gegen das eröffnet, was sie das *Autoritätsprinzip* nennen. Sie brauchen nur zu sagen, dieser oder jener Akt sei *autoritär*, um ihn zu verurteilen. Mit diesem summarischen Verfahren wird derart Mißbrauch getrieben, daß es nötig ist, die Angelegenheit ein wenig aus der Nähe zu betrachten. Autorität will in dem Sinn des Wortes, um den es sich hier handelt, soviel besagen wie: Überordnung eines fremden willens über den unseren; Autorität setzt auf der anderen Seite Unterordnung voraus. Da nun diese zwei Worte einen üblen Klang haben und das Verhältnis, das sie zum Ausdruck bringen, für den untergeordneten Teil unangenehm ist, handelt es sich um die Frage, ob es nicht ein Mittel gibt, anders auszukommen; ob wir nicht – unter den gegenwärtigen gesellschaftlichen Verhältnissen – einen anderen sozialen Zustand ins Leben rufen können, in dem diese Autorität keinen Sinn mehr hat und folglich verschwinden muß. Wenn wir die ökonomischen – industriellen und landwirtschaftlichen – Verhältnisse untersuchen, die die Grundlage der gegenwärtigen bürgerlichen Gesellschaft bilden, so finden wir, daß sie die Tendenz haben, die isolierte Tätigkeit mehr und mehr durch die kombinierte Tätigkeit der Individuen zu ersetzen. An die Stelle der kleinen Werkstätten isolierter Produzenten ist die moderne Industrie getreten, mit großen Fabriken und Werkstätten, in denen Hunderte von Arbeitern komplizierte, mit Dampf angetriebene Maschinen überwachen; die Fuhrwerke und Karren der großen Landstraßen sind abgelöst worden durch die Züge der Eisenbahn, wie die kleinen Ruderboote und Segelfeluken durch die Dampfboote. Maschinen und Dampf bringen selbst die Landwirtschaft nach und nach unter ihre Herrschaft, indem sie langsam aber sicher an die Stelle kleiner Eigentümer große Kapitalisten setzen, die mit Hilfe von Lohnarbeitern große Landflächen bebauen. Überall tritt die kombinierte Tätigkeit, die Komplizierung voneinander abhängender Prozesse, an die Stelle der unabhängigen Tätigkeit der Individuen. Wer aber kombinierte Tätigkeit sagt, sagt Organisation; ist nun Organisation ohne Autorität möglich?

Nehmen wir einmal an, eine soziale Revolution habe die Kapitalisten entthront, deren Autorität heutzutage die Produktion und die Zirkulation der Reichtümer lenkt. Nehmen wir, um uns ganz auf den Standpunkt der Antiautoritarier zu stellen, weiter an, der Grund und Boden und die Arbeitsinstrumente seien zum kollektiven Eigentum der Arbeiter geworden, die sich ihrer bedienen. Wird die Autorität dann verschwunden sein oder wird sie nur die Form gewechselt haben? Sehen wir zu.

Nehmen wir als Beispiel eine Baumwollspinnerei. Die Baumwolle muß mindestens sechs aufeinanderfolgende Operationen durchlaufen, bevor sie die Gestalt des Fadens annimmt, Operationen, die – zum größten Teil – in verschiedenen Sälen vor sich gehen. Außerdem braucht man, um die Maschinen in Gang zu halten, einen Ingenieur, der die Dampfmaschine überwacht, Mechaniker für die laufenden Reparaturen und viele ungelernte Arbeiter, die die Produkte von einem Saal in den anderen zu schaffen haben etc. Alle diese Arbeiter, Männer, Frauen und Kinder, sind gezwungen, ihre Arbeit zu einer Stunde zu beginnen und zu beenden, die von der Autorität des Dampfs festgesetzt ist, der sich keinen Deut um die individuelle Autonomie kümmert. Es ist also zuerst einmal nötig, daß die Arbeiter sich über die Arbeitsstunden einigen; sind diese Stunden einmal festgelegt, so ist jedermann ohne jede Ausnahme ihnen unterworfen. Weiterhin treten in jedem Saal und in jedem Augenblick Detailfragen über die Produktionsweise, die Verteilung des Materials etc. auf, Fragen, die sofort gelöst werden müssen, wenn nicht die gesamte Produktion im selben Augenblick zum Stehen kommen soll; ob sie nun auf Entscheid eines an die Spitze jedes Arbeitszweigs gestellten Delegierten gelöst werden oder, wenn dies möglich ist, durch Majoritätsbeschluß, stets wird sich doch der Wille eines jeden unterordnen müssen; das bedeutet, daß die Fragen autoritär gelöst sein werden. Der mechanische Automat einer großen Fabrik ist um vieles tyrannischer, als es jemals die kleinen Kapitalisten gewesen sind, die Arbeiter beschäftigen. Wenigstens was die Arbeitsstunden betrifft, kann man über die Tore dieser Fabriken schreiben: *Laßt alle Autonomie fahren, die Ihr eintretet!* Wenn der Mensch mit Hilfe der Wissenschaft und des Erfindergenies sich die Naturkräfte unterworfen hat, so rächen diese sich an ihm, indem sie ihn, in dem Maße, wie er sie in seinen Dienst stellt, einem wahren Despotismus unterwerfen, der von aller sozialen Organisation unabhängig ist. Die Autorität in der Großindustrie abschaffen wollen, bedeutet die Industrie selber abschaffen wollen; die Dampfspinnerei vernichten, um zum Spinnrad zurückzukehren.

Nehmen wir als anderes Beispiel eine Eisenbahn. Auch hier ist die Kooperation einer Unmenge von Individuen absolut notwendig: eine Kooperation, die zu ganz bestimmten Stunden stattfinden muß, damit es zu keinem Unglück kommt. Auch hier ist die erste Bedingung des Betriebs ein dominierender Wille, der jede untergeordnete Frage beiseite schiebt, mag dieser Wille nur durch einen einzelnen Delegierten repräsentiert sein oder durch ein Komitee, dem die Ausführung der Beschlüsse einer Mehrheit von Interessenten übertragen ist. In dem einen wie in dem anderen Fall haben wir es mit einer ganz ausgesprochenen Autorität zu tun. Mehr noch: Was geschähe mit dem ersten abgehenden Zuge, wenn die Autorität der Bahnangestellten über die Herren Reisenden abgeschafft wäre?

Aber die Notwendigkeit einer Autorität, und zwar einer gebieterischen Autorität, tritt am anschaulichsten bei einem Schiff auf hoher See zutage. Hier hängt, im Augenblick der Gefahr, das Leben aller davon ab, daß alle sofort und absolut dem Willen eines einzelnen gehorchen.

Jedesmal, wenn ich dergleichen Argumente den wildesten Antiautoritariern unterbreitete, wußten sie mir nichts zu antworten als: «Ah! Das ist wahr, aber hier handelt es sich nicht um eine Autorität, die wir den Delegierten verleihen, *sondern um einen Auftrag!*» Diese Herren glauben die Sache verändert zu haben, wenn sie deren Namen verändern. So machen sich diese tiefen Denker über die Welt lustig.

Wir haben also gesehen, daß einerseits eine gewisse, ganz gleich auf welche Art übertragene Autorität und andererseits eine gewisse Unterordnung Dinge sind, die sich uns aufzwingen unabhängig von aller sozialen Organisation, zusammen mit den materiellen Bedingungen, unter denen wir produzieren und die Produkte zirkulieren lassen.

Andererseits haben wir gesehen, daß die materiellen Produktions- und Zirkulationsbedingungen durch die Großindustrie und die Großlandwirtschaft unweigerlich erweitert werden und die Tendenz haben, das Feld dieser Autorität mehr und mehr auszudehnen. Es ist folglich absurd, vom Prinzip der Autorität als von einem absolut schlechten und vom Prinzip der Autonomie als einem absolut guten Prinzip zu reden. Autorität und Autonomie sind relative Dinge, deren Anwendungsbereiche in den verschiedenen Phasen der sozialen Entwicklung variieren. Wenn die Autonomisten sich damit begnügten, zu sagen, daß die soziale Organisation der Zukunft die Autorität einzig und allein auf jene Grenzen beschränken wird, in denen die Produktionsbedingungen sie unvermeidlich machen, so könnte man sich verständigen; sie sind indessen blind für alle Tatsachen, die die Sache notwendig machen, und stürzen sich auf das Wort.

Warum begnügen sich die Antiautoritarier nicht damit, gegen die politische Autorität, den Staat, zu wettern? Alle Sozialisten sind einer Meinung darüber, daß der politische Staat und mit ihm die politische Autorität im Gefolge der nächsten sozialen Revolution verschwinden werden, und das bedeutet, daß die öffentlichen Funktionen ihren politischen Charakter verlieren und sich in einfache administrative Funktionen verwandeln werden, die die wahren sozialen Interessen hüten. Aber die Antiautoritarier fordern, daß der autoritäre politische Staat auf einen

Schlag abgeschafft werde, bevor noch die sozialen Bedingungen vernichtet sind, die ihn haben entstehen lassen. Sie fordern, daß der erste Akt der sozialen Revolution die Abschaffung der Autorität sei. Haben diese Herren nie eine Revolution gesehen? Eine Revolution ist gewiß das autoritärste Ding, das es gibt; sie ist der Akt, durch den ein Teil der Bevölkerung dem anderen Teil seinen Willen vermittels Gewehren, Bajonetten und Kanonen, also mit denkbar autoritärsten Mitteln aufzwingt; und die siegreiche Partei muß, wenn sie nicht umsonst gekämpft haben will, dieser Herrschaft Dauer verleihen durch den Schrecken, den ihre Waffen den Reaktionären einflößen. Hätte die Pariser Kommune nur einen einzigen Tag Bestand gehabt, wenn sie sich gegenüber den Bourgeois nicht dieser Autorität des bewaffneten Volkes bedient hätte? Kann man sie nicht, im Gegenteil, dafür tadeln, daß sie sich ihrer nicht umfassend genug bedient hat?

Also von zwei Dingen eins: Entweder wissen die Antiautoritarier nicht, was sie sagen, und in diesem Fall säen sie nur Konfusion; oder sie wissen es, und in diesem Fall üben sie Verrat an der Bewegung des Proletariats. In dem einen wie in dem anderen Fall dienen sie der Reaktion.

Der fünfte Text, Bertolt Brechts Gedicht «Fragen eines lesenden Arbeiters», ist eine materialistische Kritik des Geschichtsunterrichts und ein Unterrichtsverfahren zugleich.

«Wer baute das siebentorige Theben?
In den Büchern stehen die Namen von
Königen.
Haben die Könige die Felsbrocken herbei-
geschleppt?
Und das mehrmals zerstörte Babylon –
Wer baute es so viele Male auf? In
welchen Häusern
Des goldstrahlenden Lima wohnten die
Bauleute?
Wohin gingen an dem Abend, wo die Chinesi-
sche Mauer fertig war
Die Maurer? Das große Rom
ist voll von Triumphbögen. Wer errichtete
sie? Über wen
Triumphierten die Cäsaren? Hatte das
vielbesungene Byzanz
Nur Paläste für seine Bewohner? Selbst
in dem sagenhaften Atlantis
Brüllten in der Nacht, wo das Meer es
verschlang
Die Ersaufenden nach ihren Sklaven.
Der junge Alexander eroberte Indien.
Er allein?
Cäsar schlug die Gallier.
Hatte er nicht wenigstens einen Koch
Bei sich?

Philipp von Spanien weinte, als seine
Flotte
Untergegangen war. Weinte sonst niemand?
Friedrich der Zweite siegte im Sieben-
jährigen Krieg. Wer
Siegte außer ihm?
Jede Seite ein Sieg.
Wer kochte den Siegesschmaus?
Alle zehn Jahre ein großer Mann.
Wer bezahlte die Spesen?
So viele Berichte,
So viele Fragen.›

Ein denkender Lehrer als Schüler wird noch einige Fragen dazuschreiben (lauter «W-Fragen»). Er wird die Untersuchungen mit den anderen Schülern anleiten, die zur Beantwortung der Fragen notwendig sind:

Wie ist das genau?
Wer sagt das?
Warum ist das so?
Warum ist das nicht anders?

Wem nützt das?
Wer hat den Schaden?
Ist das richtig so?

Was muß gemacht werden, damit es richtig wird?
Was ist möglich?
Welches sind die Bedingungen?
Wer will etwas richtig machen?
Wer will das nicht? – Wo sind die Gegner?

Was können wir tun?
Was werden wir tun?

Und – was ist dabei herausgekommen?